以案释法
——《煤矿安全生产条例》

李遐桢　编著

应急管理出版社

·北　京·

图书在版编目（CIP）数据

以案释法：《煤矿安全生产条例》/李遐桢编著 . - - 北京：
应急管理出版社，2024

ISBN 978 - 7 - 5237 - 0176 - 8

Ⅰ.①以…　Ⅱ.①李…　Ⅲ.①煤矿—安全生产—条例—
案例—中国　Ⅳ.①D922.545

中国国家版本馆 CIP 数据核字（2024）第 000878 号

以案释法——《煤矿安全生产条例》

编　　著	李遐桢
责任编辑	罗秀全
编　　辑	杜　秋
责任校对	李新荣
封面设计	解雅欣

出版发行　应急管理出版社（北京市朝阳区芍药居 35 号　100029）
电　　话　010 - 84657898（总编室）　010 - 84657880（读者服务部）
网　　址　www. cciph. com. cn
印　　刷　天津嘉恒印务有限公司
经　　销　全国新华书店

开　　本　710mm×1000mm$^1/_{16}$　印张　17$^1/_4$　字数　317 千字
版　　次　2024 年 3 月第 1 版　2024 年 3 月第 1 次印刷
社内编号　20230563　　　　　　　定价　68.00 元

前　言

　　我国关于煤矿安全的法律规定散见于《矿山安全法》《煤炭法》《安全生产法》，这些法律并未对煤矿安全作出特别规定。然而，煤矿（企业）体量大、风险高，新技术、新工艺、新设备推广应用多，生产安全具有其特殊性，需要有专门性立法。在《煤矿安全生产条例》（简称《条例》）制定之前，《国务院关于预防煤矿生产安全事故的特别规定》是关于煤矿安全的专门性、综合性行政法规，而《煤矿安全监察条例》则是专门调整国家煤矿安全监察机构（现国家矿山安全监察机构）对煤矿安全监察的行政法规。《生产安全事故应急条例》《生产安全事故报告和调查处理条例》《安全生产许可证条例》等行政法规也适用于煤矿安全生产。从部门规章层面，有专门关于煤矿安全生产的，例如《煤矿安全规程》《煤矿领导带班下井及安全监督检查规定》《煤矿重大事故隐患判定标准》等；也有涉及煤矿安全生产的，例如《安全生产事故隐患排查治理暂行规定》《生产安全事故应急预案管理办法》《建设项目安全设施"三同时"监督管理办法》等。这些法律、法规、规章共同构成了煤矿安全生产法律体系。

　　《国务院关于预防煤矿生产安全事故的特别规定》和《煤矿安全监察条例》作为专门调整煤矿安全生产的行政法规，效力层级相同，但这两部行政法规有些规定存在冲突，有些内容过于陈旧，尤其是在《安全生产法》历经多次修改后，这两部行政法规与《安全生产法》

也在多处存在冲突。因此，将上述两个行政法规合并为一部《煤矿安全生产条例》，并与上位法《安全生产法》保持一致，删除不适应煤矿安全生产新形势的规定，并根据实际需要制定新规定意义重大。历经多年发展，我国逐步建立完善了"国家监察、地方监管"的煤矿安全监管监察体制，2020年10月9日，中央编办公布了《国家矿山安全监察局职能配置、内设机构和人员编制规定》，进一步明确了国家矿山安全监察机构的煤矿安全监察执法职责，通过制定《条例》将"国家监察、地方监管"以行政法规的形式固定下来，非常必要。

2018年6月，国家煤矿安全监察局正式启动制定《条例》工作，设立领导小组领导起草工作，并设起草办公室和起草组。笔者阅读过的《条例（草案）》就有十余稿之多，起草组多次向地方煤矿监管部门、国家煤矿安全监察局各司局和各省级局内部征求意见，并多次向全国征求意见。应急管理部、司法部等部委也多次组织专家论证《条例》，并征求社会意见。《条例》几经周折，终于落地，并于2023年12月18日通过。

《条例》作为新规，有诸多可圈可点之处，必然能够有力推动煤矿安全生产。但"徒法不足以自行"，《条例》的生命在于实践。笔者作为国家矿山安全监察局（原国家煤矿安全监察局）法律顾问，自2018年开始加入《条例》起草组，并于2019年承担了国家煤矿安全监察局《条例》制订项目，侧重研究《条例》中违法行为与行政处罚的匹配度，为《条例》制订提供了微末的理论支撑，实属幸甚。笔者浸淫安全生产法治研究多年，有多年应急管理普法方面的积累，打算写一本关于《条例》方面的读物，但苦于无合适的出版社出版。而应急管理出版社拟出版一本"以案释法"方面的《条例》读本，因此双方一拍即合，才有本书的面世。

本书突出"以案释法"，用27个案例对《条例》的主要内容进行讲解，既涉及煤矿安全法治建设的重大理论问题，也涉及煤矿安全监管监察行政执法以及安全生产法律法规规章的司法适用等具体法律制度的执行和适用问题。全书力求简洁，以现行有效的法律法规规章为依据，突出对案例的分析，案例点多面广。本书在撰写过程中，娄真、陈陈两位同志协助收集、整理了部分案例，在此一并表示感谢。本书运用案例释法，希望能够引起读者阅读本书的雅兴，并对诸位读者的工作有所裨益。

　　因水平所限，本书定然存在这样或那样的不足，恳请各位读者见谅并不吝指正。

编著者

2024 年 2 月 8 日

目　　次

案例1：举报煤矿安全生产违法行为应受奖

案件事实

2022年1月，某市煤矿安全监管部门接到群众举报，反映某煤矿于2021年发生冒顶事故，造成1人死亡，涉嫌瞒报。同时，该举报人还就该煤矿以下重大事故隐患和违法行为进行了举报：①该煤矿存在超能力生产重大事故隐患；②张某作为该煤矿的瓦检员没有取得特种作业操作证。按相关程序，市煤矿安全监管部门进行初步核查，认为举报人举报内容基本属实。但是，在对举报人奖励的问题上，举报人认为其共计举报了瞒报事故、存在重大事故隐患仍组织生产和特种作业人员没有特种作业操作证三种违法行为，而市煤矿安全监管部门则认为，该举报人的目的是为了获取奖励并非在于举报煤矿安全生产违法行为，仅对举报瞒报事故一项给予奖励。举报人对市煤矿安全监管部门的决定不服，遂提出行政复议申请。

处理结果

行政复议机关经复议认为，我国《安全生产法》等法律、法规、规章以及规范性文件对举报安全生产违法行为和重大事故隐患进行奖励的目的在于鼓励举报，预防生产安全事故发生。因此，举报人一次举报多个违法行为或重大事故隐患的，应对举报的数个违法行为和重大事故隐患分别计算奖励金额，将各项金额相加所得数额作为奖励金额。

争议焦点

　　本案争议的焦点是对举报人一次举报多个违法行为或重大事故隐患的行为，仅奖励其中一个举报事项还是多个举报事项皆应予以奖励。

案例解读

一、法律制度的适用不能违反立法目的

　　《煤矿安全生产条例》（简称《条例》）第一条是关于立法目的的规定，从本条规定来看，《条例》的立法目的主要有三个：

　　一是加强煤矿安全生产工作。这里的"生产"不但包括煤炭开采工作，还包括与煤炭开采密切相关的其他工作，例如矿井建设等。但是，这里的"生产"并非煤矿企业的全部生产经营活动，例如煤矿企业将其开采出的煤炭产品予以销售的行为，就不是"煤矿生产工作"。所以，这里的"煤矿生产工作"限于"煤炭的生产"，这里的"安全"是煤矿生产中的安全，它不同于煤矿企业的其他生产经营行为，也不能将煤矿企业的所有生产经营活动都作为煤矿的"生产工作"。

　　二是防止和减少煤矿生产安全事故。制定《条例》的目的之一是"防止和减少煤矿生产安全事故"，防止和减少的对象是"煤矿生产安全事故"。煤炭开采活动中的事故虽然难以做到完全避免，但只要高度重视，加大投入，严格遵守法律、法规、规章和操作规程，事故是可以预防和减少的。发生煤矿生产安全事故后，救援措施得当，也可以减少伤亡和财产损失。

　　三是保障人民群众生命财产安全。保障人民群众生命安全和财产安全是《条例》的根本目的。从我国《安全生产法》立法来看，保护的对象不限于从业人员，还包括非从业人员；既保护他们的人身权利，也保护他们的财产权利。《条例》也不例外，既保护煤矿工人的人身财产权利，也保护非煤矿工人的人身财产权利。煤矿开采中造成非煤矿工人伤亡或者矿井周围居民财产损失的，也属于煤矿生产安全事故。

　　立法目的不但决定了《条例》的调整对象，也是衡量煤矿、煤矿企业和煤矿安全监管监察部门以及有关部门实施行为有效性的重要标尺。煤矿企业、从业人员或者煤矿安全监管监察部门等实施的与安全生产有关的行为如果不符合

《条例》制定目的的，该行为无效，甚至应当受到法律制裁。我们在评价和适用《条例》中某一种具体的法律制度时，也应从该制度的立法目的出发。所以，现实生活中存在对煤矿安全生产违法行为或事故隐患的职业举报人，该职业举报人虽然有获得举报奖励的目的，但无论其举报多少次煤矿安全生产违法行为或者事故隐患，都是值得鼓励的，也应对其依法奖励，这不但符合《安全生产法》安全生产举报奖励制度的立法目的，也符合《条例》制定的目的。所以，从《安全生产法》《条例》的立法目的来看，上述案例中，举报人一次举报多个违法行为或重大事故隐患的，应对举报的数个违法行为和重大事故隐患分别计算奖励金额，将各项金额相加所得数额作为最终奖励金额。

二、煤矿安全生产举报奖励的举报对象

我国《安全生产法》第七十六条规定："县级以上各级人民政府及其有关部门对报告重大事故隐患或者举报安全生产违法行为的有功人员，给予奖励。具体奖励办法由国务院应急管理部门会同国务院财政部门制定。"从这一规定看，奖励的举报对象是"重大事故隐患或者安全生产违法行为"。为进一步加强安全生产工作的社会监督，鼓励举报重大事故隐患和安全生产违法行为，及时发现并排除重大事故隐患，制止和惩处违法行为，依据《安全生产法》《职业病防治法》和《中共中央　国务院关于推进安全生产领域改革发展的意见》等有关法律法规和文件要求，2018年1月国家安全生产监督管理总局、财政部联合制定《安全生产领域举报奖励办法》，根据其第二条的规定，奖励的举报对象为"所有重大事故隐患和安全生产违法行为"。《矿山安全生产举报奖励实施细则（试行）》规定，奖励的举报对象主要是矿山重大事故隐患和安全生产违法行为。根据《条例》第九条第二款，任何单位或者个人对事故隐患或者安全生产违法行为，有权向县级以上人民政府负有煤矿安全生产监督管理职责的部门、国家矿山安全监察机构及其设在地方的矿山安全监察机构举报。举报事项经核查属实的，依法依规给予奖励。可见，《条例》进一步扩大了对煤矿举报奖励的范围，将"重大事故隐患"修改为"事故隐患"，也即对"煤矿事故隐患"的举报也能够获得奖励，但实践中，主要是对煤矿重大事故隐患和安全生产违法行为的举报给予奖励。

煤矿重大事故隐患是指《条例》第三十六条和《煤矿重大事故隐患判定标准》认定的情形和行为。煤矿安全生产违法行为主要包括以下情形和行为：①未依法获得煤矿安全生产许可证或者证照不全、证照过期、证照未变更组织生产、建设的。②未依法取得批准或者验收合格，擅自组织生产、建设的；违反煤矿建设项目安全设施"三同时"规定的。③停产整顿、整合技改、长期停产停建的煤矿未按规定验收合格，擅自恢复或者组织生产建设的。④瞒报、谎报煤矿生产安全事故，以及重大隐患隐瞒不报的。⑤不按煤矿安全监管监察部门下达的指令予以整改的。⑥煤矿主要负责人和安全生产管理人员未依法经安全生产知识和管理能力考核合格的。⑦煤矿特种作业人员未依法取得特种作业操作资格证书而上岗作业的。⑧承担煤矿安全评价、认证、检测、检验工作的机构出具虚假证明文件的。⑨法律、行政法规、规章和矿山安全标准规定的其他煤矿安全生产违法行为。

三、同一举报涉及重大事故隐患和违法行为的处理

《矿山安全生产举报奖励实施细则（试行）》第十六条规定："省级及以下矿山安全监管监察部门接到举报，按照以下分工办理：属于煤矿重大隐患的举报，由省级矿山安全监察机构办理；属于煤矿重大隐患以外的举报，由省级及以下矿山安全监管部门办理。省级及以下矿山安全监管部门接到煤矿重大隐患以外的举报，可以直接办理，也可以转至下级矿山安全监管部门办理。"实践中，有以举报安全生产事故隐患或违法行为作为职业的人，属于职业举报人。对于职业举报人一次举报多个安全生产违法行为或者事故隐患的，应对举报的每一个安全生产违法行为或者事故隐患进行奖励，而不能仅奖励一次。所以，上述案例中，举报人在同一举报中既举报了重大事故隐患，同时又举报了煤矿的其他安全生产违法行为。接到举报的市级煤矿安全监管部门应当按照上述规定分别办理或者转送。

四、举报奖励金额

根据《安全生产领域举报奖励办法》第十一条和《矿山安全生产举报奖励实施细则（试行）》第二十一条的规定，查实矿山重大事故隐患和安全生产违法行为（瞒报、谎报生产安全事故除外）的，属于一级举报的，奖励金额按照行政处罚金额的15%计算；属于二级举报的，奖励金额按照行政处罚金额的12%计算。最低奖励3000元，最高奖励不超过30万元。查实矿山瞒报、谎报生产安全事故的，按照最终确认的事故等级和查实举报的瞒报谎报死亡人数给予奖励。其中：一般事故按每查实瞒报谎报1人奖励3万元计算；较大事故按每查实瞒报谎报1人奖励4万元计算；重大事故按每查实瞒报谎报1人奖励5万元计算；特别重大事故按每查实瞒报谎报1人奖励6万元计算。最高奖励不超过30万元。多次举报同一事项的，按一案进行奖励，由最先受理举报的矿山安全监管监察部门给予首次受理的举报人奖励资金；首次受理为多件多人的，奖金可按件数平均

分配。多人联名举报同一事项的，由实名举报第一署名人领取奖金。以单位名义举报的，奖励资金发给举报单位。例如在上述案例中，查实举报人关于某煤矿瞒报一般事故 1 人，应对其奖励 3 万元。

为了强化和落实生产经营单位安全生产主体责任，鼓励和支持生产经营单位从业人员对本单位安全生产工作中存在的问题进行举报和监督，严格保护其合法权益，根据《安全生产法》和《国务院关于加强和规范事中事后监管的指导意见》(国发〔2019〕18 号) 等有关法律法规和规范性文件，2020 年应急管理部制定了《生产经营单位从业人员安全生产举报处理规定》，对从业人员和信息员举报奖励金额作了专门规定。按照第七条规定，核查属实的生产经营单位从业人员安全生产举报，应当给予举报人或者信息员现金奖励，奖励标准在安全生产领域举报奖励有关规定的基础上按照一定比例上浮，具体标准由各省级应急管理部门、财政部门根据本地实际情况确定。上述案例中，如果举报人是该煤矿的从业人员，其奖励金额还可以按照一定比例上浮。

五、煤矿事故隐患或者违法行为举报奖励途径

任何单位、组织和个人有权向县级以上地方人民政府负有煤矿安全生产监管职责的部门或者各级矿山安全监察机构举报煤矿事故隐患和安全生产违法行为。举报人可以通过安全生产举报投诉特服电话"12350"，或者以书信、电子邮件、传真、走访等方式举报煤矿重大隐患和安全生产违法行为。举报的线索应当包含被举报的煤矿名称、违法事实、时间、地点、联系方式和相关证据材料等；属于瞒报、谎报生产安全事故的，应当载明瞒报、谎报生产安全事故的煤矿名称、事故发生时间、遇难人数、遇难者姓名、联系方式等相关信息。为便于群众举报，省级及以下矿山安全监管监察部门应当建立健全煤矿重大隐患和安全生产违法行为举报奖励工作机制，向社会公开通信地址、邮政编码、举报电话、电子邮箱等举报渠道。省级煤矿安全监管部门会同省级矿山安全监察机构在辖区所有矿山露天工业广场（人员出入主要路口）、井工矿山人员入井井口等醒目位置安设举报信息标识牌，载明接报单位及联系方式、匿名举报方法、受奖励的举报内容、举报奖励等级划分、奖励标准和领奖方式。

任何单位、组织和个人有权向有关部门举报瞒报、谎报煤矿生产安全事故或安全生产违法行为。煤矿安全监管监察部门受理后，应当依法履行其监督职责，并依法向举报人进行反馈；不及时处理的，属于行政不作为，应当依法承担法律责任。根据《条例》第七十四条第（五）项，对负有责任的煤矿安全监管监察部门领导人员和直接责任人员依法给予处分。

案例2：煤矿与煤矿企业的区分

案件事实

2022年8月8日至10日，某市应急管理局对某煤业股份有限公司某煤矿进行重点内容集中检查。经查，发现存在以下影响煤矿安全的事故隐患和违法违规行为：①81402回采工作面未设置人员位置监测读卡分站；81106回撤工作面（正进行拆架作业）人员位置监测读卡分站已拆除。②十三采区瓦斯抽采泵站抽采泵开停传感器显示8月2日至9日1号、2号抽采泵均处于"关"状态，与2号泵处于"开"状态的实际不符；丈八三区"高抽采区回风风速""高抽采区回风一氧化碳""高抽采区回风温度"3个传感器数据传输不稳定，8月2日至9日上述传感器频繁发生"通信断线""负漂"故障。③2022年1月27日、28日，某市应急管理局进行"一通三防"专项监管检查时，发现该矿回采工作面回风巷粉尘传感器均无数值，并作出了限期改正的行政执法指令。本次监管执法发现：7月1日至8月9日，81303、81402、S8303三个回采工作面回风巷安设的粉尘浓度传感器通信中断。以上行为涉嫌违反《煤矿安全规程》第五百零四条、第四百九十二条第三款以及《安全生产法》第三十六条第二款的规定。依据《安全生产违法行为行政处罚办法》第二十三条的规定申请立案。

处理结果

某市应急管理局以某煤业股份有限公司某煤矿作为被处罚人，依法做出行政处罚决定，认为以上事实违反了《煤矿安全规程》第五百零四条、《煤矿安全规程》第四百九十二条第三款、《安全生产法》第三十六条第二款的规定，依据《安全生产法》第九十九条第（二）项、第（三）项的规定，决定给予以下行政处罚：对第①项违法违规行为罚款人民币5万元，对第②项违法违规行为罚款人民币5万元，对第③项违法违规行为罚款人民币20万元；合计罚款人民币30万元。

争议焦点

本案争议焦点如下：一是煤矿是否为行政处罚的对象；二是违反《煤矿安全规程》的规定时，能否适用《安全生产法》的规定进行处罚；三是对多个违法行为的行政处罚权中分别裁量、合并处罚的理解。

案例解读

一、煤矿与煤矿企业的区分

如何区分煤矿和煤矿企业，长期困扰着煤矿安全监管监察行政执法，原《煤矿安全监察条例》，现《煤矿安全生产条例》，指向的对象都是"煤矿"，煤矿安全监管监察的对象是煤矿，《煤矿安全生产条例》调整的也是煤矿安全生产。因此，有必要理清煤矿与煤矿企业的关系。

（一）煤矿是煤炭开采活动的场所及其附属设施

煤炭开采活动危险性大，需要对其进行专门的监督管理。目前，我国并无关于煤矿概念的立法，但《矿山安全法实施条例》第二条规定，"矿山，是指在依法批准的矿区范围内从事矿产资源开采活动的场所及其附属设施。矿产资源开采活动，是指在依法批准的矿区范围内从事矿产资源勘探和矿山建设、生产、闭坑及有关活动。"因此，煤矿应理解为在依法批准的矿区范围内从事煤炭矿产资源开采活动的场所及其附属设施。煤矿是煤炭开采活动的场所及其附属设施，而非法律概念，这里的"场所"是指煤炭资源开采的场所，该场所的范围需要经过审批手续加以划定；"附属设施"是指与煤炭开采密切相关的设施，例如高瓦斯矿井的瓦斯抽采设施、煤仓、煤炭洗选场（独立于煤矿之外的煤炭洗选加工厂不属于附属设施，而是独立的法律主体）。而煤矿有些附属设施非常容易判定其不属于"附属设施"，例如矿上的食堂、商店、宾馆等。

（二）煤矿企业

煤矿企业的概念界定对判定取得安全生产许可证的主体和确定处罚对象具有重要价值。顾名思义，煤矿企业是从事煤炭生产的企业，实践中，其通常的名称为某矿业公司。我们应该从以下几个层面理解煤矿企业：

一是煤矿企业是法律主体。企业是指按照一定的组织规律，有机构成的经济实体。《现代汉语词典》将企业解释为从事生产、运输、贸易等经济活动的部门，如工厂、矿山、铁路、公司等。它最初是一个经济学概念，后被移植到法律中，成为一个法律概念。《企业所得税法》第一条规定："在中华人民共和国境内，企业和其他取得收入的组织（以下统称企业）为企业所得税的纳税人，依照本法的规定缴纳企业所得税。个人独资企业、合伙企业不适用本法。"而我国又存在各种类型的企业法，例如《个人独资企业法》《合伙企业法》《中外合资经营企业法》《中外合作经营企业法》《全民所有制工业企业法》等。从企业所得税的角度，"企业"不包括个人独资企业和合伙企业。但是，从主体的角度，个人独资企业和合伙企业也属于民事主体。从我国《民法典》规定看，企业包含营利法人、非法人组织等，以取得利润并分配给股东等出资人为目的成立的法人，为营利法人。营利法人包括有限责任公司、股份有限公司和其他企业法人等。非法人组织是不具有法人资格，但是能够依法以自己的名义从事民事活动的组织。非法人组织包括个人独资企业、合伙企业、不具有法人资格的专业服务机构等。实践中，煤炭企业可以以营利法人的形式存在，例如以有限责任公司或者股份有限公司的形式存在；也可以以非法人组织的形式存在，例如以个人独资企业或者合伙企业的形式存在。这两种企业不仅组织形式不同，对内对外的权利义务也存在差别，但其不论以何种形式存在，都属于组织体，具有独立的主体地位。

二是煤矿企业是煤炭企业的一种。煤炭企业是指依法取得法人资格，主要从事煤炭、焦炭及化工产品生产，在经济上实行自主经营、独立核算、自负盈亏的经济组织。可见，煤矿企业仅为煤炭企业的一种类型。

三是煤矿企业是直接或者间接从事煤炭生产的企业。直接从事煤炭生产的企业，例如某煤业公司或某矿业公司下辖一个矿井，该矿井实际上是该公司的车间，该公司直接组织该煤矿的煤炭生产。而该煤业公司或矿业公司的控股公司不直接从事煤炭生产，但因其对煤矿所属公司的控股权而实际上拥有了对煤矿管理的权利，该控股公司则属于间接从事煤炭生产的公司。

四是煤矿企业是因煤矿而产生的各项权利义务的承受主体。煤矿并非法律主体，煤矿企业是法律主体，煤矿企业拥有煤矿，是煤矿的所有者，享有占有、使用、收益、处分的权利。煤矿企业从煤炭开采中获益，是生产经营单位，应承担煤炭生产经营过程中的安全生产保障义务。所以，煤矿安全监管监察的对象是煤矿，但处罚的对象不是煤矿，只能是煤矿企业。本案例中，某市应急管理局对某煤业股份有限公司某煤矿进行处罚，处罚对象并非法律主体，属于处罚对象错误。

煤矿与煤矿企业存在差别，煤矿企业是法律概念，是主体，而煤矿是生产经营场所，煤矿企业作为主体，应保障煤矿生产安全。因此承担煤矿安全保障义务的是煤矿企业及其负责人，而非煤矿。煤矿安全监管监察的对象虽然是煤矿企业的煤矿，但在处罚时，处罚的对象应为煤矿企业。在一个煤矿企业拥有多个煤矿时，煤矿企业要对下属各煤矿的安全生产承担保障责任，按照《煤矿安全生产条例》的规定，每一个煤矿是一个相对独立的生产经营单元，根据《条例》第二十二条，煤矿企业应当为煤矿分别配备专职矿长、总工程师，分管安全、生产、机电的副矿长以及专业技术人员。对煤（岩）与瓦斯（二氧化碳）突出、高瓦斯、冲击地压、煤层容易自燃、水文地质类型复杂和极复杂的煤矿，还应当设立相应的专门防治机构，配备专职副总工程师。

二、违反《煤矿安全规程》规定义务的，不能直接依据《安全生产法》进行处罚

在本案例中，某应急管理局认为某煤业股份有限公司某煤矿违反了《煤矿安全规程》第五百零四条和第四百九十二条第三款的规定，依据《安全生产法》第九十九条第（二）项和第（三）项处罚，这种做法实际上是不符合《安全生产法》《行政处罚法》的规定的。我国《安全生产法》第三十六条第一款规定："安全设备的设计、制造、安装、使用、检测、维修、改造和报废，应当符合国家标准或者行业标准。"《煤矿安全生产条例》第二十五条第一款规定："煤矿企业使用的安全设备的设计、制造、安装、使用、检测、维修、改造和报废，应当符合国家标准或者行业标准。"《安全生产法》第三十六条第二款规定："生产经营单位必须对安全设备进行经常性维护、保养，并定期检测，保证正常运转。维护、保养、检测应当做好记录，并由有关人员签字。"《煤矿安全生产条例》第二十五条第二款规定："煤矿企业应当建立安全设备台账和追溯、管理制度，对安全设备进行经常性维护、保养并定期检测，保证正常运转，对安全设备购置、入库、使用、维护、保养、检测、维修、改造、报废等进行全流程记录并存档。"

《煤矿安全规程》第五百零四条规定："下井人员必须携带标识卡。各个人员出入井口、重点区域出入口、限制区域等地点应当设置读卡分站。"本案中，执法检查中发现"81402 回采工作面未设置人员位置监测读卡分站；81106 回撤工作面（正进行拆架作业）人员位置监测读卡分站已拆除"。该行为违反了《煤矿安全规程》的规定，但是《煤矿安全规程》并无法律责任的规定。而《煤矿安全规程》属于部门规章，并非行业标准。因此，对执法检查中发现的这一违法行为以违反《安全生产法》第三十六条第一款和《煤矿安全生产条例》第二十五条第一款，根据《安全生产法》第九十九条第（二）项之规定进行处罚，适用法律并不准确。其实，上述行为违反了《煤矿井下作业人员管理系统使用与管理规范》（AQ 1048—2007），属于安全设备的安装不符合行业标准。

本案中，某市应急管理局执法中发现的违法行为②和违法行为③，虽然这两个违法行为都违反了《煤矿安全规程》第五百零四条："安全监控设备发生故障时，必须及时处理，在故障处理期间必须采用人工监测等安全措施，并填写故障记录"的规定，且上述违法行为同时也违反了《煤矿安全监控系统及检测仪器使用管理规范》（AQ 1029—2019）和《煤矿安全监控系统通用技术要求》（AQ 6201—2019），属于未对安全设备定期检测的违法行为。因违法行为②是关于瓦斯抽采泵站抽采泵开停传感器定期检测不符合行业标准的违法行为，而违法行为③是关于粉尘浓度传感器定期检测不符合行业标准的违法行为，上述两个违法行为貌似分别独立，因这两个违法行为都违反了《安全生产法》第三十六条第二款和《煤矿安全生产条例》第二十五条第二款的规定，实际上违反了同一个法律义务，即未依法对安全设备进行定期检测，而行政处罚的依据都是《煤矿安全生产条例》第七十一条第（四）项、《安全生产法》第九十九条第（三）项，上述两个违法行为在本质上是一致的，因此属于同一违法行为。本案中，某市应急管理局将违法行为②和违法行为③作为不同的违法行为进行处理，不够妥当。但因上述违法行为的危害后果比较大，且存在两种行为，应该从重处罚，但这属于行政处罚自由裁量权的范畴。

三、分别裁量，合并处罚

根据《安全生产法违法行为行政处罚办法》第五十三条，生产经营单位及其有关人员触犯不同的法律规定，有两个以上应当给予行政处罚的安全生产违法行为的，安全监管监察部门应当适用不同的法律规定，分别裁量，合并处罚。本条将刑法中"分别裁量，合并处罚"之规定引入安全生产行政处罚领域，但在执行中存在不同的理解：

一种理解是将各违法行为分别裁量，分别确定罚款数额，然后将各数额相加。例如本案中，分别裁量表现为对第 1 项违法违规行为罚款人民币 5 万元，对第 2 项违法违规行为罚款人民币 5 万元，对第 3 项违法违规行为罚款人民币 20 万元，合并处罚共计人民币 30 万元。

另一种观点认为，应该依据刑法中关于"分别裁量，合并处罚"的理解来解释"分别裁量，合并处罚"。"分别裁量，合并处罚"源自刑法中的"数罪并罚"理论。《刑法》第六十九条是关于数罪并罚的规定，根据该条规定："判决宣告以前一人犯数罪的，除判处死刑和无期徒刑的以外，应当在总和刑期以下、数刑中最高刑期以上，酌情决定执行的刑期，但是管制最高不能超过三年，拘役最高不能超过一年，有期徒刑总和刑期不满三十五年的，最高不能超过二十年，总和刑期在三十五年以上的，最高不能超过二十五年。数罪中有判处有期徒刑和拘役的，执行有期徒刑。数罪中有判处有期徒刑和管制，或者拘役和管制的，有期徒刑、拘役执行完毕后，管制仍须执行。数罪中有判处附加刑的，附加刑仍须执行，其中附加刑种类相同的，合并执行，种类不同的，分别执行。"在"分别裁量，合并处罚"的处理上，《刑法》根据刑罚种类的不同，分别采取"限制加重原则""吸收原则"和"并科原则"。

行政处罚领域针对同一行政相对人，实施两种以上行政违法行为同样应当适用"分别裁量，合并处罚"的处理方法。依据行政处罚内容的不同，行政处罚可以分为自由罚、声誉罚、财产罚和行为罚。行政机关在作出分别裁量的基础上，应当依据行政处罚内容的不同依据不同原则合并处罚。

（一）并科原则

行政相对人实施数个行政违法行为，行政机关分别裁量后认为应当处以数个不同种类且彼此没有吸收关系的行政处罚时，应当适用并科原则，一并处以数个行政处罚。如对某煤矿企业的违法行为既处责令停产停业又处罚款的行政处罚，此时应当将两种行政处罚相加，合并处理。

（二）吸收原则

行政机关对行政相对人处以数个轻重不同的行政处罚，实施较重的行政处罚会使其他行政处罚实施无必要，则较重的行政处罚吸收其他行政处罚，仅处以较重的行政处罚，而不再处以其他行政处罚。如对某一煤矿企业的两个违法行为作出责令停产停业和吊销采矿许可证的行政处罚，由于吊销采矿许可证即终止了该煤矿企业从事采矿生产经营的权利和资格，自然再无责令停产停业的必要，则吊销采矿许可证的行政处罚吸收责令停产停业的行政处罚。

（三）限制加重原则

行政相对人实施数个无关联性的违法行为，导致被处以数个罚款的行政处罚，一般采取限制加重原则，即行政机关在数个罚款中单项罚款最高数额和总和罚款数额中酌情决定执行的罚款数额。限制加重原则既可以避免对数个违法行为评价的遗漏，也可以避免罚款数额的简单相加，对行政相对人处以过高的不合理的处罚，因此具有相当的合理性。

因此持后一种观点的认为，本案中某市应急管理局对某煤业股份有限公司某煤矿的三项违法行为，分别作出 5 万元、5 万元、20 万元罚款的裁定，决定合并执行 30 万元罚款的行政处罚，属于对数个罚款的简单并科，有违处罚与违法行为相适应的原则。而应该比照刑法中"分别裁量，合并处罚"的规定，在 20 万元以上 30 万元以下确定一个罚款数额。

本书认为，安全生产违法行为危害性大，如果依据刑法中的限制加重原则，不利于打击安全生产违法行为，且刑法中的"分别裁量，合并处罚"有其独特的含义和控制法官自由裁量权行使的规则。因此，安全生产行政处罚中，不宜采取限制加重原则来理解"分别裁量，合并处罚"，而直接将各违法行为裁量之数额相加，更符合实际情况。目前，在执法实践中，也多采取第一种理解。

案例 3：非法煤矿不是煤矿

案件事实

某企业在未取得采矿许可证的情况下持续进行较大量的露天采煤活动。对该企业由自然资源部门还是煤矿安全监管监察部门处罚的问题上，各部门产生了分歧。

争议焦点

该问题的争议焦点是自然资源等相关部门是否能依据《矿产资源法》《土地管理法》等法律对其作出没收违法所得、罚款等行政处罚。同时，煤矿安全监管监察部门对该企业能否用《安全生产许可证条例》《煤矿安全生产条例》等法规进行安全生产方面的处罚。

案例解读

一、《煤矿安全生产条例》适用的对象是煤矿

根据《煤矿安全生产条例》第二条，煤矿必须在"中华人民共和国领域和中华人民共和国管辖的其他海域内"，即本条例的效力及于中华人民共和国领域和中华人民共和国管辖的其他海域内的煤矿。"领域"是指一个国家行使主权的

区域①，包括领陆、领水、领空。

领陆指国家国界范围内的陆地及其底土，是国家领土组成的基本部分。一国的领陆包括其大陆部分，也包括其所属岛屿，如果是岛国或群岛国，其领陆就由其全部岛屿或群岛构成。国家有权对所属陆地地表以下深度无限的地下资源进行勘探、开采，修建隧道，铺设管道和经营其他事业。

领水是国家陆地疆界以内的水域和与陆地疆界邻接的一带海域，包括内水和领海两大部分。内水指国家领陆内及领海基线向陆一侧的水域，包括河流及其河口、湖泊、港口和内海等。内水是沿岸国家领土的组成部分，沿岸国家对内水享有与对领陆同样的主权。分隔两个国家的界河，其分界线两侧的水域是分属界河沿岸国家的内水。位于两个国家或两个以上国家之间的界湖也属于沿岸国家的内水。例如，渤海和琼州海峡是我国的内海，也属于我国的内水范畴。领海指邻接一国陆地及其内水，并处于该国主权管辖之下的一定宽度的海域。领海也是沿海国领土的一部分，属于沿海国的主权范围。

领空，是指一个国家领陆、领水以上的空域，是一个国家领土不可分割的组成部分，国家对其具有完全的、排他的主权，对其实行完全的管辖和管制。

这里的"其他海域"是指中华人民共和国领海以外的其他区域，在领海之外，还赋予沿海国在毗连区、专属经济区、大陆架等海域享有一定的主权权利与管辖权。根据《联合国海洋法公约》和《最高人民法院关于审理发生在我国管辖海域相关案件若干问题的规定（一）》第一条，领海之外的其他海域是指中华人民共和国毗连区、专属经济区、大陆架，以及中华人民共和国管辖的其他海域。所以，在中华人民共和国领域和中华人民共和国管辖的其他海域内的煤矿，应适用《煤矿安全生产条例》的规定。

二、煤矿不是一个独立的生产经营单元

根据原国家安全生产监督管理总局《关于生产安全事故认定若干意见问题的函》② 第二条的规定，《安全生产法》所称的生产经营单位，是指从事生产活动或者经营活动的基本单元，既包括企业法人，也包括不具有企业法人资格的经营单位、个人合伙组织、个体工商户和自然人等其他生产经营主体。全国人民代表大会常务委员会法制工作委员会编纂的《中华人民共和国安全生产法释义》认为，从事生产经营活动的单位包括从事生产经营活动的企业、事业单位和个体

---

① 中国社会科学院语言研究所词典编辑室 . 现代汉语词典［M］. 北京：商务印书馆，2016：833.

② 该函已经废止，但仍有参考意义。

经济组织以及其他组织，包括国有企事业单位、集体所有制的企事业单位、股份制企业、中外合资经营企业、中外合作经营企业、外资企业、合伙企业、个人独资企业等，不论性质如何，规模大小，只要是从事生产经营活动，都应遵守本法的各项规定①。严格意义上讲，单位并不是一个非常严谨的法律概念，也不是一个独立的法律主体，根据《现代汉语词典》的解释，"单位"有两层含义：①计量事物的标准量的名称。如米为计量长度的单位，千克为计量质量的单位，升为计量容量的单位等。②指机关、团体等或属于一个机关、团体等的各个部门②。而按照《劳动合同法》第二条的规定，用人单位是指中华人民共和国境内的企业、个体经济组织、民办非企业单位等组织。从主体的角度，煤矿不是主体，但从煤矿是从事生产活动或者经营活动的基本单元的角度，结合《煤矿安全生产条例》之立法目的在于调整"煤矿"的安全生产，煤矿属于一个独立的生产系统，企业应该承担煤矿安全生产责任的落实职责，确保煤矿具备安全生产条件。当然，煤矿虽然属于一个独立的生产系统，但不是主体，其背后的煤矿企业才是主体，对其违法行为等进行处罚时，处罚的对象应是煤矿企业而非煤矿。

三、非法煤矿不是煤矿

何为非法煤矿？根据原《国务院关于预防煤矿生产安全事故的特别规定》第五条，煤矿未依法取得采矿许可证、安全生产许可证、营业执照和矿长未依法取得矿长资格证、矿长安全资格证的，煤矿不得从事生产。擅自从事生产的，属非法煤矿。所以，非法煤矿是未依法取得采矿许可证、安全生产许可证、营业执照，擅自从事生产的煤矿。

根据原国家安全生产监督管理总局《关于生产安全事故认定若干意见问题的函》第二条的规定，《安全生产法》所称的生产经营活动，既包括合法的生产经营活动，也包括违法违规的生产经营活动。《中华人民共和国安全生产法释义》也认为，生产经营单位既包括合法的单位，也包括非法的单位③。所以，非法单位的安全生产也适用《安全生产法》的规定。但是，实践中很多法院认为，未进行工商登记的，不具有行政相对人资格，不能依据《安全生产法》之规定进行处罚。对于生产经营单位而言，"非法单位"并非一个法律概念，而是对"没有办理登记依法取得营业执照而以其名义从事生产经营活动的单位"的概括。有学者指出："未依法登记（如未取得相关证照）的组织，排除在安全生产

---

①③　阚珂. 中华人民共和国安全生产法释义［M］. 北京：法律出版社，2014：6.

②　中国社会科学院语言研究所词典编辑室. 现代汉语词典［M］. 7 版. 北京：商务印书馆，2016：254.

法的调整对象之外，从而造成不取得营业执照、不承担安全生产法律责任的错误导向。"持这种观点的学者针对这种"错误导向"进一步指出："仅关注行为主体的性质，而忽略了该主体所从事的行为以及该行为可能产生的严重后果，后者恰恰是《安全生产法》所要重点规范的内容。"所以，从主体的行为角度来看，安全生产必然是与有关生产经营活动融为一体的，不存在游离于生产经营活动之外或者独立于生产经营活动的安全生产。因此，界定生产经营单位，应当把重点放在对主体行为的考察上，不能单纯从主体的组织形态或法律属性上来简单作出判断①。行为是主体的行为，没有主体何来行为，上述主张非常容易陷入"行为"与"主体"的循环论证之中，最终必然造成主体与行为的撕裂。"非法单位"不存在，也就不存在主体，也不存在"非法单位"的行为。因煤矿并非煤矿企业，作为企业应取得营业执照和采矿许可证，而煤矿和煤矿企业应取得安全生产许可证。实践中，仍存在未依法取得安全生产许可证而从事生产的煤矿，这类"煤矿"是否属于《煤矿安全生产条例》中的"煤矿"？这一问题应根据具体煤矿的情形具体分析。

例如，A 煤矿 2002 年进入某矿区露天开采煤炭，2007 年取得勘查许可证，2009 年国土部门划定矿区范围，但未办采矿许可证。2011 年 12 月后生产煤炭1000 万吨。煤矿安全监管部门拟以 A 煤矿未取得安全生产许可证从事煤炭开采，依据《安全生产许可证条例》第十九条规定，作出没收违法所得，罚款 50 万元的行政处罚。第一，根据《煤矿安全生产条例》，煤矿安全监管监察部门监管监察的对象是"煤矿"，在 A 煤矿没有取得采矿许可证的情况下，其没有采矿权，属于"非法煤矿"，不属于《煤矿安全生产条例》中所称的"煤矿"。第二，根据《安全生产许可证条例》以及《煤矿企业安全生产许可证实施办法》，煤矿企业取得采矿许可证是办理煤矿安全生产许可证的前提条件，A 煤矿在没有取得采矿许可证的情况下，尚未进入《安全生产许可证条例》的规范范畴。但是，A 煤矿未取得采矿许可证，《煤矿安全生产条例》对其法律责任也作了规定，最后，自然资源部门负责颁发采矿许可证，在未办理采矿许可证的情形下，属于"非法煤矿"，自然资源部门依据《矿产资源法》《煤矿安全生产条例》等规定处罚。如果办理采矿许可证但未办理煤矿安全生产许可证的，则由煤矿安全生产许可证颁证部门即煤矿安全监管部门依据《煤矿安全生产条例》的规定进行处罚。假设 A 公司并未办理营业执照，该煤矿企业为非法企业，应该由市场监管部门依据《企业法人登记管理条例》《煤矿安全生产条例》进行处罚。

---

① 代海军. 安全生产法新视野［M］. 北京：应急管理出版社，2020：37.

四、非法采煤的行政处罚

（一）未取得营业执照进行非法采煤的行政处罚

根据《市场主体登记管理条例》第三条和第四十三条的规定，市场主体应当依照本条例办理登记。未经登记，不得以市场主体名义从事经营活动。未经设立登记从事经营活动的，由登记机关责令改正，没收违法所得；拒不改正的，处1万元以上10万元以下的罚款；情节严重的，依法责令关闭停业，并处10万元以上50万元以下的罚款。根据《煤矿安全生产条例》第六十一条，未依法取得安全生产许可证等擅自进行煤矿生产的，应当责令立即停止生产，没收违法所得和开采出的煤炭以及采掘设备；违法所得在10万元以上的，并处违法所得2倍以上5倍以下的罚款；没有违法所得或者违法所得不足10万元的，并处10万元以上20万元以下的罚款。根据《立法法》，《煤矿安全生产条例》与《市场主体登记管理条例》相比，是特别规定，应该由市场管理部门根据《煤矿安全生产条例》第六十一条的规定实施处罚。

（二）未取得采矿许可证进行非法采煤的行政处罚

根据《矿产资源法》第三条、第三十九条的规定，勘查、开采矿产资源，必须依法分别申请、经批准取得探矿权、采矿权，并办理登记。违反本法规定，未取得采矿许可证擅自采矿的，擅自进入国家规划矿区、对国民经济具有重要价值的矿区范围采矿的，擅自开采国家规定实行保护性开采的特定矿种的，责令停止开采、赔偿损失，没收采出的矿产品和违法所得，可以并处罚款；拒不停止开采，造成矿产资源破坏的，依照刑法有关规定对直接责任人员追究刑事责任。根据《矿产资源法实施细则》第四十二条规定，未取得采矿许可证擅自采矿的，擅自进入国家规划矿区、对国民经济具有重要价值的矿区和他人矿区范围采矿的，擅自开采国家规定实行保护性开采的特定矿种的，处以违法所得50%以下的罚款。根据《煤矿安全生产条例》第六十一条，未依法取得安全生产许可证等擅自进行煤矿生产的，应当责令立即停止生产，没收违法所得和开采出的煤炭以及采掘设备；违法所得在10万元以上的，并处违法所得2倍以上5倍以下的罚款；没有违法所得或者违法所得不足10万元的，并处10万元以上20万元以下的罚款。根据《立法法》，《煤矿安全生产条例》与《矿产资源法实施细则》相比，是特别规定，由自然资源部门根据《煤矿安全生产条例》第六十一条的规定实施处罚。

（三）未取得安全生产许可证非法采煤的行政处罚

根据《安全生产许可证条例》第二条、第十九条的规定，国家对矿山企业、建筑施工企业和危险化学品、烟花爆竹、民用爆炸物品生产企业（以下统称企业）实行安全生产许可制度。企业未取得安全生产许可证的，不得从事生产活动。违反本条例规定，未取得安全生产许可证擅自进行生产的，责令停止生产，没收违法所得，并处 10 万元以上 50 万元以下的罚款；造成重大事故或者其他严重后果，构成犯罪的，依法追究刑事责任。根据《煤矿安全生产条例》第六十一条，未依法取得安全生产许可证等擅自进行煤矿生产的，应当责令立即停止生产，没收违法所得和开采出的煤炭以及采掘设备；违法所得在 10 万元以上的，并处违法所得 2 倍以上 5 倍以下的罚款；没有违法所得或者违法所得不足 10 万元的，并处 10 万元以上 20 万元以下的罚款。根据《立法法》，《煤矿安全生产条例》与《安全生产许可证条例》相比是特别规定，应根据《煤矿安全生产条例》第六十一条的规定对未取得安全生产许可证的违法行为实施处罚。根据《煤矿安全生产条例》第四十二条，省、自治区、直辖市人民政府负有煤矿安全生产监督管理职责的部门负责煤矿企业安全生产许可证的颁发和管理，并接受国家矿山安全监察机构及其设在地方的矿山安全监察机构的监督。根据谁颁证谁负责的原则以及《安全生产许可证条例》第二十三条的规定，由省、自治区、直辖市人民政府负有煤矿安全生产监督管理职责的部门对煤矿企业未取得安全生产许可证的违法行为实施处罚。

五、未有效制止非法煤矿的法律责任

《矿山安全法实施条例》第二条规定："矿山，是指在依法批准的矿区范围内从事矿产资源开采活动的场所及其附属设施。矿产资源开采活动，是指在依法批准的矿区范围内从事矿产资源勘探和矿山建设、生产、闭坑及有关活动。"因此，这里的"煤矿"是合法的煤矿，而不包括非法煤矿。当然，非法煤矿的危害性巨大，需要进行严厉打击。根据《煤矿安全生产条例》第四十条，县级以上人民政府相关主管部门对未依法取得安全生产许可证等擅自进行煤矿生产的，应当依法查处。乡镇人民政府在所辖区域内发现未依法取得安全生产许可证等擅自进行煤矿生产的，应当采取有效措施制止，并向县级人民政府相关主管部门报告。第七十四条第（二）项规定，乡镇人民政府在所辖区域内发现未依法取得安全生产许可证等擅自进行煤矿生产，没有采取有效措施制止或者没有向县级人民政府相关主管部门报告的，对负有责任的领导人员和直接责任人员依法给予处分。其他有关机关和单位对存在非法煤矿负有责任的，对主要负责人，属于行政机关工作人员的，根据情节轻重，依法给予处分；不属于行政机关工作人员的，建议有关机关和单位给予相应的处分。

案例4：非法采矿罪

案件事实

　　蒋某某2008年4月购得金山沟煤矿所有权，相继取得采矿许可证、安全生产许可证和工商营业执照，后于2015年底动员他人共同投资入股煤矿，蒋某某占金山沟煤矿80%股份，其他股东占20%股份，双方约定共同生产、经营和管理煤矿，蒋某某履行董事长职责并担任法定代表人，负责组织煤矿生产和技改、开展安全生产工作和正常经营活动，其他股东给予支持和配合。金山沟煤矿采矿许可证载明的合法开采范围为大石炭煤层和二连子煤层，开采深度由410米至207米标高，有效期至2016年11月23日。2013年初，蒋某某决定超层越界开采大石炭煤层下部的K13煤层，联系私人钻井队对K13煤层进行钻探，同年8月底探到煤点后，指使矿长邹某某等人负责巷探，2013年底至2014年初从两个方向向K13煤层掘进，后分别于2014年底和2015年底掘见K13煤层。2015年5月22日，当地地质矿产勘查开发局地质队到金山沟煤矿进行实地勘查，发现了越界布置巷道问题，形成矿山实地核查报告提交当地国土资源和房屋管理局，当地国土资源和房屋管理局同年6月17日和8月7日分别下达责令停止违法行为通知书和行政处罚决定书，责令金山沟煤矿退回本矿区范围内开采、密闭越界布置的巷道，蒋某某遂安排工人将越界布置的巷道用砖墙封闭。同年8月11日，当地国土资源和房屋管理局地矿科、执法大队联合地质矿产勘查开发局地质队、煤矿所在镇安监办到金山沟煤矿开展实地检查，确定两处越界巷道已被密闭。检查人员离开后，蒋某某随即命人拆除密闭砖墙，继续进行越界巷道掘进。2016

年初，蒋某某指使矿长邹某某组织人员非法开采 K13 煤层。至 2016 年 10 月 31 日事故发生为止，金山沟煤矿越界巷道共计 2679.36 米，井下越界动用煤炭资源储量 17580 吨，按该矿最低售价每吨 186.93 元计算，全矿累计非法开采矿产品价值 3286229.4 元。

蒋某某组织、指使矿长邹某某等人非法开采 K13 煤层期间，严重违反安全管理规定，在 K13 煤层南北两翼工作面未形成正规通风系统的情况下，采用局部通风机供风采煤；采掘工作爆破时未执行"一炮三检"和"三人连锁爆破"制度，未使用水炮泥和炮泥封堵炮眼，将未使用完的炸药、雷管违规存放在井下；采用国家明令淘汰的"巷道式采煤"工艺以掘代采。2016 年 9 月 7 日，因当地发生一起爆炸刑事案件，为防止民爆物品被封停导致停产，蒋某某指使邹某某在公安机关封库前将部分民爆物品转移至井下。同年 9 月下旬，因临近国庆节，为防止民爆物品被封停导致停产，蒋某某再次决定将部分民爆物品转移至井下，指使邹某某安排人员分两次将大量炸药和雷管违规转移至煤矿井下和地面浴室更衣室柜子内储存，后于同年 10 月 15 日前使用完毕。2016 年 10 月 11 日至 12 日，当地煤监局对金山沟煤矿开展检查，发现 12 条违法违规行为和事故隐患，责令其停止井下一切采掘作业，立即改正，经验收合格、完善复工复产手续后方能采矿。金山沟煤矿在未实施任何改正、未完善复工复产手续的情况下，仍然继续违法采掘。同年 10 月 31 日 11 时 24 分，金山沟煤矿 K13 煤层一采煤工作面在实施爆破落煤时发生瓦斯爆炸，造成 33 名井下作业人员死亡。

经国务院事故调查组调查认定，金山沟煤矿"10·31"特大瓦斯爆炸事故是一起生产安全责任事故。造成事故的直接原因为：金山沟煤矿在超层越界违法开采区域采用国家明令禁止的"巷道式采煤"工艺，不能形成全风压通风系统，使用一台局部通风机违规同时向多个作业地点供风，风量不足，造成瓦斯积聚；违章"裸眼"爆破产生的火焰引爆瓦斯，煤尘参与了爆炸。金山沟煤矿作为事故主体责任单位，存在长期超层越界违法开采 K13 煤层、违规使用民爆物品、安全管理规定和制度不落实、拒不执行安全监管监察指令等问题。

处理结果

人民法院认为，蒋某某作为金山沟煤矿直接负责的主管人员，违反矿产资源法的规定，未取得采矿许可证擅自开采煤炭资源，行为构成非法采矿罪，情节特别严重；作为对生产、作业负有组织、指挥、管理职责的企业负责人、投资人，在组织、指挥、管理生产、作业过程中违反有关安全管理的规定，导致发生重大事故，行为构成重大责任事故罪，情节特别恶劣；违反规定非法储存民爆物品，行为构成非法储存爆炸物罪，且系非法储存爆炸物共同犯罪中的主犯，应依法并罚。对蒋某某以重大责任事故罪判处有期徒刑七年；以非法采矿罪判处有期徒刑六年，并处罚金人民币一百五十万元；以非法储存爆炸物罪判处有期徒刑八年。决定执行有期徒刑二十年，并处罚金人民币一百五十万元。

争议焦点

　　本案的争议焦点是被告人是构成非法采矿罪、重大责任事故罪和非法储存爆炸物罪，还是仅构成非法采矿罪。

案例解读

　　《煤矿安全生产条例》第六十一条对未依法取得安全生产许可证等擅自进行煤矿生产的行政处罚作了规定，《煤矿安全生产条例》第六十一条对未依法取得安全生产许可证等擅自进行生产的行政处罚作了规定；第六十五条第一款规定，煤矿企业超越依法确定的开采范围采矿的，依照有关法律法规的规定予以处理。同时，第七十五条规定，违反本条例规定，构成犯罪的，依法追究刑事责任。根据罪刑法定原则，是否构成犯罪以及构成何种犯罪，应该依据《刑法》规定确定。《刑法》对未依法取得采矿许可证擅自进行煤炭生产的刑事责任作了规定，即非法采矿罪。

一、非法采矿罪

　　根据《刑法》第三百四十三条规定，非法采矿罪是指违反《矿产资源法》的规定，未取得采矿许可证擅自采矿，擅自进入国家规划矿区、对国民经济具有重要价值的矿区和他人矿区范围采矿，或者擅自开采国家规定实行保护性开采的特定矿种，情节严重的犯罪行为。根据上述规定，该罪的构成要件包括：

　　（一）非法采矿罪的犯罪客体要件

　　《刑法》将非法采矿罪规定在妨害社会管理秩序罪一章，其所侵犯的客体主要有两个方面：一是国家对于矿产资源和矿业生产的管理制度。为保障矿产资源的合理开发利用，保障矿产行业的安全生产，国家通过《矿产资源法》《安全生产法》等一系列法律、法规建立起了一套有关矿产资源保护和矿业开采生产的管理制度。国家机关对矿产资源的开采利用进行严格的监督和管理，任何组织和个人不得违反有关管理规定，不得破坏国家矿产资源。二是国家对矿业资源享有的所有权。根据我国《宪法》《矿产资源法》的有关规定，国家对矿产资源享有所有权，国务院行使国家对矿产资源的所有权。为保障矿产资源的合理开发利用，我国实行探矿权、采矿权有偿取得的制度，即在保障国家所有权的前提下，将探矿权、采矿权依法授予特定的主体。本案中，蒋某某超越采矿许可证载明的合法开采范围进行煤矿开采的行为实质上是对国家煤矿资源所有权的侵犯，也违反了国家对矿产资源开采活动监督管理的规定。

（二）非法采矿罪的犯罪客观要件

非法采矿罪的客观方面主要表现为行为人违反矿产资源保护法的规定，进行非法采矿的行为，其行为方式主要有以下三种：

一是未取得采矿许可证擅自采矿的。根据《最高人民法院　最高人民检察院关于办理非法采矿、破坏性采矿刑事案件适用法律若干问题的解释》第二条，未取得采矿许可证是指：①无许可证的；②许可证被注销、吊销、撤销的；③超越许可证规定的矿区范围或者开采范围的；④超出许可证规定的矿种的（共生、伴生矿种除外）；⑤其他未取得许可证的情形。对"未取得采矿许可证"应进行广义的理解，既包含未取得采矿许可证的情形，也包含已取得采矿许可证但被注销、吊销、撤销的情形。此外还应当注意，超越采矿许可证规定的范围采矿或者超越采矿许可证规定的矿种采矿的，也属于"未取得采矿许可证"。本案中，金山沟煤矿超过采矿许可证审批的范围越界开采，属于《刑法》第三百四十三条规定的"未取得采矿许可证擅自采矿的"的犯罪行为。

二是擅自进入国家规划矿区、对国民经济具有重要价值的矿区和他人矿区范围采矿的。根据《矿产资源法》第十七条规定，国家对国家规划矿区、对国民经济具有重要价值的矿区和国家规定实行保护性开采的特定矿种，实行有计划的开采；未经国务院有关主管部门批准，任何单位和个人不得开采。"国家规划矿区"是指国家根据建设规划和矿产资源规划，为建设大、中型矿山划定的矿产资源分布区域。国家规划矿区内规划矿种的探矿权、采矿权的设立由国土资源部决定。"对国民经济具有重要价值的矿区"是指国家根据国民经济发展需要划定的，尚未列入国家建设规划的，储量大、质量好、具有开发前景的矿产资源保护区域。我国对上述两种矿区采取有计划的开采，未经国务院有关主管部门批准，任何单位和个人不得开采。"他人矿区"是指他人经法定程序取得采矿权的矿区，擅自进入他人矿区范围进行开采的同样构成本罪。

三是擅自开采国家规定实行保护性开采的特定矿种的。"国家规定实行保护性开采的特定矿种"是指国家根据国民经济建设和高科技发展的需要，以及资源稀缺、贵重程度确定的，由国务院有关主管部门按照国家计划批准开采的矿种。当前国家规定实行保护性开采的特定矿种包括钨、锡、锑、离子型稀土矿产，这些矿产属于我国的优势矿产资源，由于其资源稀缺，对我国国民经济的发展和高科技产业具有战略意义，因此国家对其实行保护性开采和开采总量控制。《矿产资源法》第十六条规定，开采国家规定实行保护性开采的特定矿种矿产资源的，由国务院地质矿产主管部门审批，并颁发采矿许可证。

需要指出的是，不是存在上述行为就构成非法采矿罪，该罪的客观方面还要求非法采矿行为达到"情节严重"的程度，才构成本罪。所以，本罪属于情节犯，即实施非法采矿行为需达到情节严重或情节特别严重才成立犯罪。根据《最高人民法院 最高人民检察院关于办理非法采矿、破坏性采矿刑事案件适用法律若干问题的解释》第三条，情节严重是指：①开采的矿产品价值或者造成矿产资源破坏的价值在十万元至三十万元以上的；②在国家规划矿区、对国民经济具有重要价值的矿区采矿，开采国家规定实行保护性开采的特定矿种，或者在禁采区、禁采期内采矿，开采的矿产品价值或者造成矿产资源破坏的价值在五万元至十五万元以上的；③二年内曾因非法采矿受过两次以上行政处罚，又实施非法采矿行为的；④造成生态环境严重损害的；⑤其他情节严重的情形。根据《刑法》第三百四十三条规定，情节特别严重的，加重处罚。这里的情节特别严重是指：①数额达到上述情形一或二的标准五倍以上的；②造成生态环境特别严重损害的；③其他情节特别严重的情形。本案中，金山沟煤矿非法采矿获利3286229.4元，非法开采的矿产品价值数额远超十万元至三十万元以上标准的五倍以上，属于情节特别严重的情形，应加重处罚。

（三）非法采矿罪的犯罪主体要件

本罪的犯罪主体为一般主体，包括自然人和单位。实践中对非法采矿罪自然人主体的认定，以实施非法采矿行为的直接责任人员为主，既包括煤矿企业的直接负责人，也包括对实施非法采矿行为具有组织、决策权的人员和主要实行的人员。但对一般实行人员，例如受雇佣为非法采矿、破坏性采矿犯罪提供劳务的人员，除参与利润分成或者领取高额固定工资或曾因非法采矿、破坏性采矿受过处罚的外，一般不以犯罪论处。

以单位实施非法采矿罪的，实行双罚制，对直接负责的主管人员和其他直接责任人员依据自然人犯罪的有关规定定罪处罚，同时对单位判处罚金。需要注意的是，以实施非法采矿行为为目的，假借其他名义成立公司的，对其实施的非法采矿行为不以单位犯罪论处，应当直接追究自然人的刑事责任。金山沟煤矿是依法成立的煤矿企业，金山沟煤矿法定代表人蒋某某以单位的名义组织超层越界开采，属于单位犯罪，应该实行双罚制，既要追究蒋某某的非法采矿罪的刑事责任，也要追究金山沟煤矿的刑事责任。

（四）非法采矿罪的犯罪主观要件

犯罪的主观方面是行为人对自己实施的犯罪行为以及犯罪结果的心理态度，它分为犯罪故意和犯罪过失。犯罪故意或者犯罪过失是任何犯罪都应当具备的必要要件。如果仅有危害社会的行为及其结果，而没有犯罪故意或者犯罪过失的，属于意外事件，不构成犯罪。明知自己的行为会发生危害社会的结果，并且希望或者放任这种结果发生，因而构成犯罪的，是故意犯罪。故意犯罪，应当负刑事责任。应当预见自己的行为可能发生危害社会的结果，因为疏忽大意而没有预见，或者已经预见而轻信能够避免，以致发生这种结果的，是过失犯罪。过失犯罪，法律有规定的才负刑事责任。行为在客观上虽然造成了损害结果，但不是出于故意或者过失，而是由于不能抗拒或者不能预见的原因所引起的，不是犯罪。

非法采矿罪的主观方面是出于故意，即行为人明知自己的行为违反《刑法》《矿产资源法》等有关法律、法规的规定，会侵害国家矿产资源管理秩序，侵犯国家对矿产资源的所有权且情节严重，仍实施非法采矿行为，并且希望或放任这种结果的发生。行为人在主观上有过失，不能构成本罪。例如，甲、乙两家煤矿企业相互毗邻且均依法取得采矿权，甲企业因对煤矿边界存在错误认识导致越界开采了乙企业矿区的煤矿资源。甲企业越界开采的行为虽然客观上符合非法采矿罪"擅自进入他人矿区范围开采"的规定，但因甲企业主观上并无非法采矿的故意，因此不能构成本罪。本案中，金山沟煤矿法定代表人蒋某某明知超层越界，仍组织生产，对其犯罪行为和犯罪结果明知，构成《刑法》意义上的犯罪故意，符合非法采矿罪的主观要件。

自然人犯非法采矿罪的，有两个刑罚梯度：一是构成本罪的，对其处三年以下有期徒刑、拘役或者管制，并处或者单处罚金。二是情节特别严重的，处三年以上七年以下有期徒刑，并处罚金。对于单位犯罪的，对直接负责的主管人员和其他直接责任人员按照自然人构成本罪的定罪量刑标准对其定罪量刑，并对单位判处罚金。本案中，金山沟煤矿构成非法采矿罪，因其获利数额特别巨大，属于情节特别严重的情形，人民法院以非法采矿罪判处蒋某某有期徒刑六年，并处罚金人民币一百五十万元，符合法律规定。

此外，根据《最高人民法院　最高人民检察院关于办理非法采矿、破坏性采矿刑事案件适用法律若干问题的解释》第十条，实施非法采矿犯罪，不属于

"情节特别严重"，或者实施破坏性采矿犯罪，行为人系初犯，全部退赃退赔，积极修复环境，并确有悔改表现的，可以认定为犯罪情节轻微，不起诉或者免予刑事处罚。即对有上述情形的行为人定罪，但免予刑事处罚。

二、重大责任事故罪

本案中，人民法院认定蒋某某构成重大责任事故罪。重大责任事故罪，是指在生产、作业中违反有关安全管理的规定，因而发生重大伤亡事故或者造成其他严重后果的行为。《刑法》第一百三十四条第一款对重大责任事故罪作了规定，依据该款，重大责任事故罪的构成要件包括以下四个方面：

（一）重大责任事故罪的犯罪客体要件

该罪的犯罪客体要件是生产、作业安全。生产、作业安全是各行各业都十分重视的问题。在生产过程中，出现违法行为或者事故隐患问题都有可能导致正常生产秩序的破坏，甚至发生重大伤亡事故，造成巨大直接经济损失。同时，生产安全也是公共安全的重要组成部分，危害生产安全同样会使不特定多数人的生命、健康或者公私财产遭受重大损失。因此，我国《刑法》将重大责任事故罪规定在危害公共安全罪一章。本案中，蒋某某擅自组织超层越界开采，导致金山沟煤矿 K13 煤层一采煤工作面在实施爆破落煤时发生瓦斯爆炸，造成 33 名井下作业人员死亡，该犯罪行为侵害了生产作业中的安全。

（二）重大责任事故罪的犯罪客观要件

该罪在客观方面表现为在生产、作业中违反有关安全生产的规定，因而发生重大伤亡事故或者造成其他严重后果的行为。违反有关安全管理的规定而发生重大伤亡事故或者造成其他严重后果，是重大责任事故罪的本质特征。这里的"有关安全管理的规定"既包括国家制定的安全生产有关的法律、法规、规章和规范性文件，也包括企事业单位内部制定的安全生产规章制度和操作规程。有关的煤矿安全管理规定既包括国家颁布的与煤矿安全生产有关的法律、法规等规范性文件，也包括煤矿企业及管理机关制定的规范安全生产及操作的各种规章制度。最高人民法院 2011 年发布的《关于进一步加强危害生产安全刑事案件审判工作的意见》第七条规定："认定相关人员是否违反有关安全管理规定，应当根据相关法律、行政法规，参照地方性法规、规章及国家标准、行业标准，必要时可参考公认的惯例和生产经营单位制定的安全生产规章制度、操作规程"。"违反有关安全管理的规定"多表现为"不服管理""违反规章制度"。需要注意的是，本罪属于结果犯，即如果仅存在"违反有关安全管理的规定"这一违法行为，但未发生重大伤亡事故或者造成其他严重后果的，仍不构成本罪。本罪的构成需要"发生重大伤亡事故或者造成其他严重后果"这一结果要件。根据《最高人民法院 最高人民检察院关于办理危害生产安全刑事案件适用法律若干问题的解释（一）》（简称《若干问题的解释（一）》）第六条，"重大伤亡事故或者造成其他严重后果"认定标准如下：①造成死亡一人以上，或者重伤三人以上的；②造成直接经济损失一百万元以上的；③其他造成严重后果或者重大安全事故的情形。同时，该罪也属于情节加重犯，情节特别恶劣的，处三年以上七年以下有期徒刑。根据《若干问题的解释（一）》第七条，"情节特别恶劣的"的认定标准如下：①造成死亡三人以上或者重伤十人以上，负事故主要责任的；②造成直接经济损失五百万元以上，负事故主要责任的；③其他情节特别恶劣的情形。本案中，蒋某某擅自组织超层越界开采，属于存在重大事故隐患仍组织生产活动的严重违法行为，尤其是在驻地煤监局责令金山沟煤矿停止井下一切采掘作业，立即改正，经验收合格、完善复工复产手续后方能采矿。但金山沟煤矿在未实施任何改正、未完善复工复产手续的情况下，仍然继续违法采掘，属于违反"有关安全管理的规定"的违法行为。该违法行为导致金山沟煤矿 K13 煤层一采煤工作面在实施爆破落煤时发生瓦斯爆炸，造成 33 名井下作业人员死亡。蒋某某的行为属于"情节特别严重"的犯罪行为。

（三）重大责任事故罪的犯罪要件

有观点认为，本罪的犯罪主体可能是单位，也可能是自然人。主要理由在于，生产、作业活动多为单位组织的生产经营活动，且获利多归属于单位。《若干问题的解释（一）》第一条规定："刑法第一百三十四条第一款规定的犯罪主体，包括对生产、作业负有组织、指挥或者管理职责的负责人、管理人员、实际控制人、投资人等人员，以及直接从事生产、作业的人员。"因此，本罪的犯罪主体是自然人，单位不属于本罪的犯罪主体。根据《刑法》第十七条，已满十六周岁的人犯罪，应当负刑事责任。已满十四周岁不满十六周岁的人，犯故意杀人、故意伤害致人重伤或者死亡、强奸、抢劫、贩卖毒品、放火、爆炸、投放危险物质罪的，应当负刑事责任。已满十二周岁不满十四周岁的人，犯故意杀人、故意伤害罪，致人死亡或者以特别残忍手段致人重伤造成严重残疾，情节恶劣，经最高人民检察院核准追诉的，应当负刑事责任。不满十八周岁的人构成犯罪的，应当从轻或者减轻处罚。重大责任事故罪中的犯罪主体属于一般主体，即年满十六周岁以上的人可构成本罪。本案中，蒋某某符合本罪的构成要件。

（四）重大责任事故罪的犯罪主观要件

该罪的犯罪主观方面表现为过失。过失包括疏忽大意的过失和过于自信的过失。疏忽大意的过失是指行为人应当预见自己的行为可能发生危害社会的结果，因为疏忽大意而没有预见，以致发生了这种危害结果的心理态度。过于自信的过失是指行为人已经预见自己的行为可能发生危害社会的结果，但轻信能够避免以致发生这种结果的心理态度。

生产作业中违反有关安全管理规定，可能是出于故意。例如，本案中，蒋某某明知超层越界，仍组织生产经营活动，对其违法行为属于"明知"。但是，蒋某某并不追求发生瓦斯爆炸事故，造成33人死亡这一危害后果。换言之，蒋某某对于其行为引起的严重后果而言，则是过失。当然，蒋某某的过失属于过于自信的过失。因为行为人对其行为造成的严重后果是不希望发生的，之所以发生了安全事故，是由于行为人在生产过程中严重不负责任，疏忽大意或者对事故隐患不积极采取补救措施，轻信能够避免，结果导致安全事故的发生。

根据《刑法》第一百三十四条第一款，构成本罪的，处三年以下有期徒刑或者拘役；情节特别恶劣的，处三年以上七年以下有期徒刑。

三、非法储存爆炸物罪

非法储存爆炸物罪是指行为人违反国家有关爆炸物管理的法规，非法储存爆炸物，危害公共安全的行为。根据《刑法》第一百二十五条，非法储存爆炸物罪的构成要件主要包括以下四个方面：

（一）非法储存爆炸物罪的犯罪客体要件

爆炸物品因其杀伤力巨大，历来是国家管控的重点。控制的主要手段是源头管制，即对爆炸物品的制造、销售、运输、使用、储存、销毁，国家均实行严格的许可和登记制度，保证爆炸物品在公安机关的严格监管之下，不至于流向社会，危害公共安全。非法储存爆炸物罪的行为人则是为了逃避公安机关对爆炸物的监督管理，采用私藏、非法持有等手段隐匿爆炸物。这是非法储存爆炸物罪客体方面的本质特征。本案中，金山沟煤矿虽然有爆炸物的合法使用权，但是为防止民爆物品被封停导致停产，蒋某某决定将部分民爆物品转移至井下，指使邹某某安排人员分两次将大量炸药和雷管违规转移至煤矿井下和地面浴室更衣室柜子内储存，后于同年10月15日前使用完毕，符合本罪客观方面的本质要求。这违反了公安机关监督管理的规定，侵害了不特定多数人的生命、健康和重大公私财产的安全，即公共安全。

（二）非法储存爆炸物罪的犯罪主体要件

本罪主体为一般主体，即达到法定刑事责任年龄、具有刑事责任能力的自然人都可以构成。单位也可成为本罪主体。单位非法从事储存爆炸物的活动，对其主管人员和直接责任人员，应按本罪论处。

（三）非法储存爆炸物罪的犯罪客观要件

本罪的客观要件要求两个方面：一是"非法储存"；二是非法储存的爆炸物应达到一定数量。

1. 非法储存的认定

2001 年 5 月最高人民法院相关司法解释对"非法储存"所下的定义为：《刑法》第一百二十五条第一款规定的"非法储存"，是指明知是他人非法制造、买卖、运输、邮寄的枪支、弹药、爆炸物而为其存放的行为。按照该解释，本案显然不构成犯罪。2010 年 1 月 1 日施行的新解释，把《刑法》罪状的"非法储存"修改为明知是他人非法制造、买卖、运输、邮寄的枪支、弹药、爆炸物而为其存放的行为，或者非法存放爆炸物的行为。结合之前解释为什么修改和法律体系、刑罚等方面来考虑，以正确确定该罪的客观方面行为表现，避免打击面过宽或过窄①。

2. 非法储存的爆炸物数量方面的要求

根据《最高人民法院关于审理非法制造、买卖、运输枪支、弹药、爆炸物等刑事案件具体应用法律若干问题的解释》第一条，非法储存的爆炸物数量方面的要求如下：①非法储存爆炸装置的；②非法储存炸药、发射药、黑火药一千克以上或者烟火药三千克以上、雷管三十枚以上或者导火索、导爆索三十米以上的；③具有生产爆炸物品资格的单位不按照规定的品种制造，或者具有销售、使用爆炸物品资格的单位超过限额买卖炸药、发射药、黑火药十千克以上或者烟火药三十千克以上、雷管三百枚以上或者导火索、导爆索三百米以上的；④多次非法储存爆炸物的；⑤虽未达到上述最低数量标准，但具有造成严重后果等其他恶劣情节的。

3. 情节严重的认定标准

根据《最高人民法院关于审理非法制造、买卖、运输枪支、弹药、爆炸物等刑事案件具体应用法律若干问题的解释》第二条，下列情形属于"情节严重"：①非法储存爆炸物的数量达到上述最低数量标准五倍以上的；②非法储存爆炸装置，危害严重的；③达到本解释第一条规定的最低数量标准，并具有造成严重后果等其他恶劣情节的。

本案中，蒋某某两次非法储存民用爆炸物品，社会危害性极大，符合非法储存爆炸物罪的客观要件。

---

① 沈伐. 本案是否构成非法储存爆炸物罪［N/OL］. 人民法院报，2014 - 01 - 29（06）. http://rmfyb. chinacourt. org.

（四）非法储存爆炸物罪的犯罪主观要件

本罪的主观要件必须是直接故意，即要求行为人明知是爆炸物仍非法储存，其动机则可能多种多样，有的为了营利，有的为了实施其他犯罪。本案中，蒋某某两次非法储存爆炸物的行为，在主观上都属于故意，符合非法储存爆炸物罪的主观要件。

自然人构成本罪的，处三年以上十年以下有期徒刑；情节严重的，处十年以上有期徒刑、无期徒刑或者死刑。单位构成非法储存爆炸物罪的，对单位判处罚金，并对其直接负责的主管人员和其他直接责任人员，依照自然人构成本罪的规定处罚。本案中，金山沟煤矿构成该罪，蒋某某作为实施非法储存爆炸物行为的主管人员，同样构成本罪，对蒋某某处以八年有期徒刑，对煤矿应处以罚金。

四、从一重罪处罚还是数罪并罚

（一）从一重罪处罚

从一重罪处罚是指行为人的一个犯罪行为触犯了数个不同的罪名，或者以实施某一犯罪为目的，而其犯罪方法或结果又触犯了其他罪名时，按数罪中最重的一个罪所规定的刑罚处罚的一种量刑原则。例如，某煤矿因存在重大事故隐患被依法责令停产停业整顿，而主要负责人拒不执行，且具有发生重大伤亡事故或者其他严重后果的现实危险的，构成危险作业罪。而这种现实危险一旦转化为现实，即"发生重大伤亡事故或者其他严重后果"，则构成重大责任事故罪。这时，该煤矿主要负责人既构成危险作业罪，也构成重大责任事故罪，依据从一重罪处罚原则，应以重大责任事故罪追究该煤矿企业主要负责人的刑事责任。本案中，蒋某某超层越界非法采矿的行为既符合重大责任事故罪的构成要件，又符合非法采矿罪的构成要件，是否也应从一重罪处罚呢？本书认为，从侵害法益的角度观察，重大责任事故罪侵害的是公共安全法益，而非法采矿罪侵害的是环境资源保护法益。从违反的法定义务看，重大责任事故罪违反安全管理的规定，而非法采矿罪违反《矿产资源法》的规定。从行为的独立性来看，重大责任事故罪主要针对"违反有关安全管理的规定，且发生重大伤亡事故或者其他严重后果的行为"，而非法采矿罪则主要针对"违反《矿产资源法》的规定，未取得采矿许可证擅自采矿，擅自进入国家规划矿区、对国民经济具有重要价值的矿区和他人矿区范围采矿，或者擅自开采国家规定实行保护性开采的特定矿种，情节严重的行为"。从本案来看，蒋某某的行为既构成重大责任事故罪，又构成非法采矿罪，应实行数罪并罚。

（二）数罪并罚

　　数罪并罚，是指人民法院对一人犯数罪分别定罪量刑，并根据法定原则与方法，决定应当执行的刑罚。根据《刑法》第六十九条，判决宣告以前一人犯数罪的，除判处死刑和无期徒刑的以外，应当在总和刑期以下、数刑中最高刑期以上，酌情决定执行的刑期，但是管制最高不能超过三年，拘役最高不能超过一年，有期徒刑总和刑期不满三十五年的，最高不能超过二十年，总和刑期在三十五年以上的，最高不能超过二十五年。数罪中有判处有期徒刑和拘役的，执行有期徒刑。数罪中有判处有期徒刑和管制，或者拘役和管制的，有期徒刑、拘役执行完毕后，管制仍须执行。数罪中有判处附加刑的，附加刑仍须执行，其中附加刑种类相同的，合并执行，种类不同的，分别执行。例如，本案中人民法院认为，蒋某某构成重大责任事故罪，判处有期徒刑七年；构成非法采矿罪，判处有期徒刑六年，并处罚金人民币一百五十万元；构成非法储存爆炸物罪，判处有期徒刑八年。上述三罪实行数罪并罚，决定执行有期徒刑二十年，并处罚金人民币一百五十万元。

　　《刑法》第七十条对判决宣告后发现漏罪的数罪并罚作了规定。判决宣告以后，刑罚执行完毕以前，发现被判处刑罚的犯罪分子在判决宣告以前还有其他犯罪没有判决的，应当对新发现的犯罪作出判决，把前后两个判决所判处的刑罚，依照《刑法》第六十九条，决定执行的刑罚。已经执行的刑期，应当计算在新判决决定的刑期以内。

　　《刑法》第七十一条对判决宣告后又犯新罪的数罪并罚作了规定。判决宣告以后，刑罚执行完毕以前，被判处刑罚的犯罪分子又犯罪的，应当对新犯之罪作出判决，把前罪没有执行的刑罚和后罪所判处的刑罚，依照《刑法》第六十九条，决定执行的刑罚。

案例5：煤矿事故多发被约谈

案件事实

应急管理部的一则应急要闻《针对近两年贵州煤矿事故多发频发　国务院安委办约谈贵州省人民政府》内容如下：

根据《安全生产约谈实施办法（试行）》，2019年12月25日，国务院安全生产委员会办公室约谈贵州省人民政府负责人、贵州省黔西南州和贵州省能源局主要负责人。国务院安委会办公室副主任、应急管理部副部长、国家煤矿安全监察局局长主约谈，国家煤矿安全监察局副局长通报贵州省煤矿安全生产存在的突出问题。

约谈指出，近两年贵州煤矿事故多发频发，2018年煤矿死亡人数居全国第一，2019年以来煤矿死亡人数又是全国第一，贵州省是近两年全国唯一连续发生煤矿重大事故的省份。暴露出贵州煤矿安全生产工作存在安全红线意识不强，煤炭产业发展规划不科学、政策不合理，淘汰退出落后产能不坚决，企业安全生产主体责任不落实，煤矿重大灾害治理不到位，假整合假技改乱承包等违法违规生产建设严重，采掘接续紧张等系统性安全风险突出，安全监管监察执法不严不实等问题。

约谈强调，要充分认清贵州煤矿安全生产面临的严峻形势，深刻汲取事故教训，认真反思"促一方发展，保一方平安"政治责任是否得到落实，反思以人民为中心的发展理念是否得到贯彻，反思推动煤炭产业高质量发展是否有力，反思在抓落实上存在的形式主义、官僚主义问题，反思企业主体责任不落实、蓄意违法违规行为屡禁不止等问题，采取针对性措施切实加以解决。

约谈要求，贵州省政府及有关部门、黔西南州政府和煤矿企业要深入学习贯彻习近平总书记关于安全生产工作的重要论述和指示精神，认真贯彻落实党中央、国务院关于安全生产的决策部署，在防范化解重大安全风险、坚决遏制重特大事故上狠下功夫、下大功夫。要坚持安全发展理念，牢固树立"抓安全生产也是政绩"的观念，力戒形式主义、官僚主义，着力解决中央决策部署落实不到位的问题。要坚定不移推动煤炭产业转型升级，重点抓好30万吨/年以下煤矿分类处置，着力解决落后产能淘汰退出不坚决的问题。要深化瓦斯等重大灾害治理，开展全省煤矿瓦斯治理重点攻坚，着力防控较大以上事故多发势头。要强化企业主体责任落实，抓住矿长和总工程师"两个关键人"和制度健全可靠、重大灾害治理到位"两件关键事"，着力解决安全生产责任不落实的问题。要扎实开展煤矿安全生产集中整治，对重点地区和企业"开小灶"，着力解决违法违规行为屡禁不止的问题。要坚持"管理、装备、素质、系统"四并重，持续推进煤矿安全基础建设，着力解决安全保障能力不足的问题。

案例解读

一、人民政府煤矿安全生产职责

《煤矿安全生产条例》第五条是有关人民政府煤矿安全生产职责规定，根据该条规定，县级以上人民政府安全管理职责包括：加强对煤矿安全生产工作的领导；建立健全工作协调机制；支持、督促各有关部门依法履行煤矿安全生产工作职责；及时协调、解决煤矿安全生产工作中的重大问题。

（一）加强对煤矿安全生产工作的领导

《中共中央　国务院关于推进安全生产领域改革发展的意见》提出："地方各级党委和政府要始终把安全生产摆在重要位置，加强组织领导。党政主要负责人是本地区安全生产第一责任人，班子其他成员对分管范围内的安全生产工作负领导责任。地方各级安全生产委员会主任由政府主要负责人担任，成员由同级党委和政府及相关部门负责人组成。"《中共中央办公厅　国务院办公厅关于进一步加强矿山安全生产工作的意见》第十八条也规定，坚持党政同责、一岗双责、齐抓共管、失职追责，严格落实矿山安全领导责任，矿山安全重点市、县党政主要领导要定期研究矿山安全生产工作，深入矿山井下督促检查。实行市级、县级地方政府领导包保煤矿安全生产责任制。因此，加强对煤矿安全生产工作的领导是政府应尽的职责，各级人民政府必须充分认识加强对煤矿安全生产工作领导的重要性和必要性，依法履行对本地区煤矿安全生产工作的领导责任，落实各级人民政府安全生产行政首长负责制和领导班子成员安全生产"一岗双责"制度，健全煤矿安全生产监管监察体制，认真研究解决煤矿安全生产中的重大问题。

（二）建立健全安全生产工作协调机制

煤矿生产涉及地方监管和国家监察以及自然资源、生态环境、市场管理、能源管理诸多部门，根据"三管三必须"的要求，煤矿安全生产工作涉及多个部门，应由不同的部门根据职责分工行使对煤矿的监管监察职责，但对煤矿负有安全生产监督管理职责的部门之间监管监察职责划分有时不够明确。所以，各级人民政府对煤矿安全生产监管监察中存在的重大问题，应及时予以协调、解决。因此，需要县级以上各级人民政府建立健全安全生产工作协调机制。安全生产工作协调机制主要是通过成立安全生产委员会，对安全生产工作进行协调指导。安全生产委员会主任由同级人民政府主要负责人担任。例如，省安全生产委员会主任由省人民政府主要负责人担任。由于应急管理部门对安全生产工作负有综合监管职责，因此安全生产委员会的日常工作由应急管理部门承担，安全生产委员会办公室设在应急管理部门。

（三）支持、督促各有关部门依法履行煤矿安全生产工作职责

县级以上人民政府煤矿安全监管部门负责煤矿安全生产的监督管理，其职责虽然有法律的授权，但都是代表相关政府实施管理。一方面，县级以上各级人民政府要通过资金投入等方式支持本级政府负有安全生产监督管理职责的部门依法履职；另一方面，要领导和监督负有安全生产监督管理职责的部门依法履行监督管理职责。

国家矿山安全监察机构代表国家依法对煤矿安全进行监察。地方各级人民政府应当支持和协助煤矿安全监察机构依法对煤矿实施安全监察。煤矿安全监察机构应当及时向有关地方人民政府通报煤矿安全监察的有关情况，并可以提出加强和改善煤矿安全管理的建议。

根据《安全生产法》第八条第二款，各级人民政府应当加强煤矿安全监管能力建设。因此，地方各级人民政府应加强煤矿安全监管队伍建设，对煤矿安全监管责任的落实需要从煤矿安全监管职责分工、煤矿安全监管机构和煤矿安全监管队伍、煤矿安全监管技术、煤矿安全监管人员培训等方面着手。煤矿安全监管能力建设需要投入，所需经费列入本级预算，以保障各级人民政府煤矿安全监管能力建设所需资金。例如，按照行政执法机构车辆配置标准，为各级煤矿安全监管部门配备执法车辆、执法记录仪等。落实煤矿安全监管职业能力建设标准要

求，为煤矿安全监管执法人员配备专业执法装备，根据各地财政状况，为基层煤矿安全监管执法人员配备移动执法终端、执法记录仪、个人安全防护等装备。这就要求各级人民政府建立完善财政部门牵头负责、有关部门参与配合的煤矿安全监管执法经费保障机制、动态调整机制和煤矿安全监管执法经费使用管理制度。

（四）及时协调、解决煤矿安全生产工作中的重大问题

煤矿安全生产工作涉及不同部门，不同的部门分别行使煤矿安全监管监察职责，但对煤矿负有安全生产监督管理职责的部门之间监管职责划分有时不够明确。所以，各级人民政府对煤矿安全监管监察中存在的重大问题，应及时予以协调、解决。《安全生产法》第九条规定，县级以上各级人民政府建立健全安全生产工作协调机制。安全生产工作协调机制，主要是通过成立安全生产委员会，对安全生产工作进行协调指导。煤矿安全生产监督管理中的一些重大问题，如关闭不符合安全生产条件的煤矿、淘汰落后设备和工艺、对煤矿重大事故的抢救组织工作等问题，仅靠煤矿安全监管监察部门或者其他有关部门难以解决，需要通过安全生产委员会等协调议事机构统筹协调，依法解决。各级人民政府应建立定期安全生产例会制度，分析安全生产形势，及时协调、解决煤矿安全生产监督管理中存在的重大问题。

二、安全生产约谈制度

约谈制度始于 2007 年，是我国一项制度创新。约谈是指拥有具体行政职权的机关，通过约谈沟通、学习政策法规、分析讲评等方式，对下级组织运行中存在的问题予以纠正并规范的准具体行政行为。该制度首先出现在土地违规行为中，后被引入安全生产领域。

（一）安全生产约谈

为加强安全生产工作，落实地方人民政府监管责任，防止和减少生产安全事故的发生，我国在实践中建立了安全生产约谈制度。安全生产约谈，是指上级人民政府安全生产委员会主任、副主任及安委会负有安全生产监督管理职责的成员单位负责人，针对履行安全生产职责不当或完成上级安全生产工作部署不力等问题约见下级人民政府负责人，就安全生产有关问题进行提醒、告诫，督促整改的谈话。约谈方根据政务公开的要求及时向社会公开约谈情况，接受社会监督。

（二）国务院安全生产委员会安全生产约谈的发起主体和约谈对象

2018 年，应急管理部通过了《安全生产约谈实施办法（试行）》，明确规定了国务院安全生产委员会及成员单位负责人约谈地方人民政府负责人的条件、对象、程序和内容，要及时向社会公开约谈情况，可邀请有关专家、新闻媒体、公

众代表等列席约谈。根据生产安全事故等级和地方人民政府监管失职程度的不同，《安全生产约谈实施办法（试行）》对发起主体和约谈对象主要分为三种情况：

一是对发生特别重大事故或贯彻落实党中央、国务院安全生产重大决策部署不坚决、不到位的，由国务院安全生产委员会主任或副主任约谈省级人民政府主要负责人。

二是对发生重大事故，有下列情形之一的：①30日内发生2起的；②6个月内发生3起的；③性质严重、社会影响恶劣的；④事故应急处置不力，致使事故危害扩大，死亡人数达到重大事故的；⑤重大事故未按要求完成调查的，或未落实责任追究、防范和整改措施的；⑥其他需要约谈的情形。由国务院安全生产委员会办公室负责人或国务院安全生产委员会有关成员单位负责人约谈省级人民政府分管负责人。

三是对安全生产工作不力，有下列情形之一的：①发生重大事故或6个月内发生3起较大事故的；②发生性质严重、社会影响恶劣较大事故的；③事故应急处置不力，致使事故危害扩大，死亡人数达到较大事故的；④国务院安委会督办的较大事故，未按要求完成调查的，或未落实责任追究、防范和整改措施的；⑤国务院安全生产委员会办公室督办的重大事故隐患，未按要求完成整改的；⑥其他需要约谈的情形。由国务院安全生产委员会办公室负责人或国务院安全生产委员会有关成员单位负责人或指定其内设司局主要负责人约谈市（州）人民政府主要负责人。

在本案例中，贵州省存在不同等级煤矿生产安全事故多发，对中央决策部署落实不到位、履职不当等问题。国务院安全生产委员会有关领导对贵州省人民政府主要负责人、贵州省能源局主要负责人、黔西南州人民政府主要负责人进行约谈，提出近几年煤矿安全生产监管工作存在的问题及整改措施。后续国务院安全生产委员会监督并督促相关整改措施的落实，贵州省被约谈主体应当在约定的时限内将整改措施落实情况书面报国务院安全生产委员会，由其对照审核，必要时可进行现场核查；对于落实整改措施不力，连续发生事故的，给予通报，并抄送监察机关，依法依规严肃处理。

（三）地方人民政府的安全生产约谈制度

地方各级人民政府安全生产委员会尤其是省级人民政府安全生产委员会也对安全生产约谈的具体操作作了明确规定。例如，为促进政府安全生产监督管理责任和企业安全生产主体责任落实到位，全面加强生产安全事故防范，根据安全生产有关法律法规，《湖北省人民政府关于进一步加强企业安全生产工作的通知》

决定在全省对市、州、直管市、林区政府和省政府有关部门未履行或未正确履行安全生产监督管理职责、未及时排除治理重大安全隐患，未按时完成安全生产重要专项工作任务、存在安全生产违法行为，导致发生较大及以上生产安全责任事故的情形进行问责告诫谈话。2011年湖北省人民政府办公厅发布《关于实行安全生产约谈的通知》对约谈对象、约谈事由、约谈内容和约谈程序等作了明确规定。2017年颁布的《中共湖北省委湖北省人民政府关于推进安全生产领域改革发展的实施意见》明确规定："建立安全生产'双约谈'制度，对一年内发生两起较大生产安全责任事故的县（市、区），由市、州安全生产委员会办公室会同同级纪检监察机关、组织部门对县（市、区）党政主要负责人进行'双约谈'；发生重大以上事故或一个季度内连续发生较大生产安全责任事故的市、州，由省安全生产委员会办公室会同省纪委（省监察厅）、省委组织部对市、州党政主要负责人进行'双约谈'。"

严格执行事故联合约谈制度，针对发生重大事故或多起较大以上事故的地区，或者发生较大以上事故的中央或省属企业，要会同有关部门约谈事故发生地政府或有关企业负责人，共同分析事故原因，提出整改措施，切实用事故教训推动安全生产工作。严格执行较大以上事故查处政府挂牌督办、重大事故"说清楚"和约谈制度。

案例6：煤矿安全生产公益诉讼

案件事实

山西浑源A煤业有限公司（以下简称A煤业公司）、山西浑源B露天煤业有限责任公司（以下简称B煤业公司）等32家煤矿、花岗岩矿、萤石矿等矿企，分别地处恒山国家级风景名胜区、恒山省级自然保护区和恒山国家森林公园及周边（以下简称恒山风景名胜区及周边）。上述矿企在开采和经营过程中，违反生态环境保护和自然资源管理法律法规，无证开采、越界开采，严重破坏生态环境和矿产、耕地及林草资源。其中，A煤业公司在未办理建设用地使用手续的情况下非法占用农用地，造成农用地大量毁坏，涉及耕地面积达9305亩。B煤业公司等其他矿企也分别长期存在越界开采煤炭资源，违反矿山开发利用方案多采区同时开采，未经审批占用耕地、林地等违法行为，违法开采造成生态环境受损面积达8.4万余亩，经济损失约9.5亿元。

人民检察院检察建议

2017年12月，山西省人民检察院（以下简称山西省院）通过公益诉讼大数据信息平台收集到多条反映浑源县矿企破坏恒山风景名胜区及周边生态环境和自然资源的线索，报告最高人民检察院（以下简称最高检）后，最高检挂牌督办。山西省院启动一体化办案机制，统筹推进省市县三级检察院开展立案调查。初步认定，A煤业公司、B煤业公司等矿企长期实施非法采矿、非法占地、非法排污及无证经营等违法行为，使当地煤炭、花岗岩等矿产和耕地、林草资源遭到严重破坏。2018年9月3日，浑源县人民检察院（以下简称浑源县院）决定作为公益诉讼案件立案办理，此后相关检察院也经指定管辖先后依法立案。

根据查明的违法情形及损害后果，并结合行政机关法定职责，检察机关研判认为自然资源、林草、生态环境、应急管理、水务、市场监管部门及乡、镇政府等行政机关负有监管职责，且不同的矿产资源、林地权属及矿企的违法行为由不同层级的行政机关监管。其中，煤矿、花岗岩矿分别由省级和市级自然资源部门颁发采矿许可予以监管；矿企破坏林地的违法行为分别由市级、县级林草部门监管；矿企违法占地、未取得安全生产许可证生产、非法倾倒固体废物、无营业执照经营等违法行为分别由县级自然资源、应急管理、生态环境、市场监管等部门监管。

因该案涉及矿企数量众多，违法和公益损害的情形多样，涉及不同层级多个行政机关，为有效推进案件办理，大同市人民检察院（以下简称大同市院）发挥一体化办案优势，统筹辖区办案资源，除浑源县院外，还将该案相关具体线索分别指定辖区多个县级检察院管辖。根据大同市院的指定，云冈区检察院就A煤业公司剥离废渣石随意堆积污染环境违法情形，于2018年10月15日向浑源县生态环境部门制发诉前检察建议，建议其依法履职，督促该矿采取有效防范措施，防止固废污染环境。同年12月10日，生态环境部门回复已完成对剥离废渣石等固废的整治并建立矿山监管长效机制。广灵县、左云县、平城区、天镇县检察院根据大同市院指定，先后向大同市国土资源局、林业局，浑源县国土资源局、林业局、安监局以及浑源县青瓷窑乡、千佛岭乡政府等行政机关发出诉前检察建议并持续跟进，相关行政机关均按期回复，查处整治、植被恢复等整改任务都已落实到位。

山西省自然资源厅系A煤业公司、B煤业公司等5家涉案煤矿企业采矿许可证发证机关，对涉案煤企的违法行为负有监管职责。2019年1月21日，山西省院向山西省自然资源厅发出行政公益诉讼诉前检察建议，督促其对涉案煤矿企业破坏资源环境和耕地的违法行为依法全面履行监管职责。1月29日，山西省自然资源厅函复山西省院，对被非法占用的耕地和基本农田及时组织补划工作，协调开展技术评审。该厅派员赴大同市、浑源县对接查处整治和生态修复工作，全程指导浑源县矿山地质环境恢复、综合治理规划、露天采矿生态环境治理修复可行性研究、勘察设计制定、生态环境治理修复工程实施等工作。3月19日，该厅书面回复山西省院，已在全省开展严厉打击非法用地用矿专项行动，并组织对破坏资源的鉴定工作，建议动用5家煤矿企业预存的5500万元土地复垦费用直接用于生态修复，并联合省财政厅下达专项资金支持浑源县开展露天矿山生态修复。

鉴于相关违法行为具有一定的普遍性和典型性，且损害重大公共利益，为督促相关省级行政机关加大对下级主管部门的行政执法监督和指导力度，2019 年 1 月 29 日，山西省院向省市场监督管理局、省应急管理厅、省生态环境厅、省林业和草原局等行政机关发出社会治理检察建议，建议上述机关分别针对涉案煤矿无安全生产许可证开采经营、无环评手续非法生产、擅自倾倒堆放固废、违法占用林地等违法行为督促大同市、浑源县有关部门依法及时查处。上述四厅局迅即向大同市、浑源县通报情况并实地督导，在项目规划、资金筹措、技术支持、法规适用等方面跟踪指导并相互配合，确保生态修复有序推进。

在该案办理过程中，检察机关根据调查核实掌握的证据，就有关公职人员不依法履行监管职责、大面积耕地被非法占用等情况进行研判，向纪检监察机关移送公职人员违纪违法线索92 件，其中77 人受到党政纪处分，9 人被追究刑事责任；向公安机关移送涉嫌非法占用农用地等涉嫌犯罪线索31 件，公安机关立案侦查35 人，检察机关向人民法院提起公诉30 人。

争议焦点

本案争议的焦点是是否符合人民检察院提起安全生产公益诉讼的条件。

案例解读

公益诉讼（Public Interest Litigation），通常被理解为以个人、组织或者机关为原告，以损害国家、社会或不特定多数人利益（公益）的行为为对象，以制止损害公益行为并追究公益加害人相应法律责任为目的，向法院提出的特别诉讼活动[1]。公益诉讼发轫于生态环境公益诉讼[2]，我国公益诉讼亦不例外。但我国之公益诉讼保护的范围不限于生态环境，还扩大到消费者权益、英雄烈士人格利益等保护领域，且有进一步拓展空间的必要。2016 年 12 月《中共中央 国务院关于推进安全生产领域改革发展的意见》（简称《意见》）提出"研究建立安全

[1] 别涛. 环境公益诉讼 [M]. 北京：法律出版社，2007：1.
[2] 环境公益诉讼最早见于美国 1970 年的《清洁空气法》，参见 James R. May, Now More Than Ever: Trends in Environmental Citizen Suits at 30 [J]. Widener Law Symposium, 2003.

生产民事和行政公益诉讼制度"①。《意见》出台后，有些省市开始探索安全生产公益诉讼，2019 年最高人民检察院和应急管理部联合发布安全生产公益诉讼典型案例②。为落实《意见》要求，规范安全生产行为，建立安全生产"齐抓共管"的工作局面，在总结安全生产公益诉讼实践经验基础上，2021 年 6 月全国人大常委会修改《安全生产法》时在第七十四条第二款特设"安全生产公益诉讼"。安全生产公益诉讼包括安全生产民事公益诉讼和安全生产行政公益诉讼，它们属于新型公益诉讼，诸多问题尚需要进行理论上的深入研究。作为一项新制度，在实践和理论上皆面临诸多问题，都需要加以澄清。

一、"总体国家安全观"是我国煤矿安全生产公益诉讼的理论基础

域外公益诉讼主要指向环境污染、生态破坏，甚少有立法规定煤矿安全生产公益诉讼。我国明确规定了煤矿安全生产公益诉讼，属于一项制度创新，该创新具有重要的理论基础。安全生产公益诉讼的理论基础是习近平总书记的"总体国家安全观"。习近平指出："当前我国国家安全内涵和外延比历史上任何时候都要丰富，时空领域比历史上任何时候都要宽广，内外因素比历史上任何时候都要复杂，必须坚持总体国家安全观。"③ 习近平总书记从国家安全角度高屋建瓴地提出总体国家安全观并系统提出"16 种安全"，而生产安全是公共安全的重要内容。

首先，总体国家安全观以人民安全为宗旨，"人民安全是国家安全的基石"。《煤矿安全生产条例》第三条第二款明确规定："煤矿安全生产工作应当以人为本，坚持人民至上、生命至上，把保护人民生命安全摆在首位。"这与"总体国家安全观"的宗旨一脉相承。

其次，"总体国家安全观"将"安全"摆在首位。"安全生产红线"是习近平总书记提出的衡量安全生产成效的基本标准。习近平总书记在 2013 年 6 月 6 日就做好安全生产工作作出重要指示："人命关天，发展决不能以牺牲人的生命为代价。这必须作为一条不可逾越的红线。"2016 年《意见》进一步丰富和发展了红线意识，提出"坚守发展决不能以牺牲安全为代价这条不可逾越的红线""牢固树立安全发展理念"；《煤矿安全生产条例》第三条明确规定，煤矿安

---

① 参见《中共中央　国务院关于推进安全生产领域改革发展的意见》（十六）规范建管执法行为部分。

② 最高检、应急管理部联合发布安全生产领域公益诉讼典型案例［EB/OL］.（2021－03－23）［2021－10－20］. http：//www. spp. gov. cn/spp/xwfbh/wsfbt/202103/t20210323－513617. shtml#1

③ 习近平. 习近平谈治国理政（第一卷）［M］. 北京：外文出版社，2018：200－201.

全生产工作必须贯彻安全发展理念。而"安全发展"首要是人的生命安全，当经济利益和生命利益发生冲突时，应以保护人的生命为首要任务。

最后，《煤矿安全生产条例》第一条明确规定其目的是保障人民群众生命财产安全，这与以人民安全为宗旨的"总体国家安全观"一脉相承。煤矿生产安全事故易导致群死群伤，具有公共安全的属性，我国《刑法》将生产安全事故犯罪作为危害公共安全类犯罪，学界多将安全生产法律法规作为社会法的一部分。基于总体国家安全观，需要延展企业生产安全问题的视野，将其置于民生这一大局观进行思考①。生产安全事关公共安全，具有社会性和公益性，它是"总体国家安全观"在安全生产领域的延伸。作为一项重要的制度创新，煤矿安全生产公益诉讼的目的在于保护国家利益、社会公共利益，使其免受安全生产违法行为的侵害，契合了"总体国家安全观"的现实需求。

二、煤矿生产安全的公共性是煤矿安全生产公益诉讼的制度基础

国外并无独立的《安全生产法》，安全生产和职业健康合并立法，为职业安全健康法②，其调整范围限于职业安全健康，关注侧重点在职工的安全与健康，其公共性或公益性较弱，也不涉及财产安全。我国在安全生产和职业病防治是否合并立法这一问题上，虽曾多次反复③，但最终于 2001 年和 2002 年分别制定了《职业病防治法》《安全生产法》。《意见》提出"加强安全生产和职业健康法律

---

① 朱志萍．基于总体国家安全观的企业生产安全风险防控研究［J］．公安研究，2017（12）.

② 20 世纪 70 年代，世界各国普遍掀起职业安全卫生立法的高潮。职业安全卫生立法首开先河的是美国。1970 年美国制定了《职业安全健康法》，1972 年日本颁布《劳动安全健康法》，1974 年英国颁布《工作场所职业健康安全法》，1974 年原联邦德国颁布《职业安全健康法》，1975 年我国台湾地区颁布《劳工职业安全卫生法》，墨西哥、加拿大、芬兰、玻利维亚等国也纷纷效仿，颁布《职业（或劳动）安全卫生法》。

③ 如果追溯我国安全生产法的制定过程，最早可追溯到 1981 年 3 月国务院批准由国家劳动总局牵头起草《劳动保护法（草案）》，后报国务院，更名为《劳动安全卫生条例（草案）》。1994 年劳动部在完成劳动法立法任务之后，着手起草《安全生产法（草案）》，1996 年 4 月，劳动部与国务院法制局协商决定，将正在起草过程中的《安全生产法》《劳动安全卫生条例》《职业病防治条例》三个法律、法规草案合并为《劳动安全卫生法（草案）》。1998 年国务院机构改革后，承担了安全生产综合改革管理职能的国家经贸委在原劳动部制定的《劳动卫生法（草案）》基础上，起草了《职业病安全法（草案）》并报国务院法制办审查。2000 年 12 月，国务院法制办将法律名称修改为《安全生产法》，列入国务院 2001 年度立法计划，并明确由国家经贸委管理下的国家安监局为法律草案的起草单位。2001 年 11 月，《安全生产法》经国家经贸委主任办公会审议后报国务院第 48 次常务会议审议通过，并呈报全国人大常委会。2002 年 6 月 29 日全国人大常委会通过《安全生产法》，自 2002 年 11 月 1 日实施。

法规衔接融合"①，学术界又着手研究这两部法律的合并问题，但 2018 年国家机构改革，职业病监管和安全生产监管体制发生变化，两部法律合并化为泡影。不可否认，安全生产立法发轫于对职业安全的关注，国外安全生产立法也是对职业安全的调整。我国的《安全生产法》已经脱离了"职业"限制，越来越强调对公共安全或公共利益的保护，主要体现在以下几个方面：

一是《安全生产法》的适用范围超越"工厂法"。职业安全健康法关注工厂状态下的安全健康立法，每一个雇主都必须为雇员提供就业场所，该场所不能存在造成或可能造成雇员死亡或严重伤害的公认危害②。传统雇主组织雇员在固定场所集中劳动，雇主通过聘请专业人员实施安全管理，提供良好的劳动条件、劳动环境，并监管雇员行为。交通运输安全、核与辐射安全、网络购物配送安全等越来越多的超越"工厂"范围的生产经营活动构成对公共安全的严重威胁，但这些活动多属于生产经营活动。而作为规范生产经营活动安全的"法"，《安全生产法》是一般法，"一般法"属性将其调整对象延伸得越来越远，新兴行业、领域的生产经营活动也必须遵守《安全生产法》，超越工厂范围的生产经营活动也应遵守安全生产法。可见，我国《安全生产法》虽源于工厂法，但其适用范围延伸至所有的"生产经营活动"，而不问从事"生产经营活动"主体的性质，也不要求生产经营活动在固定场所进行。《安全生产法》第三条规定"从源头上防范化解重大安全风险"，而非"重大生产安全风险"或者"重大安全生产风险"，其越来越侧重于对公共安全的保护。

二是保护对象的大众性或不特定性。英文中"职业"（Occupation）主要是工作之意。"职业安全健康"是"雇员"的安全健康，不包括为自己个人利益或者家庭成员之间共同经营等。我国安全生产法虽然也使用了"从业人员""职工"等概念，但其保护的范围远远超过"职工"，还包括普通大众等不特定人。例如，2020 年沈海高速温岭段"6·13"液化石油气运输槽罐车爆炸事故造成20 人死亡，死者主要是周围居民。再如，2015 年 12 月 20 日，位于深圳市光明新区的红坳渣土受纳场发生滑坡事故，造成 73 人死亡，4 人下落不明，17 人受伤（重伤 3 人，轻伤 14 人），33 栋建筑物（厂房 24 栋、宿舍楼 3 栋，私宅 6栋）被损毁、掩埋，90 家企业生产受影响，涉及员工 4630 人。上述事故都属生产安全事故，生产经营过程中造成了人员伤亡，无论该"人员"是从业人员还

---

① 参见《中共中央国务院关于推进安全生产领域改革发展的意见》（十三）"建立健全法律法规体系"部分。

② Thomas D Schneid. Safety Law Legal Aspects in Occupational Safety and Health ［R］. Taylor&Francis Group Boca Raton London New York，2018：133.

是周围居民等其他人员，在确定事故伤亡人数时，一并计算在内。我国《安全生产法》将保护范围扩大到"人民群众生命安全"，这一点突出了"安全生产工作应当以人为本"，是对习近平总书记"坚持人民至上、生命至上，把保护人民生命安全摆在首位"重要指示在法律上的坚定贯彻，充分体现了我国安全生产法律制度的特殊性和进步性。正因保护对象的大众性，我国《安全生产法》保护的对象是不特定的人。

三是安全生产法保护的对象包括财产。纵观国外职业安全健康立法，财产不在职业安全健康法的保护之列。我国《安全生产法》保护生命健康安全和财产安全，无论《生产安全事故报告和调查处理条例》关于生产安全事故的分类，还是《最高人民法院 最高人民检察院关于办理危害生产安全刑事案件适用法律若干问题的解释（一）》关于"重大事故""重大伤亡事故或者其他严重后果"的认定，都将事故造成的直接经济损失作为判断依据之一。《安全生产法》保护的财产不限于国有财产，它保护的财产主要是人民群众的财产安全，它属于不特定人的财产安全。

国外的职业安全健康法，侧重于对职工生命健康的保护，其公益性或公共性色彩并不明显，在职业安全健康领域没有建立公益诉讼制度。我国《安全生产法》《煤矿安全生产条例》既保护人民群众的生命安全，也保护财产安全，已经超越了"职业"的范畴，呈现出社会安全、公共安全的特性，具有鲜明的公共安全色彩。生产经营活动中的生产安全已经成为公共安全的组成部分①，这是我国确立安全生产公益诉讼的制度基础。

三、煤矿安全生产行政公益诉讼

人民检察院在履行职责中发现负有安全生产监督管理职责的行政机关违法行使职权或者不作为，致使国家利益或者社会公共利益受到侵害的，应当向行政机关提出检察建议，督促其依法履行职责。行政机关应当在收到检察建议书之日起两个月内依法履行职责，并书面回复人民检察院。出现国家利益或者社会公共利益损害继续扩大等紧急情形的，行政机关应当在十五日内作出书面回复。行政机关经检察建议督促仍然没有依法履行职责，国家利益或者社会公共利益处于受侵害状态的，人民检察院应当依法向人民法院提起诉讼。

人民检察院提起行政公益诉讼应当提交下列材料：①行政公益诉讼起诉书，并按照被告人数提出副本；②被告违法行使职权或者不作为，致使国家利益或者

---

① 范维澄，闪淳昌. 公共安全与应急管理［M］. 北京：科学出版社，2017.

社会公共利益受到侵害的证明材料；③已经履行诉前程序，行政机关仍不依法履行职责或者纠正违法行为的证明材料。

人民检察院依据《行政诉讼法》第二十五条第四款的规定提起行政公益诉讼，符合起诉条件的，人民法院应当登记立案。

在行政公益诉讼案件审理过程中，被告纠正违法行为或者依法履行职责而使人民检察院的诉讼请求全部实现，人民检察院撤回起诉的，人民法院应当裁定准许；人民检察院变更诉讼请求，请求确认原行政行为违法的，人民法院应当判决确认违法。

人民法院区分下列情形作出行政公益诉讼判决：①被诉行政行为具有《行政诉讼法》第七十四条、第七十五条规定情形之一的，判决确认违法或者确认无效，并可以同时判决责令行政机关采取补救措施；②被诉行政行为具有《行政诉讼法》第七十条规定情形之一的，判决撤销或者部分撤销，并可以判决被诉行政机关重新作出行政行为；③被诉行政机关不履行法定职责的，判决在一定期限内履行；④被诉行政机关作出的行政处罚明显不当，或者其他行政行为涉及对款额的确定、认定确有错误的，可以判决予以变更；⑤被诉行政行为证据确凿，适用法律、法规正确，符合法定程序，未超越职权，未滥用职权，无明显不当，或者人民检察院诉请被诉行政机关履行法定职责理由不成立的，判决驳回诉讼请求。人民法院可以将判决结果告知被诉行政机关所属的人民政府或者其他相关的职能部门。

四、煤矿安全生产民事公益诉讼

（一）煤矿安全生产民事公益诉讼的原告

我国民事公益诉讼的原告包括两类：一类是法律规定的机关和有关组织，另一类是人民检察院。"法律规定的机关"是指提起公益诉讼的机关要有明确的法律依据①，即只有法律明确规定的机关才有提起公益诉讼的资格。我国《安全生产法》规定"负有安全生产监督管理职责的部门"是安全生产监督管理部门，但并没有明确这些部门可以提起安全生产民事公益诉讼，在目前的法律框架下，不宜将其作为能够提起煤矿安全生产民事公益诉讼的"法律规定的机关"。《安全生产法》第七十四条第二款规定人民检察院有权提起安全生产民事公益诉讼。所以，这里的"法律规定的机关"是指人民检察院。我国《环境保护法》第五

---

① 沈德咏. 最高人民法院民事诉讼法司法解释理解与适用［M］. 北京：人民法院出版社，2015：755.

十八条对能够提起环境民事公益诉讼的"有关组织"的条件作了明确规定①，而《安全生产法》并没有规定哪些组织可以提起安全生产公益诉讼，也就不存在可以提起安全生产民事公益诉讼的组织。

煤矿安全生产涉及公共利益，需要"公众参与"，要充分调动地方党委和政府、有关部门甚至社会公众参与安全生产工作的积极性和主动性，从外部规制生产经营单位的生产安全，赋予外部规制者提起安全生产民事公益诉讼的权利能拓展规制手段和规制力度。因此，从长远来看，赋予公民、企业等社会个体提起公益诉讼权利是大势所趋②。从应然性看，法律应当赋予更多的"法律规定的机关和有关组织"提起安全生产民事公益诉讼的权利。但安全生产民事公益诉讼是一把双刃剑：一方面能够调动社会各方面力量，关注安全生产，参与安全生产；另一方面安全生产民事公益诉讼也有被滥用，影响企业正常生产经营的风险。安全生产民事公益诉讼的原告除人民检察院之外，"法律规定的机关和有关组织"必须进行限缩解释。因为煤矿安全生产具有很强的专业性和技术性，是否存在煤矿安全生产违法行为，是否因违法行为导致"重大事故隐患"或者"重大事故"需要进行专业判断。因此，本书建议在立法上应明确"负有安全生产监督管理职责的部门"有权提起安全生产民事公益诉讼，并借鉴《环境保护法》第五十八条之规定对提起安全生产民事公益诉讼的有关组织设定条件。其条件应包括该"有关组织"具有公益性、在一定级别的民政部门登记、有良好的信誉并有判断煤矿安全生产违法行为、煤矿重大事故隐患等方面的能力。

（二）提起煤矿安全生产民事公益诉讼的条件

提起煤矿安全生产民事公益诉讼的条件包括两个方面：一方面安全生产违法行为造成重大事故隐患或者重大事故；另一方面"国家利益或者社会公共利益受到侵害"。这里存在两个层次的因果关系：一是"重大事故隐患或者重大事故"由"安全生产违法行为"引起；二是"重大事故隐患"或者"重大事故"导致"国家利益"或者"社会公共利益"受到侵害，这两个因果关系缺一不可。

1. 煤矿安全生产民事公益诉讼中"重大事故隐患"的判断

2021 年修改的《安全生产法》第七十四条第二款使用了"重大事故隐患"

---

① 《环境保护法》第 58 条规定："对污染环境、破坏生态，损害社会公共利益的行为，符合下列条件的社会组织可以向人民法院提起诉讼：（1）依法在设区的市级以上人民政府民政部门登记；（2）专门从事环境保护公益活动连续五年以上且无违法记录。符合前款规定的社会组织向人民法院提起诉讼，人民法院应当依法受理。提起诉讼的社会组织不得通过诉讼牟取经济利益。"

② 王丽萍. 突破环境公益诉讼启动的瓶颈：适格原告扩张与激励机制构建［J］. 法学论坛，2017（3）.

概念，2020 年制定的《刑法修正案（十一）》也使用了"重大事故隐患"这一概念。应急管理部已经制定《煤矿重大生产安全事故隐患判定标准》，但我国《安全生产法》第七十四条第二款中的"重大事故隐患"不应仅依据《煤矿重大事故隐患判定标准》来认定，而应该根据行为的危害性来认定。

在认定本款"重大事故隐患"时，应在重大事故隐患判定标准的基础上，采取主客观相结合的方式进行。例如，《煤矿重大事故隐患判定标准》将"煤矿未制定或者未严格执行井下劳动定员制度，或者采掘作业地点单班作业人数超过国家有关限员规定 20% 以上的"作为重大事故隐患。但"国家有关限员规定"则由有关部门通过"软法"予以确定。基于各种原因，法律是有漏洞的，法律的漏洞有自始的漏洞与嗣后的漏洞①。因技术进步、生产经营活动类型的多样性，各部门制定的判定标准挂一漏万，有些能够造成重大事故的隐患没有纳入其中，这属于自始的漏洞。风险虽然是真实的，但主要是关乎未来，风险意识的核心不在当下，而在未来②。知识、技术的进步在解决现有风险的同时，又带来不确定的风险，风险不是减少了，而是增加了。风险的动态性说明重大事故隐患也不是一成不变的。例如，独眼井开采已经消亡，这一开采工艺带来的重大事故隐患也随之消亡。但是，现代化的技术手段和设施设备，并没有从根本上杜绝事故隐患，设施设备越精密，越需要各环节的密切配合，甚至短时间的意外停电，都可能引起重大事故隐患或者重大事故。重大事故隐患的判断不能仅立足于过去和现在，对新出现的隐患也必须给予足够的重视。

煤矿安全生产民事公益诉讼中，重大事故隐患应该从隐患的危害性、排除隐患的难易程度以及隐患与事故发生之间的因果关系三个方面判断。首先，从危害性看，重大事故隐患是能够引发"危害较大"事故的隐患。其次，从整改难度看，重大事故隐患的整改难度大。整改难度大表现在重大事故隐患是不能立即排除的隐患，需要暂停部分或者全部生产经营活动，并经过一定时间整改治理方能排除的隐患，或者因外部因素影响致使生产经营单位自身难以排除的隐患。最后，从因果关系看，重大事故隐患是能够直接导致"重大事故"的隐患，能够间接引起"重大事故"的原因，不属于事故隐患，也不属于重大事故隐患。例如，煤矿企业未对从业人员进行安全教育培训不是生产安全事故发生的直接原因的，未对从业人员进行安全教育培训就不是"事故隐患"。当然，煤矿重大事故隐患的判断具有很强的专业性和技术性，人民检察院可通过组织专家论证、委托

---

① ［德］卡尔·拉伦茨. 法学方法论［M］. 黄家镇译. 北京：商务印书馆，2020：473.
② ［德］乌尔里希·贝克. 风险社会［M］. 张文杰，何博闻译. 南京：译林出版社，2018.

鉴定等方式对是否存在重大事故隐患作出判断。

2. 煤矿重大事故的判断

在安全生产领域，重大事故与一般事故、较大事故、特别重大事故共同构成事故等级划分，它是指造成 10 人以上 30 人以下死亡，或者 50 人以上 100 人以下重伤，或者 5000 万元以上 1 亿元以下直接经济损失的事故①。在《刑法》中，"重大安全事故"包括：①造成死亡一人以上，或者重伤三人以上的；②造成直接经济损失一百万元以上的；③其他造成严重后果或者重大安全事故的情形②。如果将《安全生产法》第七十四条第二款中的"重大事故"限于事故分类中的重大事故，"特别重大事故"将被排除在安全生产民事公益诉讼外，与举轻明重之立法原理相悖。因此，这里的"重大事故"应采取刑法领域关于"重大事故"的判断标准，而不能依据事故分类中的重大事故作为依据。在认定"重大事故"时，尚有以下四点颇值得注意：

一是重大事故中"重伤"依《人体损伤程度鉴定标准》确定。安全的类型多样，诸如生产安全、交通安全、医疗安全、社会安全等，国务院有关部门各负一类或者几类安全监管，有关部门对不同事故造成的伤亡等级多制定不同判定标准。关于重伤的认定标准，我国实务中主要有刑事案件中的重伤、生产安全事故中的重伤、医疗事故中的重伤、交通事故中的重伤以及工伤认定中的重伤等，上述各判断标准不一。由此造成同一生产安全事故，构成犯罪拟追究刑事责任的，重伤的认定适用最高人民法院、最高人民检察院、公安部、国家安全部、司法部在 2013 年联合发布的《人体损伤程度鉴定标准》。而在对生产安全事故等级认定时，应急管理部门则主要适用 1986 年的《企业职工伤亡事故分类标准》判断重伤与否③。因二者在判断重伤时的标准不一，同一伤害，在追究刑责时可能被认定为重伤，在追究行政责任时则可能被认定为轻伤，削弱法的权威性和严肃性。因此，亟待全国人大或者国务院牵头制定统一的轻重伤判断标准并明确鉴定机构和鉴定程序。在各部门统一伤亡认定标准之前，《安全生产法》第七十四条第二款的"重大事故"虽规定于《安全生产法》，但这里的"伤亡"应依《人体损伤程度鉴定标准》的规定进行认定，主要从以下两个方面考虑：一方面是

---

① 参见《生产安全事故报告和调查处理条例》第三条。

② 参见《最高人民法院最高人民检察院关于办理危害生产安全刑事案件适用法律若干问题的解释》第六条。

③ 根据《企业职工伤亡事故分类标准》，轻伤指损失工作日为 1 个工作日以上（含 1 个工作日），105 个工作日以下的失能伤害；重伤指损失工作日为 105 个工作日以上（含 105 个工作日），6000 个工作日以下的失能伤害；死亡指损失工作日为 6000 个工作日以上（含 6000 个工作日）的失能伤害。

保持法律适用内部之协调性。"重大事故"的认定依据《刑法》的"重大事故"作为认定标准,"重大事故"中的"重伤"也应依刑事责任追究中重伤的鉴定标准。另一方面是统一职工和非职工伤亡认定标准的需要。1986年的《企业职工伤亡事故分类标准》年代久远,且其指向"企业职工"的伤亡事故。我国《安全生产法》保护公共安全,企业职工之外的人因事故致害的,也属于事故范畴。同一事故对职工伤害的鉴定依《企业职工伤亡事故分类标准》,对非职工伤害的鉴定依《人体损伤程度鉴定标准》,鉴定标准不一,显然不妥。《人体损伤程度鉴定标准》不区分受害者对象,能够统一重伤的认定标准。故以《人体损伤程度鉴定标准》作为"重伤"的认定标准,至少是公平的;但是否合理,则有待进一步研究。

二是轻伤要么属于"直接经济损失"范畴,要么属于"其他造成严重后果或者重大安全事故的情形"。"死亡""重伤"和"直接经济损失"是划分事故等级的三个重要指标,也是《刑法》中判断"重大事故"的三个重要指标。生产安全事故造成轻伤的,是否属于《生产安全事故报告和调查处理条例》中的生产安全事故,理论上有不同的认识。一种观点认为,上述条例中的伤亡包括死亡和重伤,轻伤既不是直接经济损失,又不是本条例中的"伤亡",造成轻伤的,不属于生产安全事故的范畴。另一种观点认为,未造成人员伤亡的一般事故特指只造成了轻伤或直接经济损失在1000万元以下的事故[①]。从事故等级角度,轻伤虽不是独立的事故分类标准,但事故致人轻伤,必然有治疗费用等支出,应将轻伤造成之直接经济损失归于"直接经济损失"的范畴,根据轻伤造成直接经济损失的数额,确定事故等级。而从追究刑事责任的视角观察,生产安全事故仅"轻伤"的,其虽不是"重伤",但轻伤者治疗费用、误工费用等属于"直接经济损失",应将其归入"直接经济损失"范围。所以,生产安全事故致人轻伤,治疗费等累加达到100万元以上的,也属于"重大事故"之范畴。事故造成轻伤人数众多,例如生产安全事故造成10余人轻伤,医疗费等各项费用累加尚不足100万元的,从事故受害者人数众多、影响恶劣等多个角度也可以将其作为"其他造成严重后果或者重大安全事故的情形"。

三是事故仅造成非国有事故单位财产损失时,不宜提起安全生产民事公益诉讼。生产安全事故即使仅造成事故单位财产损失的,也属于生产安全事故,事故单位对该发生事故负有责任的,行政机关可依法对该单位实施行政处罚。按照所

---

① 国务院法制办公室工交商事法制司,国家安全生产监督管理总局政策法规司. 生产安全事故报告和调查处理条例释义 [M]. 北京:中国市场出版社,2007:70.

有制不同，事故单位分为国有企业和非国有企业。如果事故单位属于非国有企业的，并不涉及国家利益受损，不宜提起安全生产民事公益诉讼。如果事故单位属于国有企业的，造成国有企业财产损失属于"国有利益"受到侵害。虽然"生产安全"是广义上的"国家安全""平安中国"的重要内容，如果生产安全事故造成集体或者其他组织、个人经济损失的，属侵害私人利益，受害者可依《民法典》等规定获得民事赔偿，通常不在安全生产民事公益诉讼保护之列。但是，众多不特定人财产损失的，属于"社会公共利益"的范畴。

四是煤矿重大事故应从事故伤亡人数、直接经济损失数额纵向和横向两个角度观察。多数事故不但会造成人员死伤，而且同时有直接经济损失。无论《安全生产法》关于事故等级划分还是《刑法》关于重大事故的认定，主要从死亡人数、重伤人数以及直接经济损失三个维度分别进行纵向观察。例如，事故造成3人以下死亡的或者事故造成3人以上10人以下重伤的，二者都属于"重大伤亡事故或者造成其他严重后果"，而事故造成3人以上死亡的或者事故造成10人重伤的，都属于"情节特别恶劣"的情形。如果一起事故同时造成2人死亡和9人重伤，仍属于"重大伤亡事故或者造成其他严重后果"而不属于"情节特别恶劣"的范畴。所以，仅从死亡、重伤、直接经济损失单维度纵向观察的缺陷显而易见。因此，在认定重大事故时，不但应从死亡人数、重伤人数、直接经济损失数额等单维度纵向观察，还应从死亡人数、重伤人数和直接经济损失数额横向上加以叠加。依据《矿山生产安全事故报告和调查处理办法》第七条，以重伤人数确定事故等级的，应当同时统计重伤人数和死亡人数。在以重伤确定事故等级的情形下，死亡人数也应计算在重伤人数之中，实际上采取了两个维度的叠加。

3. "国家利益或者社会公共利益受到侵害"的判断

公益受到侵害，才可以提起安全生产民事公益诉讼；公益包括国家利益或者社会公共利益。在判断"国家利益或者社会公共利益受到侵害"时应注意以下四点：

一是"侵害"不限于损害的现实性，还包括损害的可能性。《现代汉语词典》中"侵害"包括侵入而损害、用暴力或非法手段损害。语义学上的侵害要求损害的现实性而不包括损害的可能性。但"国家利益或者社会公共利益受到侵害"的"侵害"包括现实损害和损害之虞。主要原因有二：其一，有利于预防事故发生。事故发生后导致国家利益或者社会公共利益受到侵害，检察机关可提起安全生产民事公益诉讼，虽通过公益诉讼能够在一定程度上威慑行为人，但这属事后救济，不利于事故的事前防范。而事故重在防治，而非事后的追责。风险挺在隐患前，隐患挺在事故前，关口前移，预防事故发生，成为《安全生产法》立法的重要指导。排查治理重大事故隐患需要充分调动各方面力量积极排查事故隐患，包括检察机关的积极参与。因此，"重大事故隐患"仅有造成重大事故之可能，但尚未发生重大事故，国家利益、社会公共利益尚未受到实际损害，检察机关仍有提起公益诉讼的权利。其二，实践中的安全生产民事公益诉讼多指向"重大事故隐患"，将"侵害"扩大到损害的可能性，与实践保持一致。2016年《中共中央国务院关于推进安全生产领域改革发展的意见》明确提出"研究建立安全生产民事和行政公益诉讼制度"，截至2021年全国已有24个省级人大常委会出台关于加强检察公益诉讼工作的专项决定，其中，有20个对安全生产领域公益诉讼探索予以明确。从实践中发布的典型安全生产民事公益诉讼看，主要指向"安全生产违法行为造成重大事故隐患"的情形①。所以，重大事故隐患导致国家利益或者社会公共利益有受侵害之虞的，检察机关可以依法提起民事公益诉讼，以刚性手段督促行政机关履职尽责、整改落实。

二是"国家利益"受到侵害主要是指造成国家"直接经济损失"。"国家利益"范围甚广，但生产安全事故通常难以侵害国家财产之外的其他利益，重大事故隐患或者重大事故侵害的国家利益主要是财产利益。我国《安全生产法》所保护的财产包括国有财产，而国有财产属于全民所有，具有鲜明的公共性或公益性色彩。所以，当事故造成国家经济损失的，人民检察院可以提起安全生产民事公益诉讼。依《宪法》《民法典》等规定，国有企业的财产属于国家所有。生产安全事故造成国有财产损失的，属于侵害国家利益。

三是"社会公共利益"属于众多不特定人的利益。在立法上，有使用"公共利益"者，如《宪法》第十条、《民法典》第一百一十七条；有使用"社会公共利益"者，如《民法典》第一百三十二条、第一百八十五条。"社会利益"强调利益的承载者是社会而非个人，社会利益具有公共性，属于公共利益，在现代社会已经不存在社会利益和公共利益的分野②。因此，所谓社会公共利益，就

---

① 2021年，最高检和应急管理部共同发布安全生产典型公益诉讼，主要包括陕西省略阳县人民检察院督促整治尾矿库安全隐患行政公益诉讼案、浙江省衢州市衢江区人民检察院督促整治自备储油加油设施安全隐患行政公益诉讼案、黑龙江省七台河市检察机关督促整治燃气安全隐患行政公益诉讼系列案、江苏省泰州市人民检察院督促整治违法建设安全隐患行政公益诉讼案、浙江省海宁市人民检察院督促整治加油站扫码支付安全隐患行政公益诉讼案、山西省晋中市榆次区人民检察院督促整治违法施工安全隐患行政公益诉讼案、江西省贵溪市人民检察院督促整治危险化学品安全隐患行政公益诉讼案、黑龙江省检察机关督促整治小煤矿安全隐患行政公益诉讼系列案，《最高检、应急管理部联合发布安全生产领域公益诉讼典型案例》等。参见《最高检、应急管理部联合发布安全生产领域公益诉讼典型案例》。

② 沈宗灵. 现代西方法理学 [M]. 北京：北京大学出版社，1992：292.

是法理上通常所说的公共利益，它是指属于社会全体成员的利益①。何谓公共利益，对其界定几乎不可能②，但仍有很多学者试图进行定义③。例如，有观点认为，"公共利益"就是"私人利益之和"，究竟涉及多少人才构成"公共"，往往是一个见仁见智的程度问题④。例如，有学者认为，"死亡人数众多，如数十人、数百人等大规模侵权案件"⑤ 构成"公共"，但通常的说法是，公共利益是社会不特定多数成员所享有的利益。且按照最高人民检察院在检答网上的回复，特定区域的环境脏乱差，侵害的利益并非仅仅属于该区域的特定的某群体或集体，而应纳入公共利益的范畴⑥。因此，用不特定多数人的利益来概括社会公共利益更为合理⑦。重大事故隐患或者重大事故导致"社会公共利益"受到损害或者有损害可能的，例如重大事故隐患或者重大事故有造成周围居民等众多不特定人之生命健康或者财产之损害的，检察机关也可以提起公益诉讼。

侵害特定人利益时，无论受害人是一个人还是数人，皆不宜提起公益诉讼。重大事故隐患或者重大事故通常侵害职工利益，然而单位职工是确定的，这也正是国外主要提起环境公益诉讼，而没有职业安全公益诉讼的原因。我国的职业安全具有公共利益属性，主要理由有三：一是事故单位之员工因事故受到侵害的，事故单位员工虽有范围，但在事故发生之前哪一位或哪几位员工因事故受到侵害处于不确定状态；二是生产经营场所具有开放性之特点，非单位职工也可因各种原因进入某单位的生产经营场所；三是重大事故隐患或者生产安全事故不单威胁单位职工安全，还威胁单位周围他人之生命财产安全，实践中发生的大量事故表明，同时造成职工和非职工伤亡的事故并不鲜见。因此，职业安全仅为生产安全

---

① 江必新．新民事诉讼法理解适用与实务指南［M］．北京：法律出版社，2015：226.

② 刘连泰．"公共利益"的解释困境及其突围［J］．文史哲，2006，2.

③ 虽然对何谓"公共利益"作出准确界定几无可能，但中外学术界诸多学者多试图对其定义，我国《宪法修正案》的第二十条和第二十二条使用了"公共利益"概念后，2004 年和 2005 年我国学术界就如何界定"公共利益""谁有权界定公共利益"等问题展开了非常深入的研究。如《法学论坛》中范进学的《定义"公共利益"的方法论及概念诠释》(2005 年第 1 期)；张千帆的《"公共利益"是什么？——社会功利主义的定义及其宪法上的局限性》(2005 年第 1 期)；《法学》中胡建森、邢益精的《公共利益概念透析》(2004 年第 10 期)。

④ 张千帆．"公共利益"是什么？——社会功利主义的定义及其宪法上的局限性［J］．法学论坛，2005，1.

⑤ 张新宝．中华人民共和国民法典侵权责任编理解与适用［M］．北京：中国法制出版社，2020：71.

⑥ 最高人民检察院．检答网"集萃"［N］．检察日报，2019 – 04 – 12.

⑦ 陈廷辉．国家利益与社会公共利益的认定——以环境公益诉讼为视角［J］．人民检察，2020，1.

的一部分，生产安全具有公共安全属性。当然，受害人众多但人数确定的事故发生后，受害人应通过民事诉讼等得到救济，不宜由检察机关提起安全生产民事公益诉讼。实践中，检察机关主要针对重大事故隐患而非重大事故提起安全生产民事公益诉讼，原因于此。

（三）煤矿安全生产民事公益诉讼的被告

《安全生产法》第七十四条第二款对安全生产民事公益诉讼的被告未作明确规定。但从条文表述看，造成重大事故隐患或者重大事故，导致国家利益或者社会利益受到侵害的安全生产违法行为人，是安全生产民事公益诉讼的被告。生产经营单位负有安全生产保障义务，未尽其义务，即为安全生产违法行为；生产经营单位的安全责任落实，需要主要负责人、其他负责人、安全管理人员甚至普通从业人员履行安全职责，未履行职责的，也属于违法行为，这些人员的违法行为可能同时导致生产经营单位违法。

1. 煤矿企业是安全生产民事公益诉讼的被告

根据《煤矿安全生产条例》第四条，煤矿企业是煤矿安全生产责任主体。只要煤矿企业从事煤炭开采活动，即受《煤矿安全生产条例》《安全生产法》调整，而不问煤矿企业单位的性质。所以，煤矿企业是安全生产民事公益诉讼的被告。当然，煤矿企业仅有企业之名，但没有办理营业执照或者没有依法成立的非法单位从事煤炭生产的煤矿企业，因其并不存在，不能作为安全生产民事公益诉讼的被告。有学者指出："未依法登记（如未取得相关证照）的组织，排除在《安全生产法》的调整对象之外，从而造成不取得营业执照、不承担安全生产法律责任的错误导向。"持这种观点的学者针对这种"错误导向"进一步指出，"仅关注行为主体的性质，而忽略了该主体所从事的行为以及该行为可能产生的严重后果，后者恰恰是《安全生产法》所要重点规范的内容"。所以，"从主体的行为角度来看，安全生产必然是与有关生产经营活动融为一体的，不存在游离于生产经营活动之外或者独立于生产经营活动的安全生产。因此，界定生产经营单位，应当把重点放在对主体行为的考察上，不能单纯从主体的组织形态或法律属性上来简单作出判断"[①]。行为是主体的行为，没有主体何来行为，上述主张非常容易陷入"行为"与"主体"的循环论证之中，最终必然造成主体与行为的撕裂。并不存在"非法单位"，也就不存在"非法单位"的安全生产违法行为。虽然自然人私刻公章，假冒不存在单位的名义从事经营活动，有时其从事的行为危险性极大，但行为人是假冒非法单位的自然人，不宜将"非法单位"作

---

① 代海军. 安全生产法新视野［M］. 北京：应急管理出版社，2020.

为安全生产民事公益诉讼的被告。

2. 煤矿安全生产民事公益诉讼的被告还应包括煤矿企业的有关人员

煤矿的重大事故隐患或者重大事故虽属于煤矿企业，但依煤矿安全生产法律法规，煤矿主要负责人承担重大事故隐患的消除责任，如果主要负责人未履行该职责导致国家利益或者社会公共利益受侵害的，检察机关提起煤矿安全生产民事公益诉讼时，可将该煤矿企业的主要负责人作为共同被告，督促其履行职责，消除重大事故隐患，确保生产安全。此外，《煤矿安全生产条例》对主要负责人、其他负责人、安全生产管理人员、从业人员的安全生产职责、未履行职责的法律责任等作了规定。主要负责人、其他负责人、安全管理人员、从业人员未履行安全生产职责，造成重大事故隐患或者导致重大事故，致使国家利益或者社会公共利益受到侵害的，检察机关应将主要负责人、其他负责人、安全管理人员、从业人员作为被告提起安全生产民事公益诉讼。

（四）煤矿安全生产民事公益诉讼裁判的执行

煤矿安全生产民事公益诉讼裁判的执行，即法院执行机构依据生效裁判文书，对拒绝或不及时履行相应义务的当事人采取强制措施督促其履行义务，为判决内容的实现带来良好效果的行为。长期以来，我国学术界对安全生产公益诉讼领域的研究多聚焦于原告资格、受案范围、法律责任等方面，对执行部分的研究则相对薄弱。然"执行乃法律之终局及果实"，若对执行程序不能引起足够重视，将影响公益诉讼制度效能发挥，致使公益诉讼目的难以成就，进而影响司法公信力。安全生产民事公益诉讼作为公益诉讼新领域，其执行制度仍处于构建阶段，存在规范不健全、缺乏可操作性、监督力量不足、实践中执行效果不佳等问题，因此理应对案件裁判的执行给予更多关注。

1. 安全生产民事公益诉讼判决执行的特殊性

（1）执行程序启动的主动性。在传统民事执行程序中，当法院作出生效判决且义务人拒不履行判决所确定的义务时，通常是胜诉一方向法院申请强制执行，从而引发执行程序的启动。而安全生产民事公益诉讼执行程序的启动有别于传统案件判决执行的启动，该制度的目的在于保护国家利益与社会公共利益，而非为保护某一个私人主体受到侵害的私利，且由于社会公共利益主体的不特定性，难以及时通过直接利害关系人启动此类案件的执行程序，故需要借助其他司法力量予以救济。鉴于此，法院应以积极姿态介入执行，充分发挥司法能动性。根据《最高人民法院　最高人民检察院关于检察公益诉讼案件适用法律若干问题的解释》第十二条的规定，在被告不履行裁判时，人民法院应当移送执行。据此，无须检察机关申请执行，人民法院直接向执行机构送交执行书，启动执行程序。

（2）执行目的具有预防性与公益性。与传统民事案件不同，安全生产民事公益诉讼需要兼顾"避免安全事故"和"修复公益损害后果"两方面。安全生产民事公益诉讼特别强调预防性，是因为安全事故一旦发生损害极大。现代安全管理理念已从"安全管理"向"风险治理"转变，安全生产领域不仅关注已经发生的实然侵害，而且更加关注损害风险①。安全生产民事公益诉讼案件的执行通过先予执行、禁止令的执行等，除能够对已经发生的安全事故造成的法益受损进行补救外，还兼有防止损害继续扩大、对事故隐患进行排除的功能，体现了事先预防与事后救济并重的理念。例如，法官可能根据具体案件的需要，在生效裁判文书中确定"停止侵害、排除妨碍、消除危险"的具体责任内容，适当适用禁止令，以最大程度达到预防性功能。

（3）执行标的的多样性。传统民事诉讼往往以单一执行标的为主，且多是财产执行标的。由于安全生产民事公益诉讼兼具预防和补救功能，加之侵害行为带来的后果常具有复杂性，在实际判决中往往采取复合给付，安全生产民事公益诉讼案件的执行标的内容具有多样性，既有行为，也有财产内容，且主要是行为。例如，存在重大事故隐患而导致国家利益或者社会公共利益受到侵害的，法院的判决内容主要为责令生产经营单位消除重大事故隐患。在生产安全事故造成国家利益受到侵害时，判决的核心内容在财产赔付。所以，安全生产民事公益诉讼中存在行为与财产两类给付义务，其中，作为执行标的的行为给付义务可划分为作为行为、不作为行为和可替代行为，包括停止侵害、排除妨碍、消除危险、恢复原状以及赔礼道歉等；而财产给付义务为赔偿损失。

（4）执行标的的转换性。由于执行过程中的情况受主体自身履行义务能力和实际履行行为的影响而不断发生变化，可能存在执行标的事实上无法执行或暂时无法执行的情形，故为实现公益保护的目的，在文书中往往留有余地，判决书中可将行为给付义务等价转化为金钱给付义务或其他行为给付义务，以实现公益救济和对行为人应有的惩戒教育。例如，在安徽省蚌埠市禹会区人民检察院诉安徽省裕翔矿业商贸有限责任公司违规采矿民事公益诉讼案中，调解书中明确裕翔公司如不能按期限依修复方案完工或验收不合格，应承担所有治理修复费用②。

---

① 刘东斌，史忠辉．安全生产公益诉讼检察路径探析［J］．人民检察，2020，824（19）：13-17.
② 最高人民检察院和中华人民共和国应急管理部联合发布9件安全生产领域公益诉讼典型案例之二。

若判决文书中疏于规定，且在执行过程中确实出现了执行标的无法或暂时无法执行的情况，也可在经原告、执行部门等相关方同意后对执行标的进行转化①。但由于我国立法中对转换后执行应达到的效果未作详尽规定，转换执行标的对社会公益的救济能否完全实现仍有待商榷。

2. 煤矿安全生产民事公益诉讼裁判执行的实践困境

（1）执行依据可执行性较差，执行实效难以保障。煤矿安全生产民事公益诉讼案件的执行依据主要包括两部分：一是规范执行的法律法规；二是判决文书中可执行的内容。在执行相关的法律规范层面，我国立法主要呈现出原则化、概括化和碎片化的状况。相关法律法规未对执行的程序进行系统化具体规范、未对执行参与人的活动进行制度规制，而执行属于侵益性行为，执行实践中常发生无法可依的情形，不仅使执行人员的执行工作缺少衡量标尺，也不利于被执行人合法权益的保护，破坏了执法工作原本应有的正当性，对司法公信力造成影响。此外，规范过于碎片化大大降低了执行效率，致使时间成本增加，也不利于义务主体正常生产秩序的恢复，造成社会经济损失。

判决文书中则往往存在执行的具体内容和标准不明的情形。消除事故隐患、消除危险、恢复原状等是法院审理安全生产民事公益诉讼案件时常采取的责任承担方式，但对于在实践过程中究竟如何实现、行为实施至何种程度为完全实现等较为棘手的问题却鲜少涉及。例如，对违法行为的整改，整改的标准及具体方式、内容、期限仅作概括化表述等。此外，判决文书对实际执行的监督和验收也缺少明确规定，极可能导致整改行为倾向形式化。

（2）行为给付中代履行制度缺位。代履行是一种间接强制行为，即在被执行人拒不履行或无法履行其应承担的义务时，由其承担相应的费用，法院委托第三方代为履行。代履行有利于广泛发挥社会力量、提高执行效率，其在《民事诉讼法》及司法解释中已有相关规定，在环境民事公益诉讼领域还处于不断探索中，但在安全生产民事公益诉讼领域代履行制度仍然缺位，而此类诉讼文书执行具有相当的专业性、复杂性，需要有关法律规定加以细化。目前在实践中还存在着执法人员对此类履行方式认可度不够高、代履行适用范围不明晰、代履行方的确认缺少相关制度规定、代履行费用难以计算等问题。

（3）责任主体破产后难以承担安全生产民事责任。《企业破产法》中规定的破产财产清偿顺序以维护职工合法权益为前提，首先考虑国家或集体利益的维护，其次是债权人的利益。安全生产公益诉讼的胜诉赔偿金虽具有特殊性，但在

---

① 潘剑锋. 民事诉讼原理 [M]. 北京：北京大学出版社，2001：436.

性质上仍然被定为普通债权。法律未对私益诉讼原告与安全生产民事公益诉讼原告的受偿顺序作出规定,但在环境民事公益诉讼中,司法解释明确私益诉讼原告的受偿顺序应优先于环境民事公益诉讼原告,①其依据的是私权优先的法理基础。

本书认为私益诉讼保护的是公民个体利益,而公益诉讼在实现社会公共利益保护的同时,也兼有救济公民个体权益的功能。另外,安全生产民事公益案件,涉及的是不特定多数人的生命财产安全,危害的是社会公共利益和国家利益。故企业破产期间关于安全生产民事公益诉讼的赔偿顺序还需要商榷。我国法律有关安全生产责任主体终结后的规定尚不完善,这也加大了责任主体企业破产后法院追究其责任的难度。

（4）执行过程缺少全面监督。煤矿生产活动具有很强的专业性,其造成的破坏多具有社会性与广泛性,单一的监督主体和手段难以实现监督需要达到的效果。因此,煤矿安全生产民事公益诉讼裁判的执行离不开多方参与,共同协作。但我国仍处于对执行监督重视程度不高,执行过程中法、检机关主动性不足、社会力量发挥作用小的阶段,这与法、检机关人员安全生产专业知识缺乏和执行信息社会公开度不高密切相关。此外,还与执行监督相关的规范尚未得到全方位、系统化建设,执行监督制度网络未织密使监督行为缺少制度基础有很大关系。

3. 执行财产缺少统一管理

煤矿安全生产民事公益诉讼裁判中涉及金钱给付的部分包括可能涉及的赔偿金,以及由于被执行人未按裁判文书指定的期间履行给付金钱义务而应加倍支付的迟延履行期间的债务利息。由于安全生产活动具有一定的特殊性,损害一旦造成往往涉及人身、财产两方面,既影响参与生产人员,也对周边环境、人民造成影响,故赔偿金数额常较为可观,因此赔偿金统一管理标准的建立有其必要性,这直接关系到其能否起到救济公共利益的实效。

实践中,我国执行财产统一管理制度还处于摸索阶段,由谁管理这一专项资金仍无定论。因无统一管理此类诉讼的执行财产的机构,法律对于这些赔偿费用是否运用于实际的违法行为整改活动,以及运用赔偿费用的方式、监管等都没有明确规定,这极易导致财产管理陷入无序,难以及时保护受损公益。

---

① 《最高人民法院关于审理环境民事公益诉讼案件适用法律若干问题的解释》第三十一条规定:"被告因污染环境、破坏生态在环境民事公益诉讼和其他民事诉讼中均承担责任,其财产不足以履行全部义务的,应当先履行其他民事诉讼生效裁判所确定的义务,但法律另有规定的除外。需要说明的是船舶油污损害赔偿纠纷案件实行按比例分配原则。"《最高人民法院关于审理船舶油污损害赔偿纠纷案件若干问题的规定》第二十七条规定:"油污损害赔偿责任限制基金不足以清偿有关油污损害的,应根据确认的赔偿数额依法按比例分配。"

4. 安全生产民事公益诉讼生效裁判文书执行困境的克服

（1）完善法律规范，细化裁判文书。为保障执行效果，首先应建立系统化的执行法律依据。现行《民事诉讼法》第三编执行程序中已经对一般性民事判决的执行程序进行了规定，考虑到生产领域专业性强、涉及问题复杂，其虽无单独立法的必要，但可通过司法解释的形式，在结合实际生产活动特点与征求专家意见的基础上对关键问题加以说明，真正实现执行环节全过程有法可依。同时在这一过程中还应尽力避免大量低位阶文件出台带来的法律适用瓶颈。法院在撰写裁判文书时应进行细化，使其具有一定的可操作性。例如，在涉及改正煤矿安全生产违法行为问题时，裁判文书应载明具体的整改方式、整改流程、整改标准和时限等。由于细化裁判文书的过程中涉及大量专业知识，而法院作为国家审判机关难以配备这些专业技术人员，这时可通过与具有资质的相关机构或负有安全生产监管职责的行政机关协商来确定裁判文书具体内容。

（2）完善代履行。代履行的适用范围应当限定在被告人缺乏恢复原状的能力或者并非一定要被告人自己履行的情况之内。如果被告人有能力并且一定要其独立完成而不履行义务的，则可以根据《民事诉讼法》第一百一十四条进行处罚。政府可以创建一个第三方专业机构数据库，以便法院判决时根据该数据库选定相应机构进行后续的执行活动。前期创建时，政府可以在公安、应急、消防等部门的协助下，完成对第三方资质的审查，由符合条件的机构组成第三方专业机构数据库。当有多个机构符合资质条件时，在法院询问被告和原告的意见后，法院可采用招标等方式进行确定。规范收取代履行费用，一般按照合理的市场价格并参考政府相关收费标准，由法院最终确定。如果没有及时上交，法院可以对其进行强制执行。另外，若被告在实践过程中无法承担恢复原状的巨额费用，可与安全生产公益基金合理分配费用的承担。

（3）设立和完善破产企业安全生产民事责任制度。一旦发生煤矿生产安全事故，煤矿企业的财产将面临巨大损失，煤矿企业偿债能力将会进一步下降。针对煤矿企业偿债能力有限或者未来可能存在破产以致财产责任无法得到充分承担的问题，可通过法人人格否认来追究法人背后负责人的民事责任，对此可以在判决书中加以说明。

根据《煤矿安全生产条例》第四条第二款，煤矿企业主要负责人（含实际控制人）是本企业安全生产第一责任人，对本企业安全生产工作全面负责。其他负责人对职责范围内的安全生产工作负责。如此，可以进一步压实企业主体责任。安全生产民事公益诉讼中，在公益急需得到保护，而责任人之间责任大小又难以分辨的情况下，法院应当作出数个责任主体承担连带责任的判决，这样可以更及时充分地维护公共利益，满足公益需求，同时起到一定的惩戒和教育作用，加强相关责任主体的安全生产责任意识。

法律需进一步明确，在煤矿安全生产领域将公益诉讼判决应执行的损害赔偿金纳入破产财产清算，并且具体规定清偿顺序。只有健全破产企业安全生产民事责任制度，明确企业破产后赔偿金的责任主体范围以及其他救济途径，才能进一步保障安全生产损害赔偿金的执行，更好地维护公益。

（4）建立健全多方监督制度。煤矿安全生产涉及社会面广、职能部门多、法律法规复杂，需要协调各方系统治理，其生效裁判文书的执行也应汇集多方力量，以确保裁判文书得到充分的执行。应建立健全法院执行回访制度，并推进其在实践中得到更加广泛的应用。鉴于安全生产民事公益诉讼保护法益的特殊性，法院应以积极主动的姿态介入执行，通过不定期回访的方式强化监督，发挥司法能动性，进一步实现判决的社会效果。《民事诉讼法》规定，人民检察院有权对民事执行活动实行法律监督，检察院可以围绕行为给付的效果、金钱给付的使用等进行监督，对于裁判结果为不作为行为的执行案件，检察机关可以监督侵害是否持续，若未达到实际效果或侵害行为持续，检察机关可以通过提出纠正意见、检察建议等方式保障执行实效。当前实践中存在监督信息公开度不足的情况，这直接导致公众、社会组织难以参与其中发挥作用。有关部门可依托互联网、大数据等科技手段，继续推动执行信息共享大数据平台的建设，实现数据资源共享，以公开促公正。同时可采取听证制度，广泛听取社会意见。因此，还需赋予和保障公众及社会组织对执行工作的监督权。多方监督最终需形成一种法院、检察院、社会群众与公益组织共同参与的局面，对案件进行执行监督，以使被执行方置身于全方位监督下，确保执行效果。

（5）完善执行财产归属制度。参考环境保护民事公益诉讼领域已进行的成功实践，部分地区通过设立专项基金的方式将赔偿金用于环境监测、修复、相关领域诉讼调查取证等，但如何对其进行管理仍无定论。本书认为可将该笔基金收归国库统一管理，以避免法院管理专业性不足、压力增加及地方政府管理下专款不能专用和地方保护情形的发生。需要使用该笔基金时在参考专业人员意见后依据相关申请对实际情况进行核查并划拨资金。值得一提的是，此类基金可以用于安全生产民事公益诉讼中原告诉讼费用的承担，以鼓励适格主体积极推进煤矿安全生产民事公益诉讼，及时保护社会公益。

案例7：煤矿安全监管监察体制

案件事实

原告张某军在甲县乙矿业有限公司上班,未签订劳动合同,2018 年 6 月 19 日凌晨在煤矿井下工作时,矸石渣块将原告膝盖和小腿砸伤。甲县乙矿业有限公司将原告送医院住院治疗。医院诊断为原告右膝内侧副韧带损伤,右膝软组织裂伤,右膝关节前后叉韧带重建、内侧副韧带修复术后,住院 24 天。原告代理人于 2018 年 8 月 9 日通过邮政快递的方式向被告甲县应急管理局提出安全事故调查申请,要求被告依法对受伤事故进行调查并依法作出安全事故调查报告;依法对责任人隐瞒安全事故进行行政处罚;依法对原告人身损害赔偿(工伤待遇)进行调解。被告于 2018 年 8 月 10 日收到该安全事故调查申请。被告于 2018 年 8 月 14 日在第三人处分别对甲县乙矿业有限公司工作人员赵某希、王某平等四人做了询问笔录,四人均对 2018 年 6 月 19 日凌晨没有发生事故作出了自己的证明。以上事实均有证据记录在案。

判决结果

一审法院认为,《安全生产法》(2014 年) 第九条规定:"国务院安全生产监督管理部门依照本法,对全国安全生产工作实施综合监督管理;县级以上地方各级人民政府安全生产监督管理部门依照本法,对本行政区域内安全生产工作实施综合监督管理。"行政机关不依申请履行法定职责,行政相对人提起行政诉讼的,应当具备三个基本要件:一是行政相对人依法提出申请;二是行政机关具有相关法定职责；三是行政机关无正当理由不履行、拒绝履行或拖延履行法定职责。本案中原告以特快专递方式向被告寄送了安全事故调查申请，被告作为负有安全生产监督管理职责的有关部门，在收到原告邮寄来的申请函后，虽在2018年8月14日对第三人单位的工作人员做了询问笔录，但没有进一步询问、调查其他相关人员，也没有对原告进行答复，是拖延履行法定职责。故原告请求判令被告依法对原告2018年8月9日向被告提出的申请事项中要求被告依法对受伤事故进行调查并依法作出安全事故调查报告的诉求，原审法院予以支持。依照《行政诉讼法》第七十二条之规定，判决限被告甲县应急管理局在本判决生效后两个月内针对原告2018年8月9日向被告提出的要求，被告依法对受伤事故进行调查并依法作出安全事故调查报告申请事项履行法定职责。

上诉人甲县应急管理局上诉称，被上诉人受伤属于《生产安全事故报告和调查处理条例》规定的没有造成人员死亡的一般事故，上诉人无权直接进行煤矿安全事故调查。只有在受到煤矿安全监察分局委托的情况下才能就一般事故中没有发生死亡的安全事故进行调查。一审判决适用法律错误，应予纠正。请求：撤销一审行政判决；诉讼费用由被上诉人负担。

被上诉人张某军答辩称：请求驳回上诉，维持原判。

原审第三人甲县乙矿业有限公司答辩称：同意上诉人甲县应急管理局意见。

二审法院认为，上诉人甲县应急管理局在收到被上诉人邮寄的安全事故申请函后，虽然做了询问笔录，但没有对被上诉人进行答复。上诉人对其职责范围存在一定关系的申请，应进行答复处理，即便申请事项不属于其职责范围，也应给予申请人必要的指导释明。原审判决认定事实清楚，适用法律正确。

争议焦点

本案件的争议焦点是甲县应急管理局没有向申请人指导释明是否构成不履职。

案例解读

一、我国安全生产监管体制

我国《安全生产法》建立了以应急管理部门的"综合监管"和有关部门专

项监管相结合的安全生产监管体制。

（一）应急管理部门的综合监管

应急管理部依据《安全生产法》等对全国安全生产工作实施综合监督管理；县级以上地方各级人民政府应急管理部门依照《安全生产法》等对本行政区域内安全生产工作实施综合监督管理。原国家安全监督管理总局《关于贯彻落实国务院〈通知〉精神 强化安全生产综合监管工作的指导意见》指出："强化对安全生产工作的综合监管。各级安全监督管理部门要指导协调、监督检查有关行业管理部门和下级政府贯彻落实党和国家安全生产方针政策、法律法规和党中央、国务院以及本级政府关于安全生产重要工作部署的情况，监督检查有关行业管理部门和下级政府关于安全生产履职和责任落实情况，并进行评估和通报。"2016年《中共中央 国务院关于推进安全生产领域改革发展的意见》（简称《意见》）也提出："各级安全生产监督管理部门承担本级安全生产委员会日常工作，负责指导协调、监督检查、巡查考核本级政府有关部门和下级政府安全生产工作，履行综合监管职责。""安全生产监督管理部门负责安全生产法规标准和政策规划制定修订、执法监督、事故调查处理、应急救援管理、统计分析、宣传教育培训等综合性工作。""综合监管"的真实意思并非应急管理部门对生产经营单位的"综合监督管理"，而是履行本级安全生产委员会职责和安全生产的综合性工作。具体包括对本级政府有关部门和下级政府安全生产工作进行指导协调、监督检查、巡查考核；后者负责安全生产法规标准和政策规划制定修订、执法监督、事故调查处理、应急救援管理、统计分析、宣传教育培训等综合性工作。本案中，原告要求被告依法对受伤事故进行调查并依法作出安全事故调查报告；依法对责任人隐瞒安全事故进行行政处罚；依法对原告人身损害赔偿（工伤待遇）进行调解。被告甲县应急管理局负有对安全生产综合监督管理职责，依据《安全生产法》《生产安全事故报告和调查处理条例》，虽然生产安全事故调查权属于地方人民政府，需要由人民政府组织事故调查组进行事故调查，但甲县应急管理局作为安全生产综合监管部门，负有向原告释明之义务。

（二）负有安全生产监督管理职责的部门的专项监管

专项监管也称"行业监管"，是指应急管理和自然资源、交通运输、经济和信息化、文化和旅游、农业农村、住房和城乡建设、水行政、市场监督管理等部门负有安全生产监督管理职责的部门，根据法律、法规和本级人民政府的规定，在各自职责范围内，依法对相关行业、领域的安全生产工作实施监督管理，督促、检查生产经营单位落实安全生产主体责任。

"负有安全生产监督管理职责的部门"是指除应急管理部门外，依照法律、行政法规和国务院有关部门"三定方案"的规定，对安全生产工作负有监督管理职责的部门。主要是自然资源、交通运输、经济和信息化、文化和旅游、农业农村、住房和城乡建设、水行政、市场监督管理等部门。例如，交通运输部门负责交通运输安全监督管理；水利部门负责指导监督水利工程建设与运行管理；公安机关负责烟花爆竹的公共安全管理，许可烟花爆竹运输和确定运输路线，许可焰火晚会燃放，组织销毁处置废旧和罚没的非法烟花爆竹，侦查非法生产、买卖、储存、运输、邮寄烟花爆竹的刑事案件。各行业主管部门在对各自的安全生产工作实行专项监督管理的同时，应急管理部门对各行业主管部门的安全生产工作又负有监督检查和指导协调的职能，这充分体现了专项监管和综合监管相结合的工作原则。地方各级人民政府有关部门也应当依照相关的分工，承担本部门相应的安全生产监督管理的职责。

二、"三管三必须"和"两个主体""两个责任"

《安全生产法》第三条规定："强化和落实生产经营单位主体责任与政府监管责任"，结合《意见》的具体要求和党对安全生产工作的领导，《煤矿安全生产条例》第三条第三款规定："煤矿安全生产工作实行管行业必须管安全、管业务必须管安全、管生产经营必须管安全，按照国家监察、地方监管、企业负责，强化和落实安全生产责任。"这一规定将《安全生产法》第三条关于"三管三必须"的规定在煤矿安全领域落地生根。

（一）"三管三必须"

《煤矿生产安全条例》第六条规定："县级以上人民政府负有煤矿安全生产监督管理职责的部门对煤矿安全生产实施监督管理，其他有关部门按照职责分工依法履行煤矿安全生产相关职责。"煤矿安全生产工作实行"三管三必须"，即管行业必须管安全、管业务必须管安全、管生产经营必须管安全。这既是对煤矿监管监察部门落实监管责任的要求，也是对煤矿落实安全生产主体责任的要求。从部门监管监察的角度，煤矿安全监管监察部门和自然资源、交通运输、经济和信息化、文化和旅游、农业农村、住房和城乡建设、水行政、市场监督管理等部门（以下统称负有安全生产监督管理职责的部门）根据法律、法规和本级人民政府的规定，在各自职责范围内，依法对煤矿安全生产工作实施监督管理，督促、检查生产经营单位落实安全生产主体责任。从生产经营单位的角度，根据"三管三必须"，煤矿企业内部管理业务的部门也要负责职责范围内的安全生产工作，确保本企业下辖煤矿安全生产。例如，煤矿企业内部的财务部门要严格落实本单位的安全投入，管本煤矿生产的部门或负责人要负起生产过程中的安全责任。

（二）强化和落实煤矿主体责任和政府监管责任

一是煤矿企业的主体责任。煤矿企业是生产经营活动的主体，同时也是生产经营安全的直接责任主体。这是因为，煤矿企业从煤炭开采活动中受益，根据权利义务一致原则，必然要对其煤炭开采活动安全负责。强化和落实煤矿企业主体责任要求煤矿企业在煤炭开采活动全过程中必须按照安全生产法律、法规、规章、标准等履行安全生产义务，承担安全生产责任。

二是《安全生产法》第三条第三款明确规定，强化和落实政府监管责任。政府责任主要是属地管理责任，但不仅仅是属地政府的管理责任，还包括属地党委的管理责任。根据《煤矿安全生产条例》第三十九条，煤矿安全生产实行地方党政领导干部安全生产责任制，强化煤矿安全生产属地管理。

地方各级党委对煤矿安全生产的属地管理责任主要是领导责任，主要包括：①地方各级党委要认真贯彻执行党在煤矿方面的安全生产方针；②在统揽本地区经济社会发展全局中同步推进煤矿安全生产工作；③定期研究决定煤矿安全生产重大问题；④加强煤矿安全生产监管机构领导班子、干部队伍建设；⑤严格煤矿安全生产履职绩效考核和失职责任追究；⑥强化煤矿安全生产宣传教育和舆论引导。

地方各级政府对煤矿安全生产的属地管理责任也主要是领导责任，主要包括：①把包括煤矿安全的安全生产纳入经济社会发展总体规划，制定实施的安全生产专项规划应包括煤矿安全，健全安全投入保障制度；②及时研究部署煤矿安全生产工作，严格落实属地监管责任；③充分发挥安全生产委员会作用，实施煤矿安全生产责任目标管理；④建立煤矿安全生产巡查制度，督促各部门和下级政府履职尽责；⑤加强煤矿安全生产监管执法能力建设，推进安全科技创新，提升信息化管理水平；⑥严格煤矿安全准入标准，指导管控安全风险，督促整治重大隐患，强化源头治理；⑦加强煤矿应急管理，完善煤矿安全生产应急救援体系；⑧依法依规开展煤矿事故调查处理，督促落实问题整改。

三是强化和落实"地方监管"。煤矿之地方监管主要是地方煤矿安全监管部门对煤矿的安全监管。煤矿安全监管部门应依照法律、法规和县级以上人民政府有关部门的"三定方案"的规定，在各自职责范围内，依法对煤矿安全生产工作实施监督管理，督促、检查煤矿企业落实安全生产主体责任。

三、煤矿安全监管部门对煤矿的安全管理职责

"县级以上人民政府负有煤矿安全生产监督管理职责的部门"简称为"煤矿安全监管部门"。煤矿安全监管部门对煤矿的监管属于专项监管，县级以上人民

政府承担煤矿安全生产监督管理职责的部门对煤矿安全生产实施监督管理。根据《煤矿安全生产条例》第四十条第一款，省、自治区、直辖市人民政府应当按照分级分类监管的原则，明确煤矿企业的安全生产监管主体。例如，有些地方应急管理部门承担煤矿安全监管职责，这时应急管理部门是该地煤矿安全监管部门；有些地方则根据"管行业必须管安全"，规定能源部门承担煤矿安全监管职责，这时能源部门是该地煤矿安全监管部门。

县级以上地方人民政府煤矿安全监管部门负责监督管理本行政区域内煤矿安全生产工作，依法监督检查煤矿企业贯彻执行煤矿安全生产法律法规情况及其安全生产条件和安全生产管理工作，加强煤矿安全生产技术服务机构监管等工作。监督管理的对象是煤矿的安全生产，根据《煤矿安全生产条例》第四十四条第一款监督管理的职责主要包括以下几方面内容：一是进入煤矿企业进行检查，重点检查一线生产作业场所，调阅有关资料，向有关单位和人员了解情况；二是对检查中发现的安全生产违法行为，当场予以纠正或者要求限期改正；三是对检查中发现的事故隐患，应当责令立即排除；重大事故隐患排除前或者排除过程中无法保证安全的，应当责令从危险区域内撤出作业人员，责令暂时停产或者停止使用相关设施、设备；四是对有根据认为不符合保障安全生产的国家标准或者行业标准的设施、设备、器材予以查封或者扣押；根据《煤矿安全生产条例》第四十六条，加强煤矿安全生产技术服务机构监管等工作。根据《煤矿安全生产条例》第四十五条，县级以上地方人民政府负有煤矿安全生产监督管理职责的部门应当将重大事故隐患纳入相关信息系统，建立健全重大事故隐患治理督办制度，督促煤矿企业消除重大事故隐患。

实践中，县级以上地方各级人民政府煤矿安全监管部门有的设置在应急管理部门，有的设置在能源部门。但不论设置在何种部门，都要依法承担煤矿安全生产监管职责。地方煤矿安全监管部门应依法履职，行政机关无正当理由不履行、拒绝履行或拖延履行法定职责，行政相对人可以依法提起诉讼。本案中原告以特快专递方式向被告寄送了安全事故调查申请，被告甲县应急管理局作为依法享有县级以上人民政府安全生产监督管理部门和负有安全生产监督管理职责的有关部门，在收到原告邮寄来的申请函后，没有对原告进行答复，是拖延履行法定职责。

四、其他有关部门按照职责分工依法履行煤矿安全生产相关职责

根据《煤矿安全生产条例》第六条，"其他有关部门按照职责分工依法履行煤矿安全生产相关职责"。县级以上地方人民政府应急管理、能源、自然资源、公安、住房和城乡建设等其他有关部门按照职责分工依法对煤矿安全生产相关工作实施监督管理。"其他有关部门"主要是县级以上地方人民政府应急管理、能源、自然资源、公安、住房和城乡建设等部门，这些部门按照职责分工，依法对煤矿安全生产相关工作实施监督管理。例如，自然资源管理部门应当规范煤炭资源勘查、开采登记及采矿权管理等工作，查处无采矿许可证开采、超层越界开采等违法行为；公安机关负责对煤矿储存和使用民用爆炸物品的监督管理；市场监督管理部门负责煤矿企业工商营业执照的管理，依法查处无照经营或证照过期的煤矿企业；建设行政主管部门负责煤矿建筑施工企业安全生产许可证的颁发和管理，会同煤炭行业管理部门加强对煤矿设计、施工和监理单位的监督管理；卫生健康管理部门负责煤矿职业病危害防治的监督管理；生态环境管理部门负责生态环境监测，负责查处矿区环境污染和生态破坏行为等。

其他有关部门应当按照职责分工依法履行煤矿安全生产相关职责，这里的相关职责也属于"监督管理职责"，差别在于，不同的行政机关对煤矿安全生产的监督管理职责不同。这里的职责不仅包括行政机关对违法行为的行政处罚职责，也包括行政机关为避免公益损害持续或扩大，依据法律、法规、行政规章和规范性文件相关授权，运用公共权力、使用公共资金等对受损公益进行修复等综合性治理职责①。

五、矿山安全监察机构煤矿安全监察职责

《煤矿安全生产条例》第七条规定："国家实行煤矿安全监察制度。国家矿山安全监察机构及其设在地方的矿山安全监察机构负责煤矿安全监察工作，依法对地方人民政府煤矿安全生产监督管理工作进行监督检查。"煤矿之国家监察主要是矿山安全监察机构对煤矿安全生产实施的监管监察。根据《国家矿山安全监察局职能配置、内设机构和人员编制规定》，国家矿山安全监察局负责贯彻落实党中央关于煤矿安全监管监察工作的方针政策和决策部署，在履行职责过程中坚持和加强党对煤矿安全监管监察工作的集中统一领导，其对煤矿"国家监察"的主要职责包括：

（1）拟订煤矿安全生产（含地质勘探）方面的政策、规划、标准，起草相关法律、法规草案以及部门规章草案并监督实施。

（2）负责国家煤矿安全监察工作。根据《煤矿安全生产条例》第五十条，

---

① 吉林省检察机关督促履行环境保护监管职责行政公益诉讼案，最高人民检察院指导性案例，第162号。

国家矿山安全监察机构及其设在地方的矿山安全监察机构应当依法履行煤矿安全监察职责，对县级以上地方人民政府煤矿安全生产监督管理工作加强监督检查，并及时向有关地方人民政府通报监督检查的情况，提出改善和加强煤矿安全生产工作的监察意见和建议，督促开展重大事故隐患整改和复查。县级以上地方人民政府应当配合和接受国家矿山安全监察机构及其设在地方的矿山安全监察机构的监督检查，及时落实监察意见和建议。《煤矿安全生产条例》第五十一条还规定，设在地方的矿山安全监察机构应当对所辖区域内煤矿安全生产实施监察；对事故多发地区，应当实施重点监察。国家矿山安全监察机构根据实际情况，组织对全国煤矿安全生产的全面监察或者重点监察。

（3）监督检查指导地方政府煤矿安全监管工作。根据《煤矿安全生产条例》第五十二条，国家矿山安全监察机构及其设在地方的矿山安全监察机构对县级以上地方人民政府煤矿安全生产监督管理工作进行监督检查，可以采取以下方式：①听取有关地方人民政府及其负有煤矿安全生产监督管理职责的部门工作汇报；②调阅、复制与煤矿安全生产有关的文件、档案、工作记录等资料；③要求有关地方人民政府及其负有煤矿安全生产监督管理职责的部门和有关人员就煤矿安全生产工作有关问题作出说明；④有必要采取的其他方式。矿山安全监察机构应制定煤矿安全准入、监管执法、风险分级管控和事故隐患排查治理等政策措施并监督实施，指导地方煤矿安全监督管理部门编制和完善执法计划，提升地方煤矿安全监管水平和执法能力。向地方政府提出改善和加强煤矿安全监管工作的意见和建议，督促开展重大隐患整改和复查。

（4）依法对煤矿企业贯彻执行安全生产法律、法规情况进行监督检查，采取现场处置措施并依法实施行政处罚。根据《煤矿安全生产条例》第五十三条，国家矿山安全监察机构及其设在地方的矿山安全监察机构履行煤矿安全监察职责，有权进入煤矿作业场所进行检查，参加煤矿企业安全生产会议，向有关煤矿企业及人员了解情况。国家矿山安全监察机构及其设在地方的矿山安全监察机构发现煤矿现场存在事故隐患的，有权要求立即排除或者限期排除；发现有违章指挥、强令冒险作业、违章作业以及其他安全生产违法行为的，有权立即纠正或者要求立即停止作业；发现威胁安全的紧急情况时，有权要求立即停止危险区域内的作业并撤出作业人员。根据《煤矿安全生产条例》第五十八条，国家矿山安全监察机构及其设在地方的矿山安全监察机构依法对煤矿企业贯彻执行安全生产法律法规、煤矿安全规程以及保障安全生产的国家标准或者行业标准的情况进行监督检查，同时行使本条例第四十四条规定的职权，例如对煤矿安全生产违法行为实施行政处罚权等权利。

（5）负责统筹煤矿安全生产监管执法保障体系建设，制定煤矿安全监管监察能力建设规划，完善技术支撑体系，推进监管执法制度化、规范化、信息化。例如《煤矿安全生产条例》第五十七条规定，国家矿山安全监察机构及其设在地方的矿山安全监察机构应当加强煤矿安全生产信息化建设，运用信息化手段提升执法水平。

（6）煤矿生产安全事故处置和调查处理职责。国家矿山安全监察机构及其设在地方的矿山安全监察机构应当根据事故等级和工作需要，派出工作组赶赴事故现场，指导配合事故发生地地方人民政府开展应急救援工作。煤矿生产安全事故按照事故等级实行分级调查处理。特别重大事故由国务院或者国务院授权有关部门依照《生产安全事故报告和调查处理条例》的规定组织调查处理。重大事故、较大事故、一般事故由国家矿山安全监察机构及其设在地方的矿山安全监察机构依照《生产安全事故报告和调查处理条例》的规定组织调查处理。

（7）负责煤矿安全生产宣传教育，组织开展煤矿安全科学技术研究及推广应用工作。指导煤矿企业安全生产基础工作，会同有关部门指导和监督煤矿生产能力核定工作。对煤矿安全技术改造和瓦斯综合治理与利用项目提出审核意见。

案例8：煤矿要求保险机构支付安全生产责任保险金的条件

案件事实

2017 年 1 月 3 日，原告甲煤炭公司在被告某保险乙支公司（简称被告乙支公司）处投保安全生产责任保险，被保险雇员人数为 70 人，主要约定：①保险期限为 2017 年 1 月 4 日零时起至 2018 年 1 月 3 日 24 时止；②主险为安全生产责任保险，每次事故总赔偿限额 1000 万元，年度累计赔偿限额 3500 万元，其中死亡或伤残每人赔偿限额 50 万元；③总保险费 35.7 万元；④特别约定：伤残赔偿金赔偿限额为该伤残等级所对应的比例乘以每人死亡赔偿所得金额，其中九级伤残比例为 10%、十级伤残比例为 5%，实际入井人数超过承保人数时，按照承保人数/实际入井人数的比例进行赔付。2017 年 5 月 24 日，原告甲煤炭公司向被告乙支公司支付保险费 10 万元；2017 年 12 月 19 日，被告乙支公司向原告甲煤炭公司出具情况说明，同意原告甲煤炭公司须在 2017 年 12 月 28 日前将余款 25.7 万元保险费付清，并承诺 2018 年 1 月 4 日前所发生未处理案件按正常程序处理。原告甲煤炭公司在前述期限内向被告乙支公司支付了尚欠的保险费 25.7 万元。第三人李某云为原告甲煤炭公司职工，2017 年 3 月 28 日，原告甲煤炭公司有员工 73 人下井作业，第三人李某云在井下作业时不慎被石头砸伤右足，其所受伤情经市人力资源和社会保障局认定为工伤，并经市劳动能力鉴定委员会鉴定为伤残十级。本次事故发生后，原告甲煤炭公司已赔付第三人李某云伤残待遇 2.5 万元。

一审法院认为，原告甲矿炭公司与被告乙支公司签订的保险合同系双方当事人真实意思表示，未违反法律、法规强制性规定，合法有效，合同双方当事人应当按照约定全面履行自己的义务。本案中，原告甲煤炭公司作为投保人、被保险人，其主要义务是向被告乙支公司支付保险费用，据双方约定，涉案保险合同保险费为 35.7 万元，双方虽特别约定分期缴费见分期协议，但双方并未签订分期协议，因此，应视为双方在签订保险合同时并未明确约定保险费支付时间。实际上，原告甲煤炭公司已于被告乙支公司于 2017 年 12 月 19 日限定的最后付费时间即 2017 年 12 月 28 日前将所有保险费支付完毕，被告乙支公司亦承诺 2018 年 1 月 4 日前所发生未处理案件按正常程序处理，现被告乙支公司提出甲煤炭公司未按期缴纳保费而拒赔有违诚信。因此，被告乙支公司关于原告甲煤炭公司未按约定缴纳保险费用而拒赔的辩称理由不成立，不予采纳。从涉案保单载明内容可以看出，涉案保险主险为安全生产责任保险，属于责任保险，根据《保险法》第六十五条第四款规定，责任保险是指以被保险人对第三者依法应负的赔偿责任为保险标的的保险。由此可见，在责任保险中，当被保险人对第三者因保险事故造成的人身伤亡和财产损失给予了赔偿的，保险人应在保险责任限额内予以赔偿。本案中，原告甲煤炭公司作为用人单位，其已赔付第三人李某云所受工伤待遇 2.5 万元，已充分保障职工权益，在此情形下，原告甲煤炭公司依双方签订的保险合同主张由被告乙支公司给付保险金的诉讼请求，于法有据，予以支持。被告乙支公司辩称原告甲煤炭公司作为原告提起诉讼主体不适格的理由不成立，不予采纳。依原、被告双方签订的涉案保险合同约定的赔付标准，被告应给付原告保险金为 50 万元 ×5% ×70 ÷73 ＝23973 元。为此，依照原《合同法》（已废止）第八条、第六十条，《保险法》第五条、第六十五条、第六十六条，《最高人民法院关于适用中华人民共和国民事诉讼法的解释》第九十条、第九十一条的规定，判决：①限被告于本判决生效之日起十五日内给付原告安全生产责任保险金人民币 23973 元；②驳回原告的其余诉讼请求。案件受理费 300 元，由被告承担。

乙支公司上诉请求：①撤销一审民事判决，改判驳回被上诉人的起诉，或者驳回诉讼请求，或者发回重审；②诉讼费由被上诉人承担。事实与理由：a) 一审裁判认定事实错误，裁判认定事实不清，证据不足。本案应属于人身保险合同，被上诉人向保险人投保人身险，被上诉人非受益人，不享有保险利益；保险事故发生后受益人不得将利益转让给他人，转让无效。被上诉人不能作为代理人从事代理业务，应当驳回被上诉人的起诉。b) 一审按照责任保险合同审理，则保险事故发生在缴纳保费之前，保险人依法不承担保险责任；依照保险合同，投保人要求支付保险金时，应当向保险人提交承保人数与实际下井人数；投保人数与实际作业人数的证据，保险人据此及相关资料按比例赔付。出险时投保人已经办理或者未办理工伤保险的，应当依照双方签订的特别条款向保险人提交证据。伤残赔偿金依照约定标准按比例进行理赔。c）被上诉人诉讼的另一前提为受伤人员已经获得投保人先行支付。本案中，由于第三人对于收到的金钱性质认识不清，无法确认收到的是投保人的责任赔偿金。

甲煤炭公司答辩称，涉案保险为责任保险，被上诉人对第三人赔偿后，向保险人主张权利符合法律规定；上诉人主张的按比例赔偿无法律及事实依据，不应予以支持，一审判决认定事实清楚，适用法律正确，请二审法院依法驳回上诉，维持原判。

判决结果

人民法院认为，关于甲煤炭公司在本案中是否具有诉讼主体资格的问题，涉案保险为责任保险，根据《保险法》第六十五条第三款、第四款关于"责任保险的被保险人给第三者造成损害，被保险人未向该第三者赔偿的，保险人不得向被保险人赔偿保险金。责任保险是指以被保险人对第三者依法应负的赔偿责任为保险标的的保险"的规定，本案中，被保险人甲煤炭公司已向第三人李某云赔付工伤保险待遇2.5万元，现向乙支公司主张保险权利符合法律规定，甲煤炭公司作为本案原告，主体适格，乙支公司所持甲煤炭公司主体不适格的上诉理由不能成立，本院不予支持。

关于乙支公司应赔付的涉案保险金如何认定的问题，涉案保险合同约定，"实际入井人数超过承保人数时，按照承保人数/实际入井人数的比例进行赔付"，关于"实际入井人数"如何理解的问题，乙支公司主张，应理解为一段时间内，被保险人井下作业人员的总人数，甲煤炭公司主张应理解为同一时间内，涉案煤矿井下作业的总人数，本院认为，根据原《合同法》（已废止）第一百二十五条第一款关于"当事人对合同条款的理解有争议，应当按照合同所使用的词句、合同的有关条款、合同的目的、交易习惯以及诚实信用原则，确定该条款的真实意思"的规定，双方当事人对合同条款理解有争议，应当结合合同的语句、交易习惯等，做出通俗的理解。"实际入井人数"应当理解为同一时间，在涉案煤矿井下作业人员的总人数，乙支公司主张应理解为连续一段时间内，井下作业人员总人数的理由，不符合该条款的通俗意思，本院不予支持。乙支公司二审中提交的甲煤炭公司社保参保人员情况表，因涉案被保险人为井下作业人员，社保参保人员与井下作业人员并非同一数据，本院对乙支公司二审中提交的该证据不予采信。一审结合涉案井口签到表及保险合同约定，计算本案保险金的赔偿金额，符合法律规定及双方合同约定，本院予以确认。综上所述，乙支公司的上诉请求不能成立，应予驳回；一审判决认定事实清楚，适用法律正确，应予维持。

争议焦点

本案争议焦点有二：一是甲煤炭公司投保的是安全生产责任保险还是人身意外伤害险；二是如何认定安全生产责任保险中被保险人的范围。

案例解读

一、建立安全生产责任保险制度的过程

由于一些煤矿主常常在矿难发生后躲避逃逸，不履行事故抢险救灾和善后处理的经济义务和社会责任，而是全部推给当地政府，造成了"矿主发财，政府发丧"的局面。为保障煤矿赔付能力，使受害人能够得到及时、充分赔付，我国在 2006 年实施煤矿安全生产风险抵押金制度，但该制度在具体实施过程中，并不具备生产安全事故风险分散功能，且大量资金被缴存在银行固定账户，造成资金流动性比较弱。[①] 2014 年修订《安全生产法》时，将"国家鼓励生产经营单位投保安全生产责任保险"首次写进《安全生产法》。但因这里的用语为"鼓励"，生产经营单位因各种原因多未投保安全生产责任保险。2016 年，《中共中央国务院关于推进安全生产领域改革发展的意见》（简称《意见》）提出废止安全生产风险抵押金制度，建立安全生产责任保险制度。为保证煤矿生产安全事故应急抢险救灾及善后处理工作的顺利进行，财政部、安全监管总局、人民银行印发《关于取消企业安全生产风险抵押金制度的通知》（简称《通知》），取消安全生产风险抵押金制度。《通知》要求存储安全生产风险抵押金的企业，自本通知印发之日起不再存储。风险抵押金专户中仍有资金结余的，根据地方实际情况，按照自愿原则，可从以下处理方式中任选一种：一是自本通知印发之日起 3 个月内将风险抵押金转入企业其他同名银行结算账户，同时通过安全生产责任保险等市

---

① 李遐桢. 企业安全生产风险抵押金制度当废 [J]. 华北科技学院学报，2014（2）：106 – 110.

场化风险分担机制继续做好安全生产预防和控制工作；二是直接将风险抵押金转为安全生产责任保险等市场化风险分担机制。具体办法由省级财政部门会同同级安全监管等有关部门研究制定。按上述方式处理后，相应撤销风险抵押金专户，并做好风险抵押金与市场化风险分担机制的过渡衔接工作。

2018 年 1 月 1 日，国家安全生产监督管理总局、保监会、财政部联合制定的《安全生产责任保险实施办法》(简称《办法》)正式实施。《办法》对安全生产责任保险进行了较为全面的规范，提高了煤矿投保安全生产责任保险的热情。2021 年修订《安全生产法》时，在"国家鼓励生产经营单位投保安全生产责任保险"之后增加规定，高危行业、领域的生产经营单位投保安全生产责任保险成为强制性义务，违反强制投保义务的，要受到罚款处罚①。

二、安全生产责任保险与人身意外伤害保险、雇主责任保险的区别

安全生产责任保险与人身意外伤害保险、雇主责任保险都属于商业保险，但三种保险存在很大不同。安全生产责任保险推出之前，生产经营单位投保的责任保险主要是雇主责任险或者雇主为从业人员投保的人身意外伤害险。

安全生产责任保险，是指保险机构对投保的生产经营单位发生的生产安全事故造成的人员伤亡和有关经济损失等予以赔偿，并且为投保的生产经营单位提供生产安全事故预防服务的商业保险。

人身意外伤害保险又称意外伤害保险，也称人身意外保险，是指投保人向保险公司缴纳一定金额的保费，当被保险人在保险期限内遭受意外伤害，并以此为直接原因造成死亡或残废时，保险公司按照保险合同的约定向被保险人或受益人支付一定数量保险金的一种保险。如果煤矿企业为从业人员投保人身意外伤害险，因人身意外伤害保险的被保险人为生产经营单位的从业人员，不具有分散生产经营单位民事赔偿责任的功能。那么，在发生煤矿事故时，即使保险机构向被保险人支付了保险金，也不减轻煤矿企业的赔偿责任。因此，在安全生产责任保险出台之前，煤矿企业多投保雇主责任保险。雇主责任保险虽然具有一定的风险分散功能，也有助于受害人得到及时赔偿，但雇主责任保险具有任意性特点，远不如安全生产责任保险的推广力度，且强制性安全生产责任保险有不同于任意性的雇主责任保险的优势。例如，它不以生产经营单位存在民事赔偿责任为前提，它具有鲜明填补受害人损失并对受害人损失进行补偿的功能。安全生产责任保险有预防事故功能。因此，实践中，要求原来投保的雇主责任保险向安全生产责任

---

① 参见《安全生产法》第五十一条第二款、第一百零九条。

保险有序转化。

本案中，甲煤炭公司与乙支公司双方约定主险为安全生产责任保险，每次事故总赔偿限额 1000 万元，年度累计赔偿限额 3500 万元，其中死亡或伤残每人赔偿限额 50 万元。所以，甲煤炭公司投保的是安全生产责任保险而非人身意外伤害保险。安全生产责任保险属于财产保险的范围，被保险人是甲煤炭公司，而非煤矿伤亡职工。被保险人甲煤炭公司已向第三人李某云赔付工伤保险待遇 2.5 万元，现向保险人乙支公司主张保险权利符合法律规定。

三、煤矿企业请求承保机构支付安全生产责任保险的条件

煤矿投保安全生产责任保险后，具备一定条件时才对承保机构享有安全生产责任保险金请求权。这些条件主要包括：

（一）煤矿投保安全生产责任保险是保险金请求权的前提条件

煤矿对承保机构有保险金请求权，投保安全生产责任保险是其前提条件。但是，按照我国《安全生产法》第五十一条第二款的规定只有高危行业企业才有投保义务，这里的高危行业包括煤矿等。各煤矿危险性不同，各煤矿安全生产条件也千差万别，安全生产责任保险费率必须在不同煤矿之间有差别。

（二）煤矿发生生产安全事故

安全生产责任保险功能有二：一是预防事故功能，这一功能是通过承保机构为投保企业提供安全生产服务得到实现的；二是保障赔偿功能。预防煤矿事故并非总是有效的，事故时有发生，安全生产责任保险金是在发生煤矿事故后由承保机构支付给投保的煤矿企业的，如果没有发生煤矿生产安全事故，则不得主张保险金。

什么是生产安全事故呢？顾名思义，生产安全事故是发生在生产过程中的安全事故。但问题并非如此简单。生产安全事故乃《安全生产法》的核心概念之一，但法律上却没有一个明确的界定。关于生产安全事故的概念，学术界有不同的认识。伯克霍夫强调事故属于突然发生的意外事件[1]，也有学者将"事故"描述为"用来指被突然的、非重复的、外伤的事件造成的伤害与损害"[2]。我国学者受上述观点影响，也认为生产安全事故属于意外事件[3]。

---

[1] 甄增水. 论"事故"的法学界定及安全生产法的修订 [J]. 华北科技学院学报，2016（3）：111 - 115.

[2] 彼得·凯恩·阿迪亚. 论事故、赔偿及法律 [M]. 王仰光，朱呈义，陈龙业，等译. 北京：中国人民大学出版社，2008：3.

[3] 阙珂. 中华人民共和国安全生产法释义 [M]. 北京：法律出版社，2014：3.

　　生产安全事故首先是"事故"。因意外事件通常没有人的过错，也就不存在责任追究问题，而我国则实行生产安全事故责任追究制度。所以将生产安全事故界定为意外事件，没有包括责任事故显然不符合我国《安全生产法》的立法实际，非常不严谨。但有学者又走向了问题的对立面，认为自然事故不属于生产安全事故①。有学者综合了上述观点，提出了折中说，认为"我国生产安全事故的范围包括自然事故、人为事故、技术事故。"② 而对认定为自然事故（非责任事故或不可抗拒的事故）的可不再认定或追究事故责任人③。上述观点都有一定道理，但折中说更符合我国《安全生产法》的立法目的和执法实践，主要原因如下：

　　一是生产安全事故主要是责任事故，但也包括非责任事故。《安全生产法》第五章为"生产安全事故的应急救援与调查处理"，在本章之下，第八十条、第八十一条、第八十二条使用了"生产安全事故"的概念，在第八十四条、第八十六条和第八十八条同时使用了"生产安全事故"和"事故"的概念，在第八十七条使用了"事故"的概念，从本章整体上看，"生产安全事故"等同于"事故"。从这些条款看不出我国《安全生产法》将生产安全事故限定于责任事故。《生产安全事故报告和调查处理条例》（简称《条例》）是专门调整生产安全事故报告和调查处理的行政法规，将"生产安全事故"简称为"事故"。当事故发生后，有关人民政府组织事故调查组首先要对事故是否为生产安全事故进行认定，有些事故是科研事故或环境污染事故等，就不能认定为生产安全事故。将事故认定为生产安全事故后，事故调查组再对该起事故的"性质和事故责任进行认定"，即认定该生产安全事故是责任事故还是非责任事故。所以，生产安全事故的范畴要远超过责任事故，还包括了意外事故等。无论何种性质的生产安全事故，皆属于《安全生产法》预防和控制的"事故"。当然，对于非责任事故，例如自然灾害引起的事故，因生产经营单位不存在责任，受害人难以根据民事法律的规定要求用人单位承担赔偿责任。

　　二是生产安全事故通常发生在生产经营活动过程中，但对何为"生产经营活动"则有不同的理解。例如，有的法院认为"承揽转包房屋维修工程的行为

---

　　① 房曰荣，沈斐敏. 交通运输企业交通事故法律适用问题探讨 [J]. 中国安全生产科学技术，2010（2）：12 – 15.

　　② 甄增水. 论"事故"的法学界定及安全生产法的修订 [J]. 华北科技学院学报，2016（3）：111 – 115.

　　③ 国务院法制办公室工交商事法制司，国家安全生产监督管理总局政策法规司. 生产安全事故报告和调查处理条例释义 [M]. 北京：中国市场出版社，2007.

不属于《安全生产法》规定的生产经营活动"①。我国《安全生产法》中的生产经营活动既包括生产活动，也包括经营活动，还包括生产经营活动，承揽转包房屋维修工程行为当然属于生产经营活动的范畴。当然在公共场所集会引发事故的，因集会活动不属于生产经营活动，该事故就不属于生产安全事故。生产经营活动既包括合法的生产经营活动，还包括非法的生产经营活动，例如，未取得危险化学品安全生产许可证擅自从事危险化学品生产活动。生产经营活动通常在固定场所进行，但也有在固定场所之外实施的，例如，运营性道路运输活动等。生产经营活动既包括在执业执照、采矿许可证、安全生产许可证规定的范围内从事的生产经营活动，还包括超范围生产经营甚至未取得采矿许可证或安全生产许可证的非法生产经营活动。

三是实施生产经营活动的主体可以是法人、非法人组织。生产经营单位是否包括自然人，司法实务和行政执法实践存在较大分歧。《安全生产违法行为行政处罚办法》规定生产经营单位包括自然人；但从孙某某诉某市安监局安监行政处罚案的再审判决看，生产经营单位不含自然人②。生产经营单位、用人单位中的"单位"是一个组织体，应该不包括自然人。

四是为煤矿生产经营活动做准备或收尾过程中发生的事故也属于生产安全事故③。生产经营单位为从事生产经营活动，在准备过程中发生的事故，也属于生产安全事故。例如，运输公司驾驶员在驾驶空车前往目的地运货途中检查轮胎的行为属于为运输活动而开展的"预备性"活动，它是运输公司生产经营活动的一部分，若在检修轮胎过程中，轮胎突然发生爆炸，致人损害的事故。生产经营单位在生产经营活动之后，从业人员在从事收尾性工作时造成的事故，也属于生产安全事故。例如，建筑施工企业在完成建设工程后，安排员工拆除脚手架过程中发生的事故。

五是我国《煤矿安全生产条例》第一条开宗明义，明确该条例保障人民群众生命财产安全。因此，生产安全事故的受害人包括从业人员、非从业人员。事故造成的伤害包括人身伤亡和财产损失。

---

① 参见孙某某诉莱州市安监局安监行政处罚案，山东省烟台市中级人民法院（2015）烟行终字第25号行政判决书。

② 参见孙某某诉莱州市安监局安监行政处罚再审案，山东省高级人民法院（2016）鲁行再26号行政判决书。

③ 依据原国家安全生产监督管理总局《关于生产安全事故认定若干意见问题的函》，生产经营活动，是指在工作时间和工作场所，为实现某种生产、建设或者经营目的而进行的活动，包括与工作有关的预备性或者收尾性活动。

（三）煤矿企业对事故是否负有责任并不影响其主张保险金

煤矿生产安全事故并非都是责任事故，非责任事故也是生产安全事故。那么，作为投保人的煤矿企业如果对事故的发生不负责任，承保机构是否要向投保人支付保险金呢？这一问题，理论上并未有研究。机动车交通事故责任强制保险不是商业保险。因此，无论机动车驾驶人是否存在过错，机动车导致交通事故的，承保机构皆承担支付保险金的义务。这一做法能否移植到安全生产责任保险之中，即投保人无论是否存在过错，是否对事故的发生负有责任，承保机构皆应当承担支付保险金的责任呢？本书认为，根据《办法》的规定，安全生产责任保险属于商业保险，这一点与机动车交通事故责任强制保险存在质的差别。对于强制性安全生产责任保险，煤矿企业承担必须投保的义务，其性质上虽然属于商业保险，但具有强制性，与机动车交通事故责任强制保险类似。我国从立法上规定煤矿企业强制投保安全生产责任保险，不但要预防事故，还要使受害者得到赔偿，具有广泛的公益性。这时，即使煤矿企业对事故的发生没有责任，承保机构也应当支付保险金。这样理解有几个方面的优势：一是有利于保护受害者，使其得到较为全面的赔偿；二是从成本收益角度考虑，法律强制性规定煤矿企业投保安全生产责任保险，投保人的数量众多，保险费收入稳定且收益高，从权利义务对等角度，也应作这种理解；三是《办法》第十五条规定"建立快速理赔机制，在事故发生后按照法律规定或者合同约定先行支付确定的赔偿保险金"并未对事故是责任事故作出明确规定，而事故包括责任事故和非责任事故，所以，从《办法》的文义解释来看，也应作出这种理解；四是从举证责任分配看，如果将发生事故的煤矿企业对事故发生存在过错作为支付保险金的条件，投保人主张保险金时，要证明其主观上有过错，属于自证其罪；五是如果将过错作为支付保险金的条件，煤矿企业没有过错也要创造过错，容易引发道德风险。

（四）煤矿生产安全事故需要造成受害者损害

从《办法》第十五条第一款"生产经营单位应当及时将赔偿保险金支付给受伤人员或者死亡人员的受益人"的规定看，受害者的损害仅限于人身伤亡而不包括直接经济损失。本书认为这种做法是值得商榷的。这是因为，安全生产责任保险的目的是赔偿损害人的损害。民法上的"损害"包括财产损失和人身伤害，从体系解释和《安全生产法》的立法目的看，《安全生产法》中的"损害"是指从业人员和非从业人员的人身伤害和直接经济损失。本案中，关于"实际入井人数"如何理解的问题，乙支公司主张，应理解为一段时间内，被保险人井下作业人员的总人数，甲煤炭公司主张应理解为同一时间内，涉案煤矿井下作业的总人数。人民法院通过解释的方式，对"实际入井人数"理解为同一时间，在涉案煤矿井下作业人员的总人数。乙支公司主张应理解为连续一段时间内，井下作业人员总人数的理由，不符合该条款的通俗意思。实际上，从安全生产责任保险的立法目的看，该制度不仅保护从业人员，也保障非从业人员。因此，无论是否入井、是否为矿工，只要是因煤矿事故造成伤亡的，煤矿企业就有权要求承保机构支付安全生产责任保险金。因此，煤矿企业与承保公司在订立安全生产责任保险合同时，应注意对自身权利的维护，安全生产责任保险作为责任保险的一种，不应将被保险人的责任限定于对从业人员或者矿工的赔偿责任方面。

（五）煤矿企业在法定诉讼时效期限内要求赔偿

任何权利的行使都有期限，安全生产责任保险金请求权的行使也不例外。但《安全生产法》《办法》等对其行使期限未作规定。根据《保险法》第二十六条，投保人向保险机构请求给付保险金的诉讼时效期间为二年，这二年的期限自其知道或者应当知道保险事故发生之日起计算。这里有以下两个方面的问题需要进一步明确：一是这里的"二年"与《民法典》三年诉讼时效的规定存在冲突，应该如何解读；二是《保险法》第二十六条中的"二年"的诉讼时效能否适用于责任保险。

对于第一个问题，《保险法》第二十六条"二年"诉讼时效期间的规定是否源于《民法通则》，是一个并不十分明确的问题。如果源于《民法通则》，在《民法总则》制定后，《保险法》第二十六条应作相应修订；如果并非源于《民法通则》，则《民法总则》的制定不影响《保险法》第二十六条规定的诉讼时效期间。《民法总则》确定的三年诉讼时效已经过了五年，《保险法》第二十六条确定的诉讼时效期间并未修改。因此，这里的"二年"属于特殊规定，安全生产责任保险作为商业保险的一种，应该适用《保险法》关于诉讼时效的规定。因此，安全生产责任保险金请求权的行使期限为二年，投保人超过二年行使的，保险机构由此取得抗辩权，可以拒绝承担保险责任、拒付保险金。

对于第二个问题，从《保险法》第二十六条规定看，这里的"二年诉讼时效"适用的对象为一般的财产保险。虽然安全生产责任保险虽然属于商业保险中的财产保险，但存在不同于财产保险的独特之处。因此，即使安全生产责任保险适用"二年"诉讼时效，但其起算点应该不同。这一点可以从《最高人民法院关于适用〈中华人民共和国保险法〉若干问题的解释（四）》第二十三条的规定得到印证。责任保险的目的虽然在于分散风险，但更有确保受害人能够得到有效赔付的目的。因此，只有当被保险人向第三者实际赔偿后，其才能要求保险人支付保险金。所以，安全生产责任保险中，被保险人请求保险人承担保险金赔偿请求权的诉讼时效期间，应当从被保险人向第三者实际赔偿之日起算。《最高人民法院关于适用〈中华人民共和国保险法〉若干问题的解释（四）》第二十三条关于责任保险诉讼时效期间起算点的规定符合责任保险的立法目的。

（六）煤矿生产安全事故报告和认定并非保险金请求权的行使条件

实践中，生产安全事故报告后，根据事故造成的后果严重程度，根据分工，由县级以上人民政府或者国家矿山安全监察机构组织事故调查组进行事故调查，确认煤矿事故是不是生产安全事故。但我国实行比较严厉的生产安全事故责任追究制度，导致有些煤矿企业不敢、不愿报告生产安全事故，自然也就无生产安全事故的认定。这时，投保煤矿企业是否仍有保险金赔偿请求权，存在较大争议。

若事故调查报告中将事故的性质直接认定为生产安全事故，人民法院几乎毫无例外地支持了安全生产责任保险，而在没有生产安全事故认定的情况下，有些法院则拒绝适用安全生产责任保险的规定，在具体执行中要求受害人需要提供证据证明因"生产安全事故"导致工伤①。当然，也有人民法院未将生产安全事故认定作为支持投保人安全生产责任保险的前提条件②，没有对生产安全事故的认定，人民法院仍根据安全生产责任保险合同的约定裁判，支持投保人的保险金赔偿请求权。必须指出的是，"生产安全事故"而非"认定"是适用的前提条件。

1. 工伤认定不宜作为生产安全事故认定

有很多生产安全事故做了工伤认定，但未组织事故调查，也就没有事故调查报告，更没有对生产安全事故的认定。虽然工伤认定和生产安全事故认定对受害者权利保护都具有很重要的意义，且都指向事故，但工伤认定与生产安全事故认定不同。工伤认定是劳动行政部门依据法律的授权对职工因事故伤害（或者患职业病）是否属于工伤或者视同工伤给予定性的行政确认行为，"工伤"的范畴要比生产安全事故的范畴广。下列工伤不属于生产安全事故的范畴：一是《工伤保险条例》第十五条规定的"视同工伤"的几种情形，都不是生产安全事故；二是在工作时间和工作场所内，因履行工作职责受到暴力等意外伤害的，虽然认定工伤，但从安全生产的角度，这属于违反社会治安甚至是犯罪行为，不宜认定为生产安全事故；三是在上下班途中，受到非本人主要责任的交通事故或者城市轨道交通、客运轮渡、火车事故伤害的，并非发生在生产经营活动过程中，也不认定为生产安全事故。所以，工伤认定与生产安全事故认定不同，不能用工伤认定取代生产安全事故认定。

---

① 参见唐胜、艺升宝石工艺品（深圳）有限公司生命权、健康权、身体权纠纷案，广东省高级人民法院（2016）粤民申1813号民事裁定书。

② 参见张世林与鸿富晋精密工业（太原）有限公司劳动争议案，山西省高级人民法院（2018）晋民申630号民事裁定书。

需要特别指出的是，有些道路交通事故、水上交通事故等也属于生产安全事故。在发生道路交通事故、水上交通事故等事故时，有关部门会依法形成事故责任认定书，例如道路交通事故责任认定书等。这些事故责任认定书系由有关部门依法作出的关于交通事故发生原因、交通参与人对事故发生责任的划分的认定，例如道路交通事故认定书、水上交通事故认定书等。它们并非生产安全事故认定，也不能取代有关人民政府关于生产安全事故的认定，不能以道路交通事故认定书等证明"发生生产安全事故"。

2. 生产安全事故认定的证据效力

生产安全事故调查终结后，有关人民政府应对事故调查报告进行批复。虽然学术界对事故调查报告的批复是内部行政行为还是外部行政行为有争议；司法实践中，有的法院认为事故调查报告批复属于内部行政行为[1]，有的法院认为事故调查批复属于外部行政行为[2]。但无异议的是生产安全事故调查报告的批复属于行政行为。在行政法学理论上，关于行政行为的效力有不同的见解，但都不否认行政行为具有公定力。"公定力"是指行政机关所做的行政行为，原则上都应受合法的推定或者有效的推定，在未经依法变更或经有权机关加以撤销外，任何人不得否定其效力，都必须服从、忍受或执行该行政行为。是否发生生产安全事故属于事实问题，该事实如果得到事故调查报告确认并经人民政府批复，事故调查报告关于生产安全事故的认定就产生了公定力。所以，生产安全事故认定虽然不是适用《安全生产法》第五十三条的前提条件，但也不能据此否认生产安全事故认定对受害人权利救济所具有的价值，因为一旦事故调查报告中作出了"生产安全事故认定"，那么受害人就可以此证明其损害是由生产安全事故造成的，举证压力大减。当然在诉讼中，事故调查报告作为证据使用，人民法院基于对证据的真实性、关联性和合法性审查而对事故调查报告中关于"生产安全事故性质的认定"的内容进行审查。故此，即使有关人民政府对事故调查报告作出批复，认定属于生产安全事故，当事人仍可通过质证推翻关于生产安全事故的认定。

3. 没有生产安全事故认定时的举证责任分配

生产安全事故是适用《安全生产法》第五十三条的前提条件，除非有相反的证据能够推翻，否则事故调查报告关于生产安全事故的认定具有证据效力。有

---

[1] 参见陈素霞诉福建省政府其他行政行为案，最高人民法院（2018）最高法行申 2613 号行政裁定书。

[2] 参见田兴福诉国家煤矿安全监察局行政诉讼案，北京市高级人民法院（2018）京行终 2074 号行政判决书。

很多轻伤事故，造成的直接经济损失不大，生产经营单位没有报告事故，有关人民政府没有组织事故调查组进行事故调查，也就不存在生产安全事故认定，这时就需要证明从业人员的损害是因生产安全事故造成的。证明责任分配的必要性是毋庸置疑的，且从来没有被怀疑过，而划分此当事人有义务提出的证据与彼当事人有义务提出的证据的界限，是理论中的难点。根据"谁主张谁举证"的举证规则，生产安全事故中的受害人承担因生产安全事故受到损害的全部举证责任，对其不利。因此，有必要借鉴"举证责任倒置"，受害者如果能够证明其是在执行工作任务过程中受到的伤害，从业人员即完成举证责任，就推定从业人员的损害系因生产安全事故造成的，生产经营单位若能够提供相反证据证明不属于生产安全事故的除外。

案例 9：未投保安责险的责任

案件事实

许某忠系甲矿业公司职工。2020 年 6 月 12 日，许某忠在井下工作时，被顶板二皮砸伤，后被送至医院治疗，造成胸骨闭合性粉碎性骨折等多处受伤，经劳动能力鉴定为九级伤残。某市人力资源和社会保障局于 2020 年 9 月 21 日认定许某忠为工伤。许某忠诉称其因安全生产事故受伤，甲矿业公司应支付人身损害经济赔偿金 6 万元。

一审法院认为，当事人对自己提出的主张，有责任提供证明，没有证据或者证据不足以证明当事人主张的，由负有举证责任的当事人承担不利后果。本案中，许某忠要求甲矿业公司支付人身损害经济赔偿金 6 万元，其诉求的依据是黑政规〔2018〕21 号文件通知及许某忠受伤后正在审议征求意见的《安全生产法（修正草案）》，该依据不足以证明甲矿业公司应当投保安全生产责任保险，未投保则应当承担相应的不利后果。许某忠要求甲矿业公司支付人身损害经济赔偿金 6 万元的诉讼请求，无法律依据，一审法院不予支持。

许某忠上诉请求：①依法改判甲矿业公司支付许某忠安全生产事故经济赔偿金 6 万元；②由甲矿业公司承担诉讼费用。事实与理由如下：许某忠系甲矿业公司下属煤矿九采区四井职工，2020 年 6 月 12 日在井下工作时，被顶板二皮砸伤，事后单位将其送至鸡西大众医院治疗，此次顶板事故造成许某忠九级伤残，依据《安全生产法》和《安全生产责任保险实施办法》规定，甲矿业公司属高危行业应投保安全生产责任保险（法定险），由于甲矿业公司没有投保，应承担支付许某忠因安全生产事故损害造成的其人身损害伤残赔偿金6万元。一审判决以许某忠没有证据证明甲矿业公司应当投保，判决驳回许某忠诉讼请求错误，《安全生产责任保险实施办法》第六条规定高危行业（含煤矿）应当投保安全生产责任保险。退一步讲，甲矿业公司是否投保该保险是自身对赔偿责任转移问题，与甲矿业公司具有赔偿责任无关。2021年6月10日，全国人大常委会通过了《安全生产法》修改决定，修改前的《安全生产法》第四十八条是鼓励参加安全生产责任险，但没有细化分高危行业和普通行业，鼓励应有之义是应当和可以。《安全生产责任保险实施办法》是2018年1月1日由三部委制定的规章，安全生产责任保险的强制性应从2018年1月1日开始，因此，许某忠的诉求有法律依据。

甲矿业公司辩称，许某忠依据的新《安全生产法》是2021年9月1日实施的，许某忠与甲矿业公司建立劳动关系和受工伤的时间早于实施时间，修改前的《安全生产法》对参加安全生产责任保险的规定是鼓励参加，并不是强制性参加保险。因此，本案并不适用新的《安全生产法》。即便按照新的《安全生产法》，企业应为职工参加安全生产责任保险，在未参加保险的情况下也不应承担赔偿责任。许某忠一审及上诉要求赔偿的主张，没有法律依据，一审认定事实清楚，证据确实充分，适用法律正确。

判决结果

二审法院认为，本案中许某忠认为甲矿业公司因未参加安全生产责任保险，而应给付其人身损害经济赔偿金，其在庭审时主张依据的黑政规〔2018〕21号《黑龙江省生产经营单位安全生产主体责任规定》第十二条、《安全生产责任保险实施办法》和2021年修订前的《安全生产法》，并不足以证明甲矿业公司应当投保安全生产责任保险，因未投保而应当承担相应的赔偿责任。一审法院以许某忠证据不足驳回其诉讼请求，适用法律并无不当，张明忠的上诉理由不能成立，本院不予支持。

争议焦点

本案争议的焦点是甲矿业公司是否应当支付许某忠人身损害经济赔偿金6万元。

案例解读

一、投保安全生产责任保险是煤矿企业的强制性义务

2018 年 1 月 1 日，国家安全监管总局、保监会、财政部印发的《安全生产责任保险实施办法》(简称《办法》) 生效，煤矿作为高危行业领域的单位应当投保安全生产责任保险。鼓励其他行业领域生产经营单位投保安全生产责任保险。但是，《办法》并未对煤矿未投保安全生产责任保险的法律责任作出明确规定。2021 年 9 月 1 日修订生效的《安全生产法》规定："属于国家规定的高危行业、领域的生产经营单位，应当投保安全生产责任保险"。《煤矿安全生产条例》第十三条规定："煤矿企业应当遵守有关安全生产的法律法规以及煤矿安全规程，执行保障安全生产的国家标准或行业标准。"因此，依法投保安全生产责任保险是煤矿企业的法定义务，应当履行。《安全生产法》第一百零九条对煤矿未投保安全责任保险的法律责任作了规定，根据该条规定，煤矿未按照国家规定投保安全生产责任保险的，责令限期改正，处五万元以上十万元以下的罚款；逾期未改正的，处十万元以上二十万元以下的罚款。

从有关规定看，煤矿如果没有投保安全生产责任保险，从业人员不能要求煤矿企业承担相应的赔偿责任。本案中，许某忠认为甲矿业公司因未参加安全生产责任保险，而应给付其人身损害经济赔偿金，但其主张缺乏法律依据，因此不能得到法院的支持。

二、缴纳工伤保险费用是煤矿的法定义务

根据《煤矿安全生产条例》第十七条，煤矿企业进行生产，应当依照《安全生产许可证条例》的规定取得安全生产许可证。未取得安全生产许可证的，不得生产。根据《安全生产许可证条例》第六条，依法参加工伤保险，为从业人员缴纳保险费是煤矿企业取得安全生产许可证必须具备的法定条件。《安全生产法》第五十一条也规定"生产经营单位必须依法参加工伤保险，为从业人员缴纳保险费。"因此，缴纳工伤保险费用是煤矿的法定义务。而《工伤保险条例》第六十二条第二款规定："依照本条例规定应当参加工伤保险而未参加工伤保险的用人单位职工发生工伤的，由该用人单位按照本条例规定的工伤保险待遇项目和标准支付费用。"假设在上述案例中，被告未依法为原告缴纳工伤保险费，被告就应当向原告依据《工伤保险条例》规定的工伤保险待遇项目和标

准支付费用。

三、安全生产责任保险与工伤保险的关系

安全生产责任保险具有赔偿受害人的功能，在确定工伤保险赔偿数额时，是否要扣除安全生产责任保险赔偿数额呢？

工伤保险和安全生产责任保险皆有保障因生产安全事故致害者得到赔偿的价值，在制度功能上具有一致性。功能相同的法律制度通常会存在"掐架"现象，而在工伤保险存在之后又推出安全生产责任保险，安全生产责任保险并非工伤保险的补充，而是相互独立的不同险种，二者并行不悖，那种认为安全生产责任保险是对工伤保险必要补充的看法，忽视了二者共同构成生产安全事故损害赔偿保障制度的一致性。一旦发生生产安全事故，受到损害的从业人员在主张工伤保险的同时，生产经营单位应当及时将所得安全生产责任保险金支付给受害人或者请求保险机构直接向受害人赔付。生产经营单位怠于请求的，受害人有权就其应获赔偿部分直接向保险机构请求赔付。2019年应急管理部公布的《安全生产法（征求意见稿）》第五十三条规定："因生产安全事故受到损害的从业人员，同时享有工伤保险和安全生产责任保险。"虽然最终通过的《安全生产法》没有该征求稿中的这一规定。但从法律适用的角度看，二者不得相互扣除，主要理由如下：

第一，工伤保险属于社会保险范畴，而安全生产责任保险属于商业财产保险中的责任险，二者在性质上截然不同。工伤保险的范围有限，而一旦发生生产安全事故，生产经营单位的财产将遭受巨大损失甚至是毁灭性打击，难以在工伤保险之外再对受害人进行赔付，不得不由政府"埋单"。我国要求在高危行业推行强制性的安全生产责任保险，其目的是在工伤保险之外，能够使因生产安全事故受到损害的从业人员得到全面赔偿。

第二，工伤保险与安全生产责任保险产生的基础不同。用人单位必须依据《工伤保险条例》为职工购买工伤保险，它产生的依据是法律的强制性规定。有些高危行业的安全生产责任保险属于强制性责任保险，但在本质上属于商业保险，安全生产责任保险依保险合同产生，生产经营单位依据保险合同缴纳保险费，保险机构依据安全生产责任保险合同的约定支付保险金。

第三，工伤保险应依《工伤保险条例》规定赔偿数额，其数额要根据伤亡程度、医疗费用、被扶养人情况等情况确定，差别较大；而安全生产责任保险赔偿额通常由投保人与保险人在保险合同中作出明确约定，约定的赔偿数额最低不低于本地区根据实际情况确定安全生产责任保险中涉及人员死亡的最低赔偿金

额，每死亡一人按不低于30万元赔偿，并按照本地区城镇居民上一年人均可支配收入的变化进行调整；对未造成人员死亡事故的赔偿保险金额度在保险合同中约定①。不因用工方式、工作岗位等差别而采取不同的安全生产责任保险金额标准。

四、受害第三人直接请求权的行使条件

基于安全生产责任保险合同效力的相对性，煤矿企业作为责任保险合同的投保人、责任保险的被保险人，享有主张保险赔偿金的请求权。为保护受害人之利益，我国《保险法》第六十五条第二款和《办法》第十五条第二款确定了第三者、受害第三人直接请求权的权利，并明确了该请求权的行使条件。此为保险合同效力相对性的突破。作为一种特别规定的权利，应有其独立的行使条件。从上述两个具体法律条文的表述来看，二者关于其行使条件的规定存在较大差别。根据《办法》的规定，受害第三人直接请求权的行使条件包括：①生产经营单位怠于向保险人主张保险金请求权；②受害人直接向保险机构请求赔付的范围限于应获赔偿部分。根据《保险法》的规定，受害第三人直接请求权的行使条件包括：①受害者的损害是由被保险人造成的；②被保险人对第三者应负的赔偿责任确定；③被保险人怠于请求；④第三者有权就其应获赔偿部分直接向保险人请求赔偿保险金。可见，《办法》关于受害第三人直接请求权行使条件的规定被《保险法》所涵盖。因此，受害者应依据《保险法》第六十五条第二款规定的行使条件，向保险机构主张受害第三人直接请求权。

（一）不以作为被保险人的煤矿企业对第三者的赔偿责任确定为直接请求权产生的前提

责任保险以被保险人之民事责任为保险标的，民事责任的确定是保险机构承担赔付保险金责任的前提条件。在煤矿作为被保险人的安全生产责任保险中，如果煤矿对事故之发生没有过错，并不产生民事赔偿责任。这时，貌似并无受害第三人直接请求权适用之余地。但是，保险机构对第三者的赔偿责任是否以被保险人应承担民事赔偿责任为前提，涉及安全生产责任保险之立法目的。高危行业企业投保安全生产责任保险是其强制性义务，正如交强险一样，虽然有替代被保险人（煤矿企业）赔付之目的，但主要以赔付受害第三人为目的，因此在强制性安全生产责任保险下，受害第三人直接请求权的行使不以煤矿企业赔偿责任为行权的前提条件，即使煤矿企业对事故发生不承担民事赔偿责任，也不影响受害第

---

① 《安全生产责任保险实施办法》第十七条。

三人直接请求权的行使。《最高人民法院关于适用〈中华人民共和国保险法〉若干问题的解释（四）》第十四条对"被保险人对第三人之赔偿责任确定方式"作了明确，被保险人对第三者所负的赔偿责任确定可以是经人民法院生效裁判、仲裁裁决确认，也可以是经被保险人与第三者协商一致。当然，还可以是被保险人对第三者应负的赔偿责任能够确定的其他情形。一般而言，这里的被保险人对受害第三者所负的赔偿责任不包括被保险人故意行为导致的损害赔偿责任。但是，在生产经营单位故意导致生产安全事故、造成损害的情形下，从安全生产责任保险保护受害第三人的目的出发，应承认受害第三人直接请求权。但是，受害第三人故意造成损害的，无直接请求权之适用。

（二）煤矿企业怠于向保险人主张保险金请求权

从《办法》第十五条第二款的规定可知，煤矿企业可以先向受害者赔付，后请求保险金，也可以先主张保险金请求权，后将所得保险金支付给受伤人员或者死亡人员的受益人，或者煤矿企业请求保险机构直接向受害人赔付。但是"保险法司法解释（四）"第二十条作出了不同规定，如果被保险人没有向受害人赔偿而请求保险人承担保险责任的，保险人向被保险人支付保险金后，受害人不能从被保险人处取得保险金的，则不免除保险人继续向受害者支付保险金的责任。换言之，受害人对保险人仍享有受害第三人直接请求权。保险人赔偿第三者后，可以基于不当得利之债，要求被保险人返还其已经支付的保险赔偿金。从保护受害者的角度，本书认为煤矿企业先主张保险金并在取得保险金之后支付给受害者的做法是存在问题的。这是因为，一旦投保人取得保险金擅自挪作他用，仍不能起到保护受害者利益的作用。因此，投保的煤矿企业向保险机构主张保险金的前提条件是已经向受害者支付了赔偿金。在未向伤害者支付赔偿金的情况下，只能请求保险公司向受害者直接支付保险金。因此，应该按照《〈保险法〉若干问题的解释（四）》的规定执行。

安全生产责任保险是产生于生产经营单位与保险机构之间的保险合同。基于合同效力的相对性，煤矿企业有要求保险机构支付保险赔偿金的权利。根据《〈保险法〉若干问题的解释（四）》第二十条，煤矿企业向保险机构主张保险金请求权的，需要以其已经向受害人承担了赔偿责任为前提。在没有向受害人赔偿之前，煤矿企业仍享有请求保险公司支付保险赔偿金的权利，但是其主张保险赔偿金请求权所得之利益不得归属于被保险人（生产经营单位），而应当由保险人直接向受害人赔偿。基于合同效力的相对性，生产安全事故受到损害的受害人原则上不能直接向保险机构直接主张保险赔偿金，如果将这一原则绝对化，则在煤矿企业怠于行使请求权时，受害人之利益难以得到周全的保护。因此，当生产经营单位怠于向保险机构主张保险赔偿金请求权时，受害人可以直接向保险机构主张保险赔偿金请求权。

何为"怠于"，在理论与实践中，产生了较大争议。有观点认为，应明确在煤矿企业赔偿责任确定后的一段时间内不向保险人行使请求权赔偿的，为"怠于请求"。最高人民法院曾经对债权人"怠于行使金钱债权"中的"怠于"有过司法解释，认为"不以诉讼或者仲裁"的名义行使债权的，如果造成债权人利益受到侵害的，债权人可以提起代位权诉讼。但在责任保险中，被保险人之"怠于"如果可以同样理解，显然不利于保护受害人利益。因此，《〈保险法〉若干问题的解释（四）》第十五条对"被保险人怠于请求"专门作了解释。根据该解释，生产经营单位作为被保险人的保险赔偿金请求"怠于"行使应符合以下四个要件：一是被保险人对第三者应负的赔偿责任已经确定；二是被保险人不履行赔偿责任，即生产经营单位未向受害人承担赔偿责任；三是受害人以保险人为被告或者以保险人与被保险人为共同被告提起诉讼；四是被保险人尚未向保险人提出直接向第三者支付保险金请求。这里的"怠于请求"外在表现体现为"三不"即不赔偿、不索赔、不协助①。例如，在甲保险公司与乙保险公司海上保险合同纠纷案中，人民法院认为，被保险人在其对受害第三人应负的赔偿责任确定后不履行的，在受害第三人以保险机构为被告提起诉讼前，被保险人未明确请求保险机构直接向受害第三人支付保险金，可以认定为"怠于请求"②。

"怠于请求"举证责任分配问题，从现有立法规定看，并不明确。但是原《最高人民法院关于适用〈中华人民共和国合同法〉若干问题的解释（一）》第十三条第一款明确了债权人代位权行使的"怠于"的举证责任由次债务人承担。从保护安全生产责任保险受害人的角度，在赔偿责任已经确定且受害者未获得赔偿的情况下，举证责任分配应向保险机构倾斜，由保险机构就被保险人不构成"怠于请求"情形，承担举证责任。

（三）受害者以自己的名义直接向保险机构主张

安全生产责任保险中，受害者、受害第三人直接请求权是在特殊情形下法律给予受害者的特殊救济性请求权，该权利的行使需要以受害者的名义向保险机构主张。这里的受害者的名义可以是受害者本人，在本人死亡时，其近亲属作为受害者。从《〈保险法〉若干问题的解释（四）》第十五条规定看，受害第三人直

---

① 最高人民法院民事审判第二庭．最高人民法院关于保险法司法解释（四）理解与适用［M］．北京：人民法院出版社，2018．

② 上海海事法院（2017）沪72民初2556号。

接请求权不以诉讼方式行使为必要，这里的行使方式是提起诉讼，即受害者以自己的名义作为原告，以保险机构作为被告主张。但是，从各国之立法看，受害第三人直接请求权的行权方式可以是直接请求，请求的方式可以是书面的，也可以是口头的。在直接请求受阻时，受害第三人可以采用诉讼的方式行权。

（四）受害第三人直接请求权的行权范围限于应获赔偿部分

生产安全事故一旦发生，受害第三人通常不限于一二人，受害第三人直接请求权的范围是否应限于"应获赔偿部分"还是所有受害第三人之所获赔偿，《安全生产法》《办法》等皆未明确。《保险法》第六十五条对受害第三人直接请求权的行权范围作了明确规定，为限于"应获赔偿部分"。一般而言，应获赔偿部分以生效判决、裁定或者协商确定。该规定对安全生产责任保险具有适用性。但是，强制性安全生产责任保险中，受害第三人应获赔偿部分通常不以生产经营单位存在过错确定，而是通过保险合同加以约定。从《办法》第十六条、第十七条之规定看，保险金额的确定区分了死亡赔偿保险金数额和死亡之外的赔偿保险金数额，死亡的最低赔偿保险金额按死亡一人不低于 30 万元赔偿作为标准，而死亡之外的赔偿保险金额以合同中的约定为限。赔偿保险金额的数额，同一煤矿企业的从业人员应当实行同一标准，不得因用工方式、工作岗位等差别对待。

（五）受害第三人直接请求权的诉讼时效

受害第三人直接请求权是一项债权请求权，应有诉讼时效之适用余地。但从现有立法看，尚不存在关于该请求权诉讼时效期间的明确规定。那么，受害第三人直接请求权的诉讼时效是否适用《保险法》第二十六条的规定呢？从该条第一款的规定看，其适用的对象可以是被保险人的保险金请求权，也可以是受益人的保险金请求权，诉讼时效期间为"二年"。这里的"受益人"是否应包括受害第三人，需要进行解释。本书认为，这里的"受益人"并不包括安全生产责任保险中的受害第三人。这是因为：一是安全生产责任保险多具有强制性，这不同于一般的商业性第三者责任保险。二是安全生产责任保险以保护受害第三人为目的，受害第三人通常是从业人员，其不属于商事主体。《保险法》第十六条规定的诉讼时效期间，财产保险为二年，但人寿保险为五年。有此差别的主要原因在于人寿保险中，被保险人或者受益人不属于商事主体，商事迅捷原则适用于商事主体，非商事主体则不适用。而安全生产责任保险保障的对象貌似是生产经营单位，实则为受害第三人，而受害第三人通常不是商事主体。因此，将《保险法》第十六条规定的二年诉讼时效期间适用于安全生产责任保险中的受害第三人直接请求权，不符合公平正义的基本要求。因此，受害第三人直接请求权的诉讼时效在《保险法》等法律法规未作明确的情况下，应适用《民法典》第一百八十八条的一般性规定，即诉讼时效期间为"三年"。"三年"的诉讼时效期间从何时开始计算呢？从体系解释出发，这里的"三年"应从受害第三人知道或者保险事故发生之日起计算。

案例 10：煤矿企业主要负责人的范围及其职责

案件事实

2022 年 3 月 8 日至 10 日，国家矿山安全监察局某省级局行政执法人员在对某市甲煤业公司开展执法检查时发现该公司存在 4 项违法行为：①15 号煤五采区西翼 150506、150508 两个采煤工作面在 2022 年 2 月 26 日至 3 月 9 日期间同时作业，属于超能力、超强度组织生产；②部分工作面甲烷浓度超出设定值，但安全监控系统未执行断电动作，存在系统无法正常运行问题；③提供的《150506综采工作面抽采达标评判报告》为虚假报告；④矿井人员位置监测系统不具备检测标识卡是否正常和唯一性的功能，导致系统不能正常运行，无法准确监测矿井人员位置。上述违法行为分别违反了《安全生产法》第三十六条第一款，《煤矿安全监察条例》第四十五条，《国务院关于预防煤矿生产安全事故的特别规定》第八条第二款第（一）项、第（十五）项，《煤矿重大事故隐患判定标准》第四条第（四）项、第十八条第（六）项的规定。

处理情况

2022 年 3 月 22 日，国家矿山安全监察局该省级局依据《安全生产法》第九十九条第（二）项、《煤矿安全监察条例》第四十五条、《国务院关于预防煤矿生产安全事故的特别规定》第十条第一款以及《安全生产违法行为行政处罚办法》第五十三条的规定，对甲煤业公司上述 4 项违法行为分别裁量、合并处罚，作出警告、停产整顿 30 日、罚款人民币 410 万元的行政处罚决定；对该公司主要负责人孙某作出罚款人民币 30 万元的行政处罚决定。

争议焦点

本案争议的焦点之一是煤矿企业主要负责人未履行职责的行政处罚依据法律规范的确定。

案例解读

一、煤矿企业主要负责人和煤矿主要负责人

煤矿企业主要负责人，是指对煤矿企业生产经营和安全生产负全面责任、有生产经营决策权的人员。煤矿企业主要负责人包括法定代表人和实际控制人。法定代表人，是指依法律或法人章程规定代表法人行使职权的负责人。如煤矿企业的董事长、总经理、矿务局局长、煤矿矿长等享有实际决策和控制权的人员。实际控制人，是指虽不是企业的法定代表人，但通过投资等行为能够实际对公司产生支配、控制作用的人员。如某一煤矿企业的法定代表人背后有实际控制人，其对煤矿企业的生产经营和安全生产工作享有实际的决策和控制权，则该实际控制人为该煤矿企业的主要负责人。煤矿主要负责人，是指具体煤矿生产经营单元内对煤炭开采和经营活动负有主要责任的人，如某煤矿的矿长。依据《煤矿安全生产条例》第二十二条的规定，每一个煤矿是一个相对独立的生产系统，煤矿企业应当为煤矿分别配备专职矿长、总工程师，分管安全、生产、机电的副矿长以及专业技术人员。

煤矿企业主要负责人和煤矿主要负责人既有区别也有联系。煤矿企业主要负责人主要是针对煤矿企业这一独立的法律主体而言的，作为独立的生产经营单位，煤矿企业应当承担《安全生产法》《煤矿安全生产条例》所规定的主体责任，煤矿企业的主要负责人为本企业安全生产第一责任人，对本企业的安全生产工作全面负责。煤矿不仅是煤炭开采的工作场所，还包括其他附属设施，并非独立的法律主体，因此煤矿主要负责人对某一煤矿安全生产职责范围内的安全生产工作负责。如某一煤矿企业或矿务局下设多个独立的煤矿，则该煤矿企业的董事长、总经理或矿务局局长为该煤矿企业主要负责人，下设煤矿的矿长为煤矿主要负责

人。但煤矿企业主要负责人和煤矿主要负责人也有可能发生混同，如某一煤矿企业仅有一个煤矿，则该煤矿企业的主要负责人同样也是煤矿主要负责人。

二、煤矿企业主要负责人的安全生产职责

《煤矿安全生产条例》第十八条是关于煤矿企业主要负责人职责的有关规定，根据该条规定，煤矿企业主要负责人对本企业安全生产工作负有下列职责：

（一）建立、健全并落实全员安全生产责任制，加强安全生产标准化建设

全员安全生产责任制是煤矿企业最基本的安全生产管理制度，它是对单位的主要负责人与其他负责人员、职能部门及其工作人员、工程技术人员和岗位操作人员在安全生产方面应做的工作及应负的责任加以明确规定的一种制度。安全生产责任制必须具有全面性，做到安全工作层层有人负责。煤矿企业主要负责人根据"管业务必须管安全，管生产经营必须管安全"的原则，建立健全并落实"纵向到底，横向到边"的全员安全生产责任制，做到安全工作人人有责、各负其责，实现"一岗双责"。在煤矿企业的生产和运行过程中，开展标准化管理，既有利于减少企业的管理成本也有利于促进企业安全生产。煤矿企业主要负责人应当按照《煤矿安全生产标准化管理体系考核定级办法》《煤矿安全生产标准化管理体系基本要求及评分方法》等有关规定加强煤矿安全生产标准化体系建设。

（二）组织制定并实施安全生产规章制度和作业规程、操作规程

煤矿企业的安全生产规章制度和操作规程是根据其自身生产经营范围、危险程度、工作性质及具体工作内容，依照国家有关法律、行政法规、规章和标准的要求，有针对性规定的、具有可操作性的、保障安全生产的工作运转制度及工作方式、方法和操作程序。安全生产规章制度主要内容包括两个方面：一是安全生产管理方面的规章制度，即安全生产责任制、安全生产教育和培训、安全生产现场检查、生产安全事故报告、特殊区域内施工审批、危险物品安全管理、安全设施管理、要害岗位管理、特种作业安全管理、安全值班、安全生产竞赛、安全生产奖惩、劳动防护用品的配备和发放等制度；二是安全生产技术方面的规章制度，如矿山灾害治理等制度。作业规程是指煤矿在进行某一作业前，针对现场条件、预期目标而制定的具有约束力的文书，它主要包括该作业过程、相关系统、实施步骤、安全技术措施等。操作规程是指在生产经营活动中，为消除能导致人身伤亡或者造成设备、财产破坏以及危害环境的因素而制定的具体技术要求和实施程序的统一规定。煤矿企业主要负责人应当组织制定本单位的安全生产规章制度和作业规程、操作规程，并保证其有效实施。

（三）组织制定并实施安全生产教育和培训计划

作业人员具有的高安全素质和技能，是保证生产经营活动安全进行的前提。安全生产教育和培训计划是具体落实从业人员教育和培训任务，保证教育和培训质量，提高从业人员安全素质和安全操作技能的重要保障。煤矿企业安全生产教育和培训计划是根据本单位的安全生产状况、岗位特点、人员结构组成，有针对性地规定单位负责人、职能部门负责人、车间主任、班组长、安全生产管理人员、特种作业人员以及其他从业人员的安全生产教育和培训的统筹安排，包括经费保障、教育培训以及组织实施措施等内容。安全生产教育和培训工作又是一项系统工程，涉及本单位主管人事培训、财务劳资、安全管理、业务主管等多个部门以及人、财、物的安排，实践中，安排人员参加安全生产教育和培训往往最难处理和协调。因此，主要负责人有组织制定并实施本单位安全生产教育和培训计划的义务。

（四）保证安全生产投入的有效实施

安全生产需要一定的资金投入，用于安全设施设备建设、安全防护用品配备等。时常发生的生产安全事故分析表明，安全生产投入不足是导致事故发生的重要原因之一。而市场经济条件下，煤矿企业的主要负责人往往更重视经济效益，认为安全生产投入会影响经济效益，或者存在侥幸心理，不想或不愿意在安全方面过多地投入。因此，煤矿企业的主要负责人应当保证本单位安全生产投入的有效实施。

（五）组织建立并落实安全风险分级管控和隐患排查治理双重预防工作机制，督促、检查安全生产工作，及时消除事故隐患

"风险分级管控"是指生产经营单位对本单位的危险源进行辨识，并对其危险性进行评估，确定其风险等级并采取相应的管控措施。"事故隐患"是指生产经营单位在生产设施、设备以及安全管理制度等方面存在的可能引发事故的各种自然或者人为因素，包括物的不安全状态、人的不安全行为以及管理上的缺陷等。隐患是导致事故的根源，隐患不除，事故难断。风险挺在隐患前，隐患挺在事故前，关口前移，防微杜渐，煤矿企业主要负责人应组织建立并落实安全生产风险分级管控和隐患排查治理双重预防工作机制，并经常性地对本单位的安全生产工作进行督促、检查，对检查中发现的问题及时解决，对存在的生产安全事故隐患及时予以排除。《安全生产事故隐患排查治理暂行规定》对煤矿企业主要负责人的事故隐患排查治理职责作了更为明确的规定，对于重大事故隐患，由煤矿企业主要负责人组织制定并实施事故隐患治理方案。重大事故隐患治理方案应当包括以下内容：①治理的目标和任务；②采取的方法和措施；③经费和物资的落实；④负责治理的机构和人员；⑤治理的时限和要求；⑥安全措施和应急预案。

煤矿企业主要负责人不履行重大事故隐患排查治理职责，继续组织生产的，根据《煤矿安全生产条例》第六十四条，对煤矿企业主要负责人处 3 万元以上 15 万元以下的罚款。本案中，该矿存在两项重大事故隐患，但仍组织生产：一是 15 号煤五采区西翼 150506、150508 两个采煤工作面在 2022 年 2 月 26 日至 3 月 9 日期间同时作业，属于超能力、超强度组织生产；二是矿井人员位置监测系统不具备检测标识卡是否正常和唯一性的功能，导致系统不能正常运行，无法准确监测矿井人员位置。因此，应该对煤矿企业主要负责人实施处罚。

（六）组织制定并实施生产安全事故应急救援预案

生产安全事故应急预案，是指生产经营单位根据本单位的实际，针对可能发生的事故的类别、性质、特点和范围等情况制定的事故发生时组织、采取的技术措施和其他应急措施。生产安全事故应急预案对于防止事故扩大和迅速抢救受害人员，尽可能地减少损失，具有重要的作用。它是一个涉及多方面工作的系统工程，需要煤矿企业主要负责人组织制定和实施，一旦发生事故也要亲自指挥、调度。

（七）及时、如实报告生产安全事故

发生生产安全事故及时向有关部门报告，一方面可以使有关部门及时领导、指挥事故救援，防止事故扩大，减少人员伤亡和损失，如实掌握事故的情况，按照规定向社会披露相关事故信息；另一方面也有利于有关部门对事故进行调查处理，分析事故的原因，处理有关责任人员，提出整改和防范措施。煤矿企业的主要负责人应当按照本条例和其他法律、法规、规章的规定，及时、如实报告生产安全事故，不得隐瞒不报、谎报、迟报或者漏报。

煤矿企业主要负责人应当定期向职工代表大会或者职工大会报告安全生产工作。

三、主要负责人未履行安全生产职责的法律责任

（一）有特别规定的，依据特别规定处罚

《安全生产法》《煤矿安全生产条例》对煤矿企业主要负责人未履行安全生产职责另有特别规定的，依据特别规定进行处罚。例如，根据《安全生产法》第一百一十条规定，煤矿企业主要负责人在本单位发生生产安全事故时，不立即组织抢救或者在事故调查处理期间擅离职守或者逃匿的，给予降级、撤职的处分，并由应急管理部门处上一年年收入 60% 至 100% 的罚款；对逃匿的处十五日以下拘留；构成犯罪的，依照刑法有关规定追究刑事责任。煤矿企业主要负责人对生产安全事故隐瞒不报、谎报或者迟报的，依照上述规定处罚。再如，根据《煤矿安全生产条例》第六十四条，煤矿企业存在重大事故隐患仍然进行生产的，

对煤矿企业主要负责人处 3 万元以上 15 万元以下的罚款。

（二）没有特别规定的，适用一般规定

《煤矿安全生产条例》未对煤矿企业主要负责人未依法履行本条例规定的安全生产管理职责法律责任作出一般性规定。但是，根据《煤矿安全生产条例》第六十八条第一款，煤矿企业的主要负责人未依法履行安全生产管理职责的，依照《中华人民共和国安全生产法》有关规定处罚并承担相应责任。《安全生产法》第九十四条对主要负责人未履行法定职责的法律责任作了一般性规定，本条规定：煤矿企业主要负责人未依法履行安全生产管理职责的，责令限期改正，处 5 万元以下的罚款；逾期未改正的，处 5 万元以上 10 万元以下的罚款，责令煤矿企业停产整顿。煤矿企业主要负责人有上述违法行为，导致发生生产安全事故的，给予撤职处分，由应急管理部门依法处以罚款；构成犯罪的，依照刑法有关规定追究刑事责任。煤矿企业主要负责人受刑事处罚或者撤职处分的，自刑罚执行完毕或者受处分之日起，5 年内不得担任任何生产经营单位的主要负责人；对重大、特别重大生产安全事故负有责任的，终身不得担任煤矿企业的主要负责人。

在本案中，某煤矿主要负责人，存在两项重大事故隐患仍组织生产，其法律责任《煤矿安全生产条例》第六十四条有专门规定，因此应依据该条规定对其进行处罚，而不能依据《安全生产法》第九十四条规定对主要负责人进行处罚。

四、煤矿安全生产违法行为的"双罚制"

煤矿安全生产违法行为属于生产经营单位的违法行为，因此处罚的对象主要是煤矿企业，通常不处罚主要负责人、其他负责人或有关人员。但《安全生产法》《煤矿安全生产条例》多处规定了"双罚制"，既要对煤矿企业进行处罚，也要对煤矿企业主要负责人、直接负责的主管人员以及直接责任人员进行处罚。例如，本案中该煤矿企业存在两项重大事故隐患还继续组织生产，属于存在重大事故隐患继续生产的行为。根据《煤矿安全生产条例》第六十四条的规定，对煤矿企业责令停产整顿，明确整顿的内容、时间等具体要求，并处 50 万元以上 200 万元以下的罚款；同时，也要对煤矿企业主要负责人处 3 万元以上 15 万元以下的罚款。

案例 11：矿工未接受煤矿企业安排的教育培训的，煤矿企业可以解除劳动合同

案件事实

原告某矿业公司系 2005 年 9 月 13 日经工商行政管理部门依法登记注册成立的有限责任公司。被告邓某于 2011 年 1 月 17 日开始在原告单位所属一煤矿从事掘进工作。双方于 2019 年 1 月 17 日续签了无固定期限劳动合同。被告工作期间，原告为被告缴纳了包括失业保险在内的社会保险。原告制定了《某矿业公司员工行为规范汇编》及《某矿业公司劳动纪律管理规定》，发放并组织职工进行培训学习。上述规章制度规定，有下列情形之一的即为旷工：①不上班；②不服从工作安排；③工作时间擅离工作职守；④未按规定办理请假手续而休假；还规定"连续旷工 3 天或一年内累计旷工 7 天以上"为严重违反规章制度的行为，原告可以解除劳动合同。原告于 2018 年 5 月 31 日制定了《关于印发〈手指口述安全确认办法〉的通知》，要求矿属各区队及部门遵照执行。该通知第七条第四款第三项规定，6 月起，凡不能背诵特殊工种手指口令安全确认的，考核责任人 50 元/次，并停工学习至操作合格方能上岗。

2019 年 1 月 3 日，原告组织了被告对此进行学习，因被告不能背诵"手指口述岗位流程"，原告于 2019 年 5 月 5 日停止了被告的岗位工作，要求被告学习并在其一矿综掘二队队长陈某处背诵"手指口述岗位流程"。被告从 2019 年 5 月 7 日起未到原告单位报到。队长陈某于 2019 年 5 月 14 日、2019 年 5 月 16 日通过手机向被告发送短信，通知被告每天到队学习，学习时间为每天上午 8 点到 12 点，下午 2 点到 5 点，不得迟到、早退，学习内容为井下特殊工种的岗位描

述及手指口述，直到能背诵为止，并告知被告未按时参加学习一律按旷工处理。但被告仍未到一矿综掘二队队长陈某处背诵"手指口述岗位流程"，也未到单位报到学习。原告所属一矿综掘二队将被告 2019 年 5 月 7 日至 10 日、13 日至 17 日、20 日至 24 日、27 日至 31 日考勤为旷工（该月共计考勤为旷工 19 天）。2019 年 6 月 21 日，原告向被告发出通知，通知被告进行离岗职业病检查，并告知拟对被告作出解除劳动合同处理，通知于 2019 年 6 月 25 日邮寄送达被告。被告经某矿务局职工总医院职业健康检查，未发现目标疾病。2019 年 7 月 30 日，原告向公司工会发出《关于研究解除邓某劳动关系的函》，对邓某违反公司劳动规章制度，需解除与邓某的劳动关系事宜征求工会意见。2019 年 7 月 31 日，原告公司工会委员会向原告发出《关于研究解除邓某劳动关系的复函》，同意原告依据有关法律法规和公司的规章制度解除与被告的劳动关系。2019 年 8 月 2 日，原告作出《某矿业公司关于解除邓某劳动关系的通知》，以被告"于 2019 年 5 月 5 日至 2019 年 7 月 29 日连续旷工时间超过 5 天"，严重违反公司规章制度为由，决定于 2019 年 8 月 2 日解除与被告之间的劳动关系，并将该通知于 2019 年 8 月 9 日送达被告。被告不服，以原告违法解除劳动关系为由向重庆市某区劳动人事争议仲裁委员会提出仲裁申请，要求原告支付被告违法解除劳动关系赔偿金 85000 元，支付失业金损失 23200 元。重庆市某区劳动人事争议仲裁委员会于 2019 年 8 月 21 日作出了仲裁裁决书，裁决如下：①原告支付被告违法解除劳动关系的赔偿金 85000 元；②驳回被告的其他请求。原告不服该仲裁裁决，于 2019 年 9 月 2 日提起诉讼。

判决结果

人民法院认为，根据《安全生产法》(2014 年) 相关规定，生产经营单位必须遵守相关安全生产的法律、法规，加强安全生产管理，建立健全安全生产责任制和安全生产规章制度，确保安全生产。《煤炭法》第七条规定，煤炭企业必须坚持安全第一、预防为主的安全生产方针，建立健全安全生产的责任制度和群防群治制度。故在煤矿挖掘作业中，作业人员学习并遵守安全规定是其工作的重中之重。原告作为煤矿企业，依法将安全培训作为工作责任重心要求未达标职工在工作日进行学习培训，该学习培训时间理应是其职工工作的组成部分。本案原告根据以上法律规定，制定了《某某矿业公司员工行为规范汇编》以及《手指口述安全确认办法》等安全生产规章制度，并组织了职工学习。被告对其工作规定流程的学习未达到上述安全生产规章制度的要求而被原告责其在工作日停工学习，而被告却无正当理由拒绝到原告指定单位报到学习，其行为应属于旷工，被告认为其工作已由原告停止，不到原告指定单位学习的行为不属于旷工的观点一审法院不予支持。根据原告的安全生产规章制度，"连续旷工 3 天或一年内累计旷工 7 天以上"的行为系严重违反规章制度的行为，原告可以解除劳动合同。被告在其停工学习期间累计旷工 19 天，已构成严重违反用人单位规章制度的行为。原告作为用人单位，对被告的旷工行为先是根据《职业病防治法》第三十五条规定通知被告进行离岗职业病检查并告知被告拟解除与其劳动关系，尔后向工会发函就解除与被告的劳动关系事宜通知工会并征求意见，最后在取得工会同意且通过职业病检查的情况下于 2019 年 8 月 2 日作出解除与被告劳动关系的决定，并于 2019 年 8 月 9 日送达被告，解除了与被告的劳动关系，解除程序符合《劳动合同法》第三十九条第（二）项、第四十三条的规定，故原告解除与被告劳动关系的行为合法，因此，原告提出不予支付被告赔偿金的请求一审法院予以支持。

争议焦点

本案争议焦点是邓某未参加煤矿组织的安全生产教育培训是否属于旷工，煤矿企业能否依此解除与邓某的劳动合同。

案例解读

一、煤矿企业从业人员接受安全生产教育培训是其应承担的法律义务

煤矿企业从业人员是指在煤矿企业从事生产经营活动各项工作的人员，包括管理人员、技术人员和各岗位的工人，也包括临时聘用的人员、被派遣劳动者以及实习人员，其范围包括劳动者，但不限于劳动者。从业人员不仅是《安全生产法》保护的对象，也是煤矿企业安全生产工作的具体参与者。实践中，许多生产安全事故的发生，多是由于从业人员违章操作，或者不遵守规章制度造成的。因此，从业人员认真履行安全生产义务，是煤矿企业能够真正做到安全生产非常重要的因素。只有每一个从业人员都认真履行自己在安全生产方面的法定义务，煤矿的安全生产工作才能得到保证。因此，《煤矿安全生产条例》第二十条第（二）项规定，参加安全生产教育和培训，掌握本职工作所需的安全生产知

识，提高安全生产技能，增强事故预防和应急处理能力。

（一）安全生产教育培训是煤矿企业的安全生产义务

《安全生产法》规定，生产经营单位通过安全生产教育培训，保证从业人员具备必要的安全生产知识，熟悉有关的安全生产规章制度和安全操作规程，掌握本岗位的安全操作技能，了解事故应急处理措施，知悉自身在安全生产方面的权利和义务。因此，根据《煤矿安全生产条例》第二十一条第二款规定，煤矿企业从业人员经安全生产教育和培训合格，方可上岗作业。煤矿企业特种作业人员应当按照国家有关规定经专门的安全技术培训和考核合格，并取得相应资格。为保证煤矿安全教育培训达到预期效果，煤矿企业应当建立完善安全培训管理制度，明确负责安全培训的机构和人员，保证安全生产教育和培训经费。未经安全生产教育和培训合格的从业人员，不得上岗作业。煤矿企业特种作业人员应当经专门的安全技术培训和考核合格，按照国家有关规定取得《特种作业操作证》后，方可在有效期内上岗作业。根据《煤矿安全培训规定》第二条第一款规定，煤矿企业是指在依法批准的矿区范围内从事煤炭资源开采活动的企业，包括集团公司、上市公司、总公司、矿务局、煤矿。煤矿企业应当建立完善安全培训管理制度，制定计划、明确机构、配备人员，用于安全培训的资金不得低于教育培训经费总额的百分之四十。不具备安全培训条件的煤矿企业应当委托具备安全培训条件的机构进行安全培训。

本案中，某矿业公司作为煤矿企业，应当遵守法律规定，将安全培训工作作为主要工作内容之一，因此公司制定的《某矿业公司员工行为规范汇编》《某矿业公司劳动纪律管理规定》《关于印发〈手指口述安全确认办法〉的通知》，发放并组织职工进行培训学习，属于履行煤矿企业安全培训职责的行为。

（二）从业人员应接受安全生产教育培训

《安全生产法》第六条规定，生产经营单位的从业人员有依法获得安全生产保障的权利，并应当依法履行安全生产方面的义务。《煤矿安全条例》第二十条规定，参加安全生产教育和培训，掌握本职工作所需的安全生产知识，提高安全生产技能，增强事故预防和应急处理能力。因此，煤矿企业从业人员接受安全生产教育培训，是其法定的安全生产职责。为做好煤矿安全培训工作，国家相关部门制定了《煤矿安全培训规定》，根据《煤矿安全培训规定》第二条第三款，煤矿企业从业人员是指煤矿企业主要负责人、安全生产管理人员、特种作业人员和其他从业人员。

1. 煤矿企业主要负责人和安全生产管理人员的安全生产教育培训

煤矿企业主要负责人，是指煤矿企业的董事长、总经理，矿务局局长，煤矿矿长等人员。煤矿企业安全生产管理人员，是指煤矿企业分管安全、采煤、掘进、通风、机电、运输、地测、防治水、调度等工作的副董事长、副总经理、副局长、副矿长，总工程师、副总工程师和技术负责人，安全生产管理机构负责人及其管理人员，采煤、掘进、通风、机电、运输、地测、防治水、调度等职能部门（含煤矿井、区、科、队）负责人。

煤矿企业主要负责人和安全生产管理人员应当自任职之日起六个月内通过煤矿安全培训主管部门组织的安全生产知识和管理能力考核；每三年考核一次。考试不合格的，可以补考一次；经补考仍不合格的，一年内不得再次申请考核。考核部门应当告知其所在煤矿企业或其任免机关调整其工作岗位。煤矿企业应当每年组织主要负责人和安全生产管理人员进行新法律法规、新标准、新规程、新技术、新工艺、新设备和新材料等方面的安全培训。

2. 煤矿其他从业人员的安全生产教育培训

煤矿其他从业人员，是指除煤矿主要负责人、安全生产管理人员和特种作业人员以外，从事生产经营活动的其他从业人员，包括煤矿其他负责人、其他管理人员、技术人员和各岗位的工人、使用的被派遣劳动者和临时聘用人员。

煤矿企业或者具备安全培训条件的机构应当按照培训大纲对其他从业人员进行安全培训。其中，对从事采煤、掘进、机电、运输、通风、防治水等工作的班组长的安全培训，应当由其所在煤矿的上一级煤矿企业组织实施；没有上一级煤矿企业的，由本单位组织实施。煤矿企业其他从业人员的初次安全培训时间不得少于七十二学时，每年再培训的时间不得少于二十学时。煤矿企业或者具备安全培训条件的机构对其他从业人员安全培训合格后，应当颁发安全培训合格证明；未经培训并取得培训合格证明的，不得上岗作业。

煤矿企业新上岗的井下作业人员安全培训合格后，应当在有经验的工人师傅带领下，实习满四个月，并取得工人师傅签名的实习合格证明后，方可独立工作。工人师傅一般应当具备中级工以上技能等级、三年以上相应工作经历和没有发生过违章指挥、违章作业、违反劳动纪律等条件。

企业井下作业人员调整工作岗位或者离开本岗位一年以上重新上岗前，以及煤矿企业采用新工艺、新技术、新材料或者使用新设备的，应当对其进行相应的安全培训，经培训合格后，方可上岗作业。

从《安全生产法》《煤矿安全生产条例》《煤矿安全培训规定》等关于煤矿从业人员安全培训义务的规定来看，煤矿从业人员接受安全生产教育培训是其应该履行的法律义务，煤矿从业人员不得以任何借口不履行培训义务。

二、用人单位单方解除劳动合同的事由

根据《劳动法》第二十五条，用人单位可以解除劳动合同的情形包括：①在试用期间被证明不符合录用条件的；②严重违反劳动纪律或者用人单位规章制度的；③严重失职，营私舞弊，对用人单位利益造成重大损害的；④被依法追究刑事责任的。《劳动合同法》第三十九条在《劳动法》基础上，对用人单位单方解除劳动合同的事由即劳动者存在过失时的辞退、用人单位无过失性辞退劳动者、经济性裁员以及工会在用人单位在劳动合同解除中的监督作用等进行了细化。

（一）过失性辞退劳动者的事由

根据《劳动合同法》第三十九条，劳动者有下列情形之一的，用人单位可以解除劳动合同：①在试用期间被证明不符合录用条件的；②严重违反用人单位的规章制度的；③严重失职，营私舞弊，给用人单位造成重大损害的；④劳动者同时与其他用人单位建立劳动关系，对完成本单位的工作任务造成严重影响，或者经用人单位提出，拒不改正的；⑤因以欺诈、胁迫的手段或者乘人之危，使对方在违背真实意思的情况下订立或者变更劳动合同的，致使劳动合同无效的；⑥被依法追究刑事责任的。

（二）无过失性辞退劳动者的事由

根据《劳动合同法》第四十条，有下列情形之一的，用人单位提前三十日以书面形式通知劳动者本人或者额外支付劳动者一个月工资后，可以解除劳动合同：①劳动者患病或者非因工负伤，在规定的医疗期满后不能从事原工作，也不能从事由用人单位另行安排的工作的；②劳动者不能胜任工作，经过培训或者调整工作岗位，仍不能胜任工作的；③劳动合同订立时所依据的客观情况发生重大变化，致使劳动合同无法履行，经用人单位与劳动者协商，未能就变更劳动合同内容达成协议的。

（三）用人单位经济型裁员

根据《劳动合同法》第四十一条，有下列情形之一，需要裁减人员二十人以上或者裁减不足二十人但占企业职工总数百分之十以上的，用人单位提前三十日向工会或者全体职工说明情况，听取工会或者职工的意见后，裁减人员方案经向劳动行政部门报告，可以裁减人员：①依照企业破产法规定进行重整的；②生产经营发生严重困难的；③企业转产、重大技术革新或者经营方式调整，经变更劳动合同后，仍需裁减人员的；④其他因劳动合同订立时所依据的客观经济情况发生重大变化，致使劳动合同无法履行的。

裁减人员时，应当优先留用下列人员：①与本单位订立较长期限的固定期限劳动合同的；②与本单位订立无固定期限劳动合同的；③家庭无其他就业人员，有需要扶养的老人或者未成年人的。

用人单位经济性裁员，在六个月内重新招用人员的，应当通知被裁减的人员，并在同等条件下优先招用被裁减的人员。

（四）工会在劳动合同解除中的监督作用

根据《劳动合同法》第四十三条，用人单位单方解除劳动合同，应当事先将理由通知工会。用人单位违反法律、行政法规规定或者劳动合同约定的，工会有权要求用人单位纠正。用人单位应当研究工会的意见，并将处理结果书面通知工会。

三、煤矿从业人员无故不参加安全生产教育培训的行为属于"严重违反用人单位的规章制度的"行为

用人单位的规章制度不得违反法律、法规的规定，同时不得超越企业管理和从业相关性的范畴。根据《劳动合同法》第三十九条第（二）项规定，劳动者对于"违反用人单位的规章制度的"的违反需达到"严重"的程度，用人单位才有权单方解除劳动合同。在本案中，被告邓某作为煤矿企业的从业人员，接受安全生产教育和培训是法定义务，原告制定《某矿业公司员工行为规范汇编》《手指口述安全确认办法》等安全生产规章制度并不违反法律、法规的有关规定，被告应当遵守。邓某对其工作规定流程未通过考核，某矿业公司按照下发的通知要求其在工作日停工学习的行为亦符合法律规定。但被告邓某无正当理由拒绝到公司报到学习，既没有尽到法律、法规规定的煤矿从业人员安全生产职责，同时构成长期旷工，属于严重违反原告公司的安全生产规章制度。因此原告公司有权单方解除与被告邓某的劳动合同，且无须给予经济补偿。

案例 12：煤矿技术负责人的安全生产职责

案件事实

2023 年 1 月 5 日、6 日，某市应急管理局对某煤矿有限公司进行现场检查时发现下列问题：①主、副井提升安全制动系统的闸瓦间隙监测装置显示数据不准确，不符合《安全生产法》第三十六条第二款规定；②一采变电所 3 号移动变电站 1 月 2 日、1 月 3 日、1 月 4 日未试验漏电保护，不符合《煤矿安全规程》第四百五十三条第四款规定；③查监测监控系统，南翼轨道大巷 12 月 17 日 21:19—22:22（累计 1 小时 3 分钟）局部通风机停电检修，停电单位未提出申请，未编制安全措施，不符合《某煤矿有限公司"一通三防"技术管理规定》中"因检修需停电停风的，停电单位必须提出申请，通风部门编制排放瓦斯的安全措施，不编制排放瓦斯安全措施的不得停电停风"的规定；④3 下 105 轨道巷评价具有中等冲击地压危险，12 月施工的煤粉钻屑检测孔检测范围为迎头后 40 米，不足 60 米，不符合《3 下 105 掘进工作面冲击危险性评价及防冲设计》中"迎头后方两帮 60 米范围内对巷道两帮进行钻屑检测"的规定；⑤南翼轨道大巷现场爆破方式为分次装药分次爆破，不符合《南翼轨道大巷掘进工作面作业规程》"爆破方式为全断面一次起爆"规定；⑥矿井水文地质类型为中等，未建立专门的探放水作业队伍，不符合《煤矿防治水细则》第五条第一款规定；⑦3 下 105 轨道巷迎头后 3 处帮部锚杆盘未紧贴岩面，不符合《3 下 105 轨道巷掘进工作面作业规程》中"锚杆盘紧贴岩面"的规定；⑧南翼轨道大巷第一排永久支护距离掘进工作面迎头 800 毫米，未进行临时支护或永久支护，不符合《南翼轨道大巷掘进工作面作业规程》中"掘进后及时将前探梁移至迎头,严禁空顶作业,大于 0.3 米时,前探梁上背实顶板"的规定;⑨南翼输送带大巷在倾斜井巷内使用串车提升,下车场未安设能够防止带绳车辆误入非运行车场的阻车器,3 下 105 轨道巷斜巷提升在变坡点下方未设置能够防止未连挂的车辆继续往下跑车的挡车栏,不符合《煤矿安全规程》第三百八十七条规定。

处理结果

针对上述违法行为相关部门作出以下处理决定:①对某煤矿有限公司作出责令限期改正,并罚款人民币 1 万元的行政处罚;②对某煤矿有限公司作出责令限期改正,并罚款人民币 2 万元的行政处罚;③给予某煤矿有限公司警告,并处罚款人民币 1 万元,给予总工程师李某月警告,并处罚款人民币 0.3 万元的行政处罚;④给予某煤矿有限公司警告,并处罚款人民币 1 万元,给予防冲副总工程师田某庆警告,并处罚款人民币 0.2 万元的行政处罚;⑤给予某煤矿有限公司警告,并处罚款人民币 1 万元,给予生产矿长徐某军警告,并处罚款人民币 0.2 万元的行政处罚;⑥对某煤矿有限公司作出责令限期消除,并罚款人民币 3 万元的行政处罚;⑦对某煤矿有限公司作出责令改正,并罚款人民币 1 万元的行政处罚;⑧对某煤矿有限公司作出责令改正,并罚款人民币 1 万元的行政处罚;⑨对某煤矿有限公司作出责令限期改正,并罚款人民币 4 万元的行政处罚。按照"分别裁量,合并处罚"的原则,对某煤矿有限公司作出警告、责令限期改正,并处罚款 15 万元;对生产矿长徐某军给予警告,并处罚款人民币 0.2 万元;对总工程师李某月给予警告,并处罚款人民币 0.3 万元;对防冲副总工程师田某庆给予警告,并处罚款人民币 0.2 万元的行政处罚。

争议焦点

本案争议的焦点之一是技术负责人的安全生产职责及法律责任。

案例解读

一、煤矿企业应当配备主要技术负责人

煤矿企业应当配备主要技术负责人,建立健全并落实技术管理体系。实践中，煤矿企业配备的主要技术负责人一般称之为"总工程师"，是煤矿安全生产技术管理工作的第一责任人，总工程师必须是专任的，严禁在其他煤矿（煤矿企业）兼职。主要技术负责人要充分发挥技术"关键人"的作用，紧抓技术原则不放松，切实履行好技术管理职责。煤矿企业应树立总工程师在矿井生产过程中的技术权威地位，发挥好"关键少数"作用，当好"总参谋"。

总工程师要定期召开专题会议，总结和布置企业技术管理工作，研究确定矿井开拓巷道布置，抽掘采部署，生产系统调整，技术措施制定，新技术、新装备、新工艺推广应用，安全技术措施费用提取使用方案等技术问题。煤矿的采区设计由煤矿总工程师负责组织编制，报煤矿主要负责人或矿务局（集团公司）审批。回采工作面设计由煤矿设计单位编制，煤矿总工程师审批。综采、水采工作面和有煤与瓦斯突出危险，水害、火灾威胁严重的采掘工作面，以及采用非正规采煤方法的工作面的设计，报煤矿主要负责人或矿务局（集团公司）总工程师批准。新工作面移交生产前，应当组织验收。

煤矿企业主要负责人领导和支持总工程师行使安全技术决策、指挥等职权；总工程师全面负责煤矿技术管理工作，行使技术决策权和指挥权，加强安全生产技术管理，及时排查治理煤矿重大事故隐患；副总工程师在总工程师领导下对分管业务范围的安全技术工作负责。落实各部门的安全技术职责，建立健全部门安全技术业务保安责任制和技术人员岗位责任制，业务部门和生产区（队）技术负责人在总工程师领导下对分管范围内的技术管理工作负责，组织落实有关技术措施和规范，并根据现场安全生产条件的变化，及时制定针对性的技术措施，保证作业规程和技术措施落实到位。

二、主要技术负责人负责建立健全煤矿安全生产技术管理体系

作为技术管理第一责任人，主要技术负责人负责建立健全煤矿安全生产技术管理体系。

（一）防灭火技术管理体系

根据《国家安全监管总局 国家煤矿安监局关于进一步加强煤矿企业安全技术管理工作的指导意见》的规定，生产和在建矿井必须制定井上、井下防灭火措施。开采容易自燃煤层的矿井必须采取综合预防煤层自然发火的措施。有自然发火危险的矿井必须编制防止煤层自然发火的综合措施，采煤工作面回采结束后必须及时封闭，沿空送巷必须采取防止采空区漏风的措施。矿井必须设地面消防水池和井下消防管路系统，每季度对井上、井下消防管路系统，防火门，消防材料库和消防器材的设置情况进行 1 次检查。由总工程师牵头组织制定井上、井

下防灭火措施，强化防灭火技术管理。建立健全设备技术档案，按规定检修检测和淘汰落后禁止设备，强化机电运输技术管理。严格落实《民用爆炸物品安全管理条例》和《煤矿安全规程》中关于火工品管理的要求，强化火工品管理。

(二) 建立完善煤矿冲击地压防治技术管理体系

根据《国家矿山安全监察局关于进一步加强煤矿冲击地压防治工作的通知》，煤矿企业应当健全冲击地压防治工作机构。建立以煤矿主要负责人为主的防冲安全生产管理体系，配备专职防冲副矿长或防冲副总工程师，设立独立的冲击地压灾害防治科室和专业施工队伍。严重冲击地压矿井防冲科室专职人员不得少于 10 人，其他冲击地压矿井不得少于 6 人；其中技术人员不得少于 50%，技术人员至少为专科学历。冲击地压灾害防治专业施工队伍应当配备专职队长和技术人员，人员数量满足矿井防冲工作需要。

煤矿企业应当按规定建立健全符合矿井实际的冲击地压防治管理制度，定期开展冲击地压风险评估和隐患排查，建立风险评估、方案设计与实施、工程质量管控、隐患排查等管理制度，明确冲击地压防治方案设计（改进）、实施（执行）、检查（验收）和组织（协调）的主体责任，并严格考核落实。建立健全以总工程师为主的防冲技术管理体系。严格执行冲击地压防治安全技术管理制度、冲击地压危险性综合技术分析制度、防冲安全投入保障制度、防冲工程验收制度等；每月开展冲击地压隐患排查，每日召开防冲例会，分析冲击地压危险预警、治理效果检验情况，出现冲击地压预兆时应当及时采取措施，出现冲击地压动力现象的应当及时分析原因、修改完善防冲措施。建立健全以防冲副矿长或副总工程师为主的现场防冲措施落实体系。严格落实危险区域限员管理、防冲工程质量管理、安全防护措施，按照防冲要求合理安排劳动组织和作业施工，切实落实预警处置指令。

本案中，执法机关对某煤矿有限公司执法检查时，发现 3 下 105 轨道巷评价具有中等冲击地压危险，12 月施工的煤粉钻屑检测孔检测范围为迎头后 40 米，不足 60 米，不符合《3 下 105 掘进工作面冲击危险性评价及防冲设计》中"迎头后方两帮 60 米范围内对巷道两帮进行钻屑检测"的规定。防冲副总工程师田某庆应对上述冲击地压防治违法行为负责。

(三) 建立完善煤矿通风技术管理体系

根据《国家安全监管总局　国家煤矿安监局关于进一步加强煤矿企业安全技术管理工作的指导意见》《煤矿生产技术管理基础工作若干规定》等要求，矿井必须有独立完整的通风系统。必须确保矿井通风系统良好，采掘工作面通风系统稳定、合理、可靠，风量符合作业规程规定。矿井超通风能力严禁组织生产。

高瓦斯和煤与瓦斯突出矿井应设通风副总工程师。矿务局、煤矿总工程师组织编制通风、防瓦斯、防火、防尘安全措施计划，由矿务局、煤矿矿长落实。列入计划的资金、设备、材料、施工力量，由矿务局、煤矿总工程师负责组织实施。实行定项目、定时间、定负责人，保证按期按质按量完成。

煤矿企业应加强掘进通风管理。临时停工的掘进工作面必须保证正常通风和按规定检查瓦斯；长期停风的掘进工作面，必须在停风后 24 小时之内封闭。恢复停风区必须预先制定排放瓦斯的安全措施，报矿总工程师批准，由救护队负责实施，安全生产监管机构、通风部门现场监督执行。高瓦斯、煤与瓦斯突出矿井的每个掘进工作面，必须有独自的局部通风机通风。高瓦斯、煤与瓦斯突出矿井局部通风机通风必须实行"三专两闭锁"，有条件的应装备"双风机、双电源"，以实现"自动换机、自动分风"的功能。低瓦斯矿井局部通风机必须实行采、掘分开供电和风电闭锁保护。

（四）建立完善防突技术管理体系

煤矿企业应当落实突出矿井防突机构和责任制。突出矿井必须按要求设立防突、抽采等专业机构，配备满足防突工作需要的技术人员，建立专业化防突队伍；进一步落实煤矿企业"一把手"及突出煤矿矿长等各级防突工作责任制；建立健全以主要技术负责人为核心的矿井防突技术管理体系，不断加强防突工作的技术管理；完善矿井防突工作的各项管理制度，落实各项岗位责任制。

（五）建立完善事故隐患排查治理技术管理体系

根据《煤矿生产安全事故隐患排查治理制度建设指南（试行）》，煤矿企业是事故隐患排查治理的责任主体，煤矿技术负责人应负责建立健全事故隐患排查治理制度。事故隐患排查治理制度应包括以下内容：①事故隐患排查治理责任体系；②事故隐患分级管控标准和机制；③风险预控和事故隐患的排查治理、记录报告、安全监控、督办验收等工作机制；④信息管理体系；⑤资金保障、通报监督、教育培训、考核奖惩等保障制度。

此外，煤矿企业应当设立采掘生产技术、矿井"一通三防"、地质测量、水害防治、职业危害防治、工程设计和科研等安全技术管理机构，配齐技术管理和工作人员。煤与瓦斯突出矿井应设立防治煤与瓦斯突出的专门机构。建立健全防治水技术管理、矿井设计管理、防治煤与瓦斯突出技术管理等体系。

本案中，执法机关对某煤矿有限公司执法检查，查监测监控系统时发现南翼轨道大巷 12 月 17 日 21：19—22：22（累计 1 小时 3 分钟）局部通风机停电检修，停电单位未提出申请，未编制安全措施，不符合《某煤矿有限公司"一通三防"技术管理规定》中"因检修需停电停风的，停电单位必须提出申请，通风部门编制排放瓦斯的安全措施，不编制排放瓦斯安全措施的不得停电停风"的规定。总工程师作为技术负责人要对此承担法律责任。

三、未配备专职的总工程师的行政处罚

根据《煤矿重大事故隐患判定标准》第十八条，煤矿未分别配备专职的总工程师以及负责采煤、掘进、机电运输、通风、地测、防治水工作的专业技术人员的，属于重大事故隐患。需要说明的是，这些人员需要分别配备，配备的依据、法定职责等各不相同，如果都没有配备，分别属于不同的重大事故隐患，依据《煤矿安全生产条例》第六十四条，按照数个重大事故隐患仍然进行生产的违法行为分别裁量、合并处罚。

案例 13：超能力生产导致事故的责任追究

案件事实

2017 年 1 月 17 日，甲省乙煤业有限公司（以下简称乙煤业公司）发生一起重大顶板事故，造成 1 人死亡，49 人重伤。依据《安全生产法》《煤矿安全监察条例》《生产安全事故报告和调查处理条例》等法律法规规定，1 月 21 日，国家煤矿安全监察局甲省煤矿安全监察局组织甲省公安厅、安全监管局、煤炭厅、总工会等单位成立了乙煤业公司"1·17"重大顶板事故调查组。

经调查，乙煤业公司批准矿井井田面积为 8.8395 平方米，开采煤层为 4 ~ 11 号煤层，生产能力为 90 万吨/年。乙煤业公司采矿许可证、安全生产许可证、营业执照齐全，采矿许可证载明生产规模 90 万吨/年；安全生产许可证安全许可能力 90 万吨/年。

乙煤业公司是丙矿业投资有限公司（以下简称丙矿业公司）的全资子公司，而丙矿业公司是丁资源发展集团公司全资子公司。丙矿业公司在职职工人数 39 人，主要负责"五矿四厂"现场安全督查、地方关系协调、设备租赁、地测防治水服务工作。下设"一局（安全监察分局）、两中心（设备租赁中心、地测防治水中心）、三部（综合部、财务部、地方协调部）。丁资源发展集团公司是某国有能源集团公司的全资子公司。

经过事故调查组调查发现，乙煤业公司存在超能力生产现象。丁资源发展集团公司违规向乙煤业公司下达超能力生产指标。丁资源发展集团公司和乙煤业公司签订了 2016 年度企业负责人经营业绩责任书，明确乙煤业公司 2016 年原煤产量目标值为 500 万吨。乙煤业公司证载能力 90 万吨/年，2016 年全年实际原煤产量 520.05 万吨，2017 年 1 月计划生产原煤 45 万吨，1 月 1 日至 16 日实际原煤产量 16.55 万吨。乙煤业公司超能力生产是造成本次顶板事故的直接原因之一。丁资源发展集团公司违规向乙煤业公司下达超产能指标，丙矿业公司未制止乙煤业公司超能力生产是事故发生的间接原因。

处理结果

经事故调查，责任认定与处理建议（仅介绍部分责任人及处理建议）如下：

（一）对事故责任人的处理建议

乙煤业公司的安监员孟某宝等人对煤矿超能力生产这一事故隐患未采取积极有效的应对措施，对事故的发生负有直接责任。因涉嫌重大责任事故罪，被司法机关依法刑事拘留。

乙煤业公司有关负责人樊某记等人未正确履行职责，对该矿超能力生产、违规开采等问题未提出反对意见。分别被依法给予记大过、降级、撤职等政务处分。

乙煤业公司总经理、党委副书记金某星，未正确履行职责，违规安排超能力生产，对事故的发生负主要领导责任。建议给予留党察看一年、撤职处分；依据 2014 年《安全生产法》第九十一条规定，其终身不得担任煤炭行业生产经营单位的主要负责人；依据 2014 年《安全生产法》第九十二条规定，建议对其处上一年年收入 60% 的罚款。

乙煤业公司党委书记、副总经理张某新，作为党委主抓安全生产的责任人，对该矿超能力生产未采取有效措施，未正确履行职责。对事故的发生负主要领导责任。建议给予党内严重警告、记大过处分；依据 2014 年《安全生产法》第九十二条规定及党政同责要求，建议对其处上一年年收入 60% 的罚款。

此外，丁资源发展集团公司的张某斌、潘某新、武某荣、李某东、董某义、王某明，丙矿业公司的李某杰、杨某民、曲某全、才某龙等多人也因下达超能力指标、上级公司未制止乙煤业公司超能力生产等受到党纪或政务处分。

（二）对责任单位的处理建议

乙煤业公司发生一起重大顶板责任事故，依据 2014 年《安全生产法》第一百零九条第（三）项规定，建议给予乙煤业公司罚款人民币 500 万元的行政处罚。

乙煤业公司超能力组织生产，依据《国务院关于预防煤矿生产安全事故的特别规定》第十条规定，建议给予乙煤业公司罚款人民币 200 万元的行政处罚。

依据《生产安全事故报告和调查处理条例》第四十条规定，建议暂扣乙煤业公司安全生产许可证；依据《甲省人民政府办公厅关于印发进一步强化煤矿安全生产工作的规定的通知》规定，责令乙煤业公司实行整顿恢复机制，整顿恢复期 1 年，整顿结束后履行复工复产验收程序，验收合格后方可恢复生产。

争议焦点

本起事故间接原因是因超能力生产引起的煤矿生产安全事故，争议的焦点在于既追究了有关人员的刑事责任，又追究有关人员的行政责任，对事故单位处以事故罚款和违法行为罚款，上述诸多处理措施能否并用。

案例解读

根据《煤矿安全生产条例》第三十一条，煤矿企业不得超能力、超强度或者超定员组织生产。根据《煤矿安全生产条例》第三十六条第（一）项，超能力、超强度或者超定员组织生产的，属于重大事故隐患。存在重大事故隐患仍然进行生产的，依据该条例第六十四条的规定处罚。因此，煤矿必须在核定的生产能力范围内组织生产。

一、煤矿生产能力

（一）煤矿生产能力的分类

煤矿生产能力分为设计生产能力和核定生产能力。设计生产能力是指由依法批准的新建、改扩建煤矿和煤矿技术改造项目设计确定，建设施工单位据以建设，竣工验收确定的生产能力。核定生产能力是指正常生产煤矿，因地质、生产技术条件、采煤方法或工艺等发生变化，致使生产能力发生较大变化，按照《煤矿生产能力管理办法》规定重新核定，最终由负责煤矿生产能力核定工作的部门审查确认的能力。

煤矿生产能力核定以具有独立完整生产系统的煤矿（井）为对象。一处具有独立完整生产系统，依法取得采矿许可证、安全生产许可证、企业法人营业执照的正常生产煤矿（井），对应一个生产能力。煤矿生产能力是保障煤矿安全生产确定的产量上限，是煤矿依法组织生产，煤炭行业管理部门、煤矿安全监管部门和矿山安全监察机构依法实施监管监察的依据。

（二）煤矿生产能力核定的程序

根据《煤矿生产能力管理办法》第十五条，煤矿生产能力核定的程序包括：

（1）煤矿组织进行现场核定，形成煤矿生产能力核定报告。

（2）初审部门（煤矿上级企业）审查，并出具初审意见。第十八条规定，负责煤矿生产能力核定结果审查的初审部门（煤矿上级企业）分别为：①中央企业所属煤矿，由中央企业集团总部负责；②省属煤矿企业所属煤矿，由省属煤矿企业负责；③其余煤矿，由市级煤矿生产能力主管部门负责。第二十条规定，初审部门（煤矿上级企业）收到煤矿生产能力核定结果审查申请后，应当在30个工作日内组织完成审查并签署意见，连同煤矿申请资料，报送负责煤矿生产能力核定工作的部门。

（3）实施产能置换时，煤矿制定产能置换方案，由省级主管部门或中央企业集团总部报送国家发展改革委审核确认。中央企业煤矿核增生产能力应征求省级煤矿生产能力主管部门意见。煤矿核增生产能力产能置换比例等按照国家有关规定执行。

（4）负责煤矿生产能力核定工作的部门审查确认。根据《煤矿生产能力管理办法》第二十一条规定，国家发展改革委收到煤矿产能置换方案后60个工作日内，会同国家能源局、国家矿山安全监察局完成审核确认工作，经审核符合要求的，予以确认；不符合要求的，及时告知报送单位。负责煤矿生产能力核定工作的部门，收到经初审部门（煤矿上级企业）审查并签署意见的煤矿生产能力核定结果审查申请和产能置换方案确认函后，45个工作日内开展现场核查并完成审查确认工作，对符合要求的，正式行文批复；因政策调整或不符合要求不予受理或核增的，应及时告知报送单位。生产能力核定批复文件应及时抄送相关部门。

（三）煤矿核定生产能力的主要依据

根据《煤矿生产能力管理办法》第十六条，煤矿核定生产能力的主要依据包括：

（1）国家及有关部门颁布的相关法律、行政法规、规章、标准和规范等。

（2）导致生产能力发生变化的生产系统（环节）的情况。

（3）改变采掘（剥）生产工艺、技术论证、设计等相关资料，施工及设备采购合同、验收报告等资料。

（4）煤层赋存条件发生变化的情况和相关文件等。

（5）煤炭资源储量核实报告等文件或资料。

（6）主要提升、运输、通风、排水、供电等设备检测和性能测试报告等。

核定煤矿生产能力应当逐项核定各主要生产系统（环节）的能力，取其中最小能力为煤矿综合生产能力，同时核查煤炭资源可采储量、服务年限以及是否具备《煤矿企业安全生产许可证实施办法》规定的安全生产条件。井工煤矿主要核定提升系统、井下排水系统、供电系统、井下运输系统、采掘工作面、通风系统、瓦斯抽采系统和地面生产系统的能力。矿井压风、防灭火、防尘、通信、监测监控、降温制冷系统能力和地面运输能力、选煤厂洗选能力等作为参考依据，应当满足核定生产能力的需要。矿井发生煤与瓦斯突出、冲击地压等事故，灾害等级升级或工作面回采深度突破 1000 米的，需重新评估并核定生产能力时，取安全生产系数 0.85，且不得增加生产能力。露天煤矿主要核定钻爆、采装、运输、排土等环节的能力。防尘、防灭火、供电、疏干排水、边坡防护、地面生产系统的能力作为参考依据，应当满足核定生产能力的需要。

（四）煤矿在核定的产能范围内按照均衡生产原则合理组织生产

煤矿应当按照均衡生产原则，安排年度、季度、月度生产计划，合理组织生产。年度原煤产量不得超过生产能力，月度原煤产量不得超过生产能力的 10%。煤矿应在显著位置公示煤矿生产能力和年度、月度生产计划，接受社会、群众和舆论监督。

二、超能力组织生产的行政处罚

根据《煤矿安全生产条例》第三十一条第一款，正常生产煤矿因地质、生产技术条件、采煤方法或者工艺等发生变化导致生产能力发生较大变化的，应当依法重新核定其生产能力。煤矿生产能力依法定程序核定，非经法定程序不得变更，煤矿超能力组织生产的，将对煤矿的通风、提升等系统造成破坏，甚至引发事故。因此，各地煤炭行业管理部门、煤矿安全监管部门和矿山安全监察机构根据煤矿设计、核定生产能力和《煤矿生产能力管理办法》对煤矿生产行为实施监管监察。任何单位和个人发现煤矿超能力组织生产或核定生产能力弄虚作假的，均有权举报。根据《煤矿安全生产条例》第三十六条，煤矿超能力组织生产的，属于重大事故隐患，应当立即停止受影响区域生产建设，并及时消除事故隐患。根据《煤矿重大事故隐患判定标准》第四条"超能力组织生产"重大事故隐患，是指有下列情形之一的：

（1）煤矿全年原煤产量超过核定（设计）生产能力幅度在 10% 以上，或者月原煤产量大于核定（设计）生产能力的 10% 的。"煤矿全年原煤产量超过核定（设计）生产能力幅度在 10% 以上"是指煤矿（含井工和露天）全年的原煤产量，超出煤矿核定（设计）生产能力的幅度达到10%及以上；"月原煤产量大于核定（设计）生产能力的10%的"，是指煤矿单月的原煤产量达到煤矿核定（设计）生产能力的10%及以上的。例如，某矿核定生产能力为120万吨/年，当该矿全年原煤产量达到或者超过132万吨，或者单月原煤产量达到或者超过12万吨时，为重大事故隐患。"原煤产量"，是指从煤矿中开采运输出井（坑）的煤炭产品的总重量。

（2）煤矿或者其上级公司超过煤矿核定（设计）生产能力下达生产计划或者经营指标的。这里是指存在下列情形之一的：①煤矿或者其上级公司对本矿下达的生产计划，超过煤矿核定（设计）生产能力的；②煤矿或者其上级公司对本矿下达的年度生产经营指标，经过成本核算，需要煤矿生产的原煤产量超过煤矿核定（设计）生产能力才能完成的。煤矿安全监管监察部门发现煤矿企业有超能力生产的，根据《煤矿安全生产条例》第三十七条第二款，煤矿企业应当立即进行整改，并按照要求报告整改结果。对于重大事故隐患，根据《煤矿安全生产条例》第三十六条，应当立即停止受影响区域生产、建设，并及时消除事故隐患。煤矿在停产期间仍然进行生产的，煤矿安全监管监察部门依据《煤矿安全生产条例》第六十四条，责令停产整顿，明确整顿的内容、时间等具体要求，并处50万元以上200万元以下的罚款；对煤矿企业主要负责人处3万元以上15万元以下的罚款。煤矿企业因重大事故隐患被责令停产整顿的，应当制定整改方案。同时，根据《对安全生产领域失信行为开展联合惩戒的实施办法》第二条，按规定列入安全生产失信联合惩戒"黑名单"，实施联合惩戒。本案中，乙煤业公司严重超能力生产，属于重大事故隐患。同时，因该重大事故隐患造成了事故，具备从重处罚的情形，所以煤矿安全监管监察部门可以根据《煤矿安全生产条例》第六十四条的规定，对乙煤业公司存在重大事故隐患仍然进行生产的违法行为处以200万元的罚款，对其主要负责人处以15万元罚款，符合法律规定。

三、国家对煤矿生产安全事故实行责任追究制度

根据《煤矿安全生产条例》第八条第一款，国家实行煤矿生产安全事故责任追究制度。对煤矿生产安全事故责任单位和责任人员，依照本条例和有关法律法规的规定追究法律责任。法律责任分为民事责任、行政责任和刑事责任。生产安全事故责任追究主要强调行政责任和刑事责任的追究，民事责任主要体现为事故发生单位对受害人的赔偿。煤矿生产安全事故有的属于责任事故，有的属于非责任事故。非责任事故是指事故的发生是由于自然原因（包括不可抗力）或者

他人人为破坏造成的，与煤矿企业或者对安全生产有关事项负有审批和监督职责的行政部门的安全生产监督管理无关，这时不应追究煤矿企业或有关行政部门的法律责任。责任事故是指由于煤矿企业在安全生产管理方面的问题造成的事故，如违反煤矿企业的基本义务，安全生产规章制度不健全，安全投入不到位，未对从业人员进行安全生产教育和培训，不及时消除事故隐患，违章指挥、强令冒险作业等。由于对安全生产的有关事项负有审查批准和监督职责的行政部门及其工作人员不依法履行职责，失职、渎职等造成的事故也属于责任事故。

（一）生产安全事故的民事责任

煤矿企业因生产安全事故造成的伤亡主要有两种情形：一种是造成从业人员人身伤亡，另一种是造成从业人员之外的其他人的伤亡。事故造成从业人员伤亡的，因从业人员主要是劳动者，多属于工伤事故的范畴，按照工伤损害赔偿等相关规定对受害者进行赔付。受害者是从业人员之外的其他人的，则按照民法典侵权责任编的规定进行赔付。如果煤矿企业造成他人伤亡在《民法典》侵权责任编有特别规定，适用特别规定承担民事责任。如果事故造成伤亡不属于特别侵权的，适用民法典侵权责任编关于一般侵权行为的规定对受害人承担民事责任。

生产经营单位民事责任赔偿的范围分为人身损害赔偿范围和财产损害赔偿范围。侵害他人造成人身损害的，应当赔偿医疗费、护理费、交通费等为治疗和康复支出的合理费用，以及因误工减少的收入。造成残疾的，还应当赔偿残疾生活辅助器具费和残疾赔偿金。造成死亡的，还应当赔偿丧葬费和死亡赔偿金。侵害他人财产的，财产损失按照损失发生时的市场价格或者其他方式计算。

（二）生产安全事故的行政责任

行政责任是指违反有关行政管理的法律、法规的规定所依法应当承担的法律后果。行政责任一般分为行政处分和行政处罚。行政处分也称政务处分，是对国家工作人员及由国家机关委派到企业、事业单位任职人员违法违纪行为给予的制裁性处理。按照《公务员法》的规定，行政处分主要包括警告、记过、记大过、降级、撤职、开除。行政处罚是对有行政违法行为的单位或者个人给予的行政制裁。按照《行政处罚法》的规定，行政处罚的种类包括警告、通报批评；罚款、没收违法所得、没收非法财物；暂扣许可证件、降低资质等级、吊销许可证件；限制开展生产经营活动、责令停产停业、责令关闭、限制从业；行政拘留；法律、行政法规规定的其他行政处罚。在对煤矿生产安全事故调查处理中，必须实事求是地查明事故的责任，对确实为责任事故的，既要查清事故单位责任者的责任，也要查清对安全生产负有监督管理职责的有关部门是否有违法审批或不依法履行监督管理职责的责任，并根据不同情节，分别给予行政处分或者行政处罚。

按照《安全生产法》《生产安全事故报告和调查处理条例》《煤矿安全生产条例》的规定，煤矿发生事故的，应对负有责任的煤矿企业以及主要负责人分别处以罚款。

（三）生产安全事故的刑事责任

刑事责任是指行为人因实施犯罪行为按刑事法律的规定追究其法律责任，包括主刑和附加刑两种刑事责任。主刑，是对犯罪分子适用的主要刑罚，它只能独立使用，不能相互附加适用。主刑分为管制、拘役、有期徒刑、无期徒刑和死刑。附加刑分为罚金、剥夺政治权利、没收财产。对犯罪的外国人，也可以独立或附加适用驱逐出境。我国《安全生产法》多处规定了对发生生产安全事故负有责任的人需要承担刑事责任，如《安全生产法》第一百条规定："未经依法批准，擅自生产、经营、运输、储存、使用危险物品或者处置废弃危险物品的，依照有关危险物品安全管理的法律、行政法规的规定予以处罚；构成犯罪的，依照刑法有关规定追究刑事责任。"我国刑法上也规定了多个安全生产罪名，如重大责任事故罪、重大劳动安全事故罪、危险作业罪、强令、组织他人违章冒险作业罪等罪名。

四、事故单位对煤矿生产安全事故的法律责任

《安全生产法》第一百一十四条对事故罚款的数额作了规定。煤矿企业作为生产经营单位既是生产经营活动的主体，同时也是生产经营安全的直接责任主体。《煤矿安全生产条例》第六十七条移植了《安全生产法》第一百一十四条，并根据煤矿企业实际情况提高了煤矿一般事故和较大事故最低罚款的数额，规定："发生煤矿生产安全事故，对负有责任的煤矿企业除要求其依法承担相应的赔偿等责任外，依照下列规定处以罚款：①发生一般事故的，处50万元以上100万元以下的罚款；②发生较大事故的，处150万元以上200万元以下的罚款；③发生重大事故的，处500万元以上1000万元以下的罚款；④发生特别重大事故的，处1000万元以上2000万元以下的罚款。发生煤矿生产安全事故，情节特别严重、影响特别恶劣的，可以按照前款罚款数额的2倍以上5倍以下对负有责任的煤矿企业处以罚款。"

（一）事故等级的确定

《生产安全事故报告和调查处理条例》第三条，生产安全事故（以下简称事故）造成的人员伤亡或者直接经济损失，事故一般分为以下等级：

（1）特别重大事故，是指造成30人以上死亡，或者100人以上重伤（包括急性工业中毒，下同），或者1亿元以上直接经济损失的事故。

（2）重大事故，是指造成 10 人以上 30 人以下死亡，或者 50 人以上 100 人以下重伤，或者 5000 万元以上 1 亿元以下直接经济损失的事故。

（3）较大事故，是指造成 3 人以上 10 人以下死亡，或者 10 人以上 50 人以下重伤，或者 1000 万元以上 5000 万元以下直接经济损失的事故。

（4）一般事故，是指造成 3 人以下死亡，或者 10 人以下重伤，或者 1000 万元以下直接经济损失的事故。

国务院安全生产监督管理部门可以会同国务院有关部门，制定事故等级划分的补充性规定。本条第一款所称的"以上"包括本数，所称的"以下"不包括本数。

实践中，煤矿事故可能同时造成人员死亡和重伤，以重伤为标准确定事故等级的，是否将死亡的人数计算在重伤的人数之中，存在很大争议。实践中，煤矿生产安全事故按照死亡人数、重伤人数、直接经济损失三者中最高级别确定事故等级。以重伤人数确定事故等级的，应当同时统计重伤人数和死亡人数。根据《矿山生产安全事故报告和调查处理办法》第五条，事故死亡人员的认定应当依据公安机关或者二级甲等及以上资质的医疗机构出具的证明材料确定，重伤人员的认定应当依据具有资质的医疗机构出具的证明材料确定。例如，本案中甲省乙煤业公司发生一起重大顶板事故，造成 1 人死亡，49 人重伤，在以重伤人数确定事故等级的时候，应将死亡的 1 人统计在内，即本次事故造成 50 人重伤，属于重大事故。

事故发生单位应当统计直接经济损失，并由负责牵头事故调查的矿山安全监管监察部门根据组织或者参与事故救援、赔偿等工作的地方人民政府或者事故发生单位提供的统计结果进行确定，统计结果应注明日期。事故造成的直接经济损失包括：

（1）人身伤亡后所支出的费用，含医疗费用、护理费用、丧葬及抚恤费用、补助及救济费用、歇工工资。

（2）善后处理费用，含处理事故的事务性费用、现场抢救费用，清理现场费用、事故赔偿费用。

（3）财产损失价值，含固定资产损失价值，流动资产损失价值。

根据《生产安全事故报告和调查处理条例》第二十条，自事故发生之日起 30 日内，事故造成的伤亡人数发生变化的，应当按照变化后的伤亡人数重新确定事故等级。因事故造成的失踪人员，自事故发生之日起 30 日后，按照死亡人员进行统计，并重新确定事故等级。事故抢险救援时间超过 30 日的，应当在抢险救援结束后 7 日内重新核定事故伤亡人数和直接经济损失。重新核定的事故伤亡人数和直接经济损失与原报告不一致的，按照变化后的伤亡人数和直接经济损失确定事故等级。

（二）单位对煤矿事故负有责任

安全生产行政执法机关与司法机关对《安全生产法》第一百一十四条规定的"负有责任"的理解存在很大分歧。根据安监总厅管二函〔2012〕205号复函"直接原因和间接原因都是造成事故发生的重要原因"，"负有责任"包含"直接责任"，也包括"间接责任"。最高人民法院2010年10月27日作出〔2010〕行他字第12号《关于安监部门是否有权适用〈安全生产法〉及〈生产安全事故报告和调查处理条例〉对道路交通安全问题予以行政处罚及适用法律问题的答复》，认为"未履行安全生产教育和培训义务不是发生交通事故直接原因的，安监部门适用《生产安全事故报告和调查处理条例》第三十七条对相关运输企业实施行政处罚不妥。"因此，根据最高人民法院的批复，很多地方的人民法院认为"负有责任"仅指"直接责任"。例如，山东省聊城市中级人民法院在临清市安全生产监督管理局与临清市路旺物流有限公司处罚上诉案中，认为"运输企业违反《安全生产法》第二十一条规定的，安监部门可以适用《安全生产法》第八十二条第三款（这里是指2009年《安全生产法》，现为《安全生产法》第一百一十四条）予以处罚。未履行安全生产教育和培训义务不是发生交通事故的直接原因的，安监部门适用《生产安全事故报告和调查处理条例》第三十七条对相关运输企业实施行政处罚不妥。福建省宁德市中级人民法院在福州瑞建运输有限公司与宁德市蕉城区安全生产监督管理局处罚上诉案中认为，在企业生产经营过程中，安全生产主体责任落实不到位，有关安全生产规章制度流于形式，未对驾驶员进行岗前安全培训及日常安全培训教育，造成驾驶员安全意识不强，对事故发生负有责任。

就立法关于司法解释的规定来看，司法解释不能随意而为，需要受到限制，即"司法解释应该结合立法的目的、原则和原意"；而《煤矿安全生产条例》第六十七条明确直接责任，其立法目的就在于通过事故罚款，打击安全生产违法行为，有效遏制事故发生。例如，《中华人民共和国安全生产法释义》中认为，"生产经营单位对事故发生负有责任，即该事故是责任事故。因第三方原因、不可抗力等因素引起的事故，生产经营单位没有责任，不应当依据本条规定给予处罚。"[①] 可见，不论是否因教育培训不到位、安全投入不到位或者隐患排查治理不到位，只要属于责任事故，就可以依据本条对煤矿企业进行事故罚款。最高人

---

① 阚珂. 中华人民共和国安全生产法释义［M］. 北京：法律出版社，2014：302.

民法院则将其解释为"直接责任"，显然是不符合本条规定的立法、原则和原意的，也不利于《安全生产法》《煤矿安全生产条例》"防止和减少生产安全事故"这一立法目的的实现。如果我们再认真研读 2010 年的批复，"未履行安全生产教育和培训义务不是发生交通事故直接原因的，安监部门适用《生产安全事故报告和调查处理条例》第三十七条对相关运输企业实施行政处罚不妥"，该批复仅指向"生产经营单位未履行安全生产教育和培训义务"，而没有指向其他义务，如"隐患排查治理义务""安全生产资金投入义务"等其他义务。

（三）煤矿企业的违法行为与事故之间的因果关系

"负有责任"既包括直接责任，也包括间接责任，那么，这个问题就涉及因果关系认定问题，而因果关系解决的是原因行为与结果之间是何种关系时，行为人才需要对自己的行为承担法律责任。因此，从因果关系的认定来看，《煤矿安全生产条例》第六十七条的适用，涉及三个非常重要的问题：原因行为；发生事故；行为与事故之间具有因果关系。下面重点分析原因行为和因果关系。

1. 原因行为

原因行为解决的是事故发生的原因必须是煤矿企业的原因。从行为的角度看，就是煤矿企业的行为导致了事故的发生。《安全生产法》《煤矿安全生产条例》等安全生产立法应该起源于民法。最初，雇主与雇员之间的关系通过雇佣合同足以解决，法律无须对雇员的利益进行特殊保护，但随着法人制度的出现，雇主变得越来越强大，而雇员则显得越来越渺小，需要对雇员利益进行特殊保护，这时保护雇员的法律《劳动法》出现了。从 1802 年英国颁布《学徒健康与道德法》起，在百余年的时间内，劳动立法在各国都有了较大发展，从制定某一方面的劳动立法开始（工作时间），逐步发展到制定全面的劳动立法；从制定某一部分劳动者的劳动问题的立法（童工、未成年工、女工），逐步扩大到制定实施于整个国家的各种劳动者的立法。经过不断的发展，劳动法终于从民法法律规范中分离出来，成为一个独立的法律。虽然我国的《安全生产法》超越了职业安全的范畴，但《煤矿安全生产条例》主要关注的是矿工职业安全。管理作为一门科学出现后，将劳动保护和管理结合到一起，生产经营单位必须要进行安全管理，这对保护从业人员的安全权利非常重要。因此，不论我国的《安全生产法》《煤矿安全生产条例》还是国外的《职业安全和健康法案》，都提出生产经营单位（包括煤矿）的安全管理职责。需要注意的是，近现代工厂（法人）制度的发展催生了《安全生产法》，《安全生产法》是建立在《工厂法》基础上的。在《工厂法》背景下，煤矿企业安全管理通过现场管控，实现对从业人员行为的管理，从而达到安全生产的目的。

煤矿企业要对哪些人员的安全生产违法行为导致事故的发生负有责任呢？《民法典》第六十二条规定："法定代表人因执行职务造成他人损害的，由法人承担民事责任。法人承担民事责任后，依照法律或者法人章程的规定，可以向有过错的法定代表人追偿。"由于法人与自然人存在天然的区别，法人不像自然人那样辨识自己的行为后果并控制自己的行为，所以法人是否能够实施侵权行为并承担侵权责任，存在"代理说"和"代表说"两种不同的观点。"代理说"认为，法人既无行为能力，也无侵权责任能力，法人不能自己行为，而是由董事（董事长）以代理人的身份从事法律行为，在执行法人事务过程中构成侵权行为时，应该按照代理关系的规定决定法人是否应当承担责任，即法人的董事（董事长）侵权的，法人承担的是替代责任，而非自己责任。"代表说"认为，法人有自己的机关，法人机关的行为就是法人的行为。董事（董事长）执行职务的行为是法人自己的行为，因此而产生的侵权行为是法人的侵权行为，法人要对此承担责任属于自己责任而非替代责任。"代表说"以法人本质为实在作为前提，我国也采纳了"代表说"。

法定代表人职务侵权是指法人的法定代表人在执行职务中致人损害引发的侵权责任。根据本条以及《民法典》侵权责任编关于侵权责任构成要件的规定，法定代表人职务侵权除了要符合侵权责任的构成要件外，还包括"执行职务"这一特殊要件。"执行职务"是划分法人与其法定代表人侵权行为的界限，法定代表人在执行职务时的行为，不管是合法的行为，还是违法行为，都应视为法人的行为，其法律后果由法人承担。

《民法典》第一千一百九十一条规定："用人单位的工作人员因执行工作任务造成他人损害的，由用人单位承担侵权责任。用人单位承担侵权责任后，可以向有故意或者重大过失的工作人员追偿。劳务派遣期间，被派遣的工作人员因执行工作任务造成他人损害的，由接受劳务派遣的用工单位承担侵权责任；劳务派遣单位有过错的，承担相应的责任。"本条是对使用人责任的规定，法人之使用人在执行职务过程中的侵权的，法人承担责任，属于替代责任。

法人的自己责任，是指法人对自己的行为承担的侵权责任。法人承担自己责任的情形主要有两种：一种是法人自身的侵权行为，是指不以其成员的侵权为媒介而造成他人损害应该承担民事责任的行为，如法人对环境的污染或者其他公害的行为等；另一种是法人的法定代表人执行职务过程中产生的侵权行为。法人的替代责任是指法人对其工作人员在执行工作任务过程中造成的损害而承担的民事责任。之所以称之为替代责任，原因在于：法人之工作人员并非法人机关，而是两个独立的民事主体，工作人员为代理人，法人为被代理人，工作人员完成工作任务的行为并非法人的行为，但法人对该行为造成的损害承担责任，是对他人行为负责的特殊侵权行为，是典型的替代责任。

用人者责任有如下特征：第一，用人者责任本质上是一种替代责任。用人者本质上并不是为自己的行为承担责任，而是为他人的行为承担责任，承担责任的根据主要是基于用人者与被使用人之间存在着特定的关系。第二，被使用人须为用人者的利益而进行执行工作任务行为。被使用人是为用人者的利益服务，被使用人的行为须是执行工作任务行为。第三，用人者对被使用人具有指挥、监督的权力。"使用"即指挥、监督被使用人执行自己的意图以实现自己的利益。其中，指挥权具有决定性意义。如使用人对被使用人不享有指挥、监督权，特别是不享有指挥权，则非使用人责任中的使用关系。如委托代理、承揽中，委托人均对代理人和承揽人没有指挥权，故不属于这种类型。第四，被使用人在执行职务中对第三人造成损害。如没有对第三人造成损害，用人者对第三人责任无从谈起。用人者责任构成要件有：①工作人员的职务行为构成侵权责任，即用人者责任的成立首先需要工作人员的执行工作任务行为构成对第三人权益的侵权责任。②工作人员的行为必须是执行工作任务行为。用人单位承担侵权责任的前提是工作人员的行为与执行工作任务有关。工作人员应当按照用人单位的授权或者指示进行工作。与工作任务无关的行为，即使发生在工作时间内，用人单位也不承担侵权责任，该责任由工作人员自己承担。③用人单位和被使用人之间必须存在合法的劳动关系。如果二者之间没有合法的劳动关系，用人单位承担责任的根据就不存在。

关于法人要对法定代表人的哪些侵权行为承担责任，理论界有不同的学说，主要有经营活动说、法人名义说、执行职务说三种观点。本书认为，法定代表人为法人的利益从事经营活动的，属于民事法律行为的范畴，与侵权责任不同，不能以经营活动作为认定执行职务的标准。此外，法定代表人以法人名义从事民事活动，法人要承担责任，属于《民法典》第六十二条调整的范围，不属于法定代表人职务侵权的判断标准。那么如何理解"执行职务"，有的学者指出，判断是否执行职务的标准有三条：一是是否以法人的名义；二是是否在外观上足以被认定为是执行职务；三是是否以社会共同经验足以认为与法人职务有相当关联。

从对上述民法理论来看，导致事故发生的如果是法定代表人，法定代表人的行为就是煤矿企业的行为，煤矿企业要对事故承担法律责任，在理论上能够一一贯通，应该没有问题。如本案中，乙煤业公司总经理、党委副书记金某星，是该煤业公司的法定代表人，其违规安排超能力生产，属于执行职务的行为，该行为也是煤矿企业本身的行为。因此，煤矿企业对事故的发生负有责任。

但除了总经理或者董事长之外，其他人员通常不是煤矿企业的法定代表人，而是被使用人，被使用人与煤矿企业是两个独立的法律主体。因此，矿工在生产过程中导致生产安全事故的，属于个人的行为，但这个行为的民事责任由煤矿企业承担，行政责任是否也由煤矿企业承担呢？在行政处罚和刑事责任上，都是贯彻自己责任的，不存在替代责任之说。事故发生后，矿工如果存在过错，会受到行政处罚，甚至被追究刑事责任。但是，煤矿企业因《煤矿安全生产条例》第六十七条的规定受到事故处罚的，一定是煤矿企业自身的安全生产违法行为，而非矿工的违法行为，如煤矿企业及其主要负责人对矿工有安全管理义务，有重大事故隐患排查治理义务等，如果没有尽到相应职责导致事故发生的，煤矿企业对事故发生负有责任。

2. 因果关系

煤矿企业未尽安全生产职责与事故之间必须存在因果关系。本书使用《保险法》中的"近因"来分析二者之间的因果关系。近因原则是判断风险事故与风险标的损失之间因果关系，从而确定保险人是否需要支付保险金的一项基本原则。英国法庭曾于1907年对"近因"作出了界定："近因是指引起一连串事件，并由此导致案件结果的能动的、起决定作用的原因。"1924年英国上议院宣读的法官判词中对"近因"作了进一步说明："近因是指处于支配地位或起决定作用的原因，即使在时间上它不是最近的"。可见，近因是一种能动而有效的、在损失发生中起决定作用的、强有力的原因，而不是指在时间上或空间上最直接接近的原因。近因原则是指保险人仅对所承保风险作为近因所致的损失负赔偿或给付保险金的责任。近因的判断正确与否，关系到保险双方的切身利益。近因原则从理论上讲比较简单，但在实践中，要从众多复杂的原因中确定近因有相当的难度。因此，如何确定损失近因要具体问题具体分析。认定近因的关键是确定承保的风险与损失之间的关系，确定这种因果关系的方法有以下三种：

（1）顺推法。从原因推结果，即从最初事件出发，按逻辑推理直到最终损失发生，最初事件就是最后一个事件的近因。例如，雷击折断大树，大树压坏房屋，房屋倒塌致使家用电器损毁，家用电器损毁的近因就是雷击。

（2）逆推法。从结果推原因。从损失开始，从后往前推，追溯到最初事件，如没有中断，则最初事件就是近因。例如，第三者被两车相撞致死，导致两车相撞的原因是其中一位驾驶员酒后开车，酒后开车就是第三者死亡的近因。

（3）多因致损情形下近因的认定方法。若保险标的损失由单一原因所致，那么该原因就是近因。若这个近因属于保险风险，保险人应承担损失赔偿责任；若该项近因属未保风险或除外责任，则保险人不承担损失赔偿责任。例如，某人投保了企业财产险，地震引起房屋倒塌，使机器设备受损。若此险种明确将地震列为不保风险，则保险人不予赔偿；若地震列为保险风险，则保险人承担赔偿责任。因此，在单一原因造成保险标的受损的情况下，谈论近因原则的意义不大。但在多因一果的情况下，近因的认定对保险人、投保人、受益人等影响甚巨。这时应区分以下几种情形：

第一种情形：损失由同时发生的多种原因所致时近因的认定。

多种原因同时导致损失，即各原因的发生无先后之分，且对损害结果的形成都有直接与实质的影响效果，那么原则上它们都是损失的近因。至于是否承担保险责任，可分为两种情况：①多种原因均属保险风险，保险人负责赔偿全部损失。例如，暴雨和洪水均属保险责任，暴雨和洪水同时造成家庭财产损失，保险人负责赔偿全部损失。②多种原因中，既有被保风险，又有除外风险，保险人的责任视损害的可分性而定。如果损害是可以划分的，保险人就只负责被保风险所致损失部分的赔偿；如果损害难以划分，则保险人按比例赔付或与被保险人协商赔付。

第二种情形：损失由连续发生的多种原因所致时近因的认定。

多种原因连续发生，即各原因依次发生，持续不断，且具有前因后果的关系。若损失是由两个以上的原因造成的，且各原因之间的因果关系并未中断，那么最先发生并造成一连串事故的原因为近因。如果该近因属于保险责任，保险人应负责赔偿损失；反之，不承担赔偿责任。例如，1918年，第一次世界大战期间，莱兰船舶公司的一艘轮船被敌潜艇用鱼雷击中，但仍拼力驶向哈佛港。由于情况危急，又遇到大风，港务当局担心该船会沉在码头泊位上堵塞港口，拒绝其靠港，在航行途中船底触礁，最后沉没。该船只投保了海上一般风险，没有保战争险，保险公司拒赔。法庭判决损失的近因是战争，保险公司胜诉。虽然在时间上导致损失的最近原因是触礁，但船在被鱼雷击中后，始终没有脱离险情，触礁是被鱼雷击中引起的，被鱼雷击中（战争）属未保风险。

第三种情形：损失由间断发生的多项原因所致时近因的认定。

致损原因有多个，它们是间断发生的，在一连串连续发生的原因中，有一项新的独立的原因介入，使原有的因果关系链断裂，并导致损失，则新介入的独立原因就是近因。若新介入的独立原因为被保风险，则保险人应承担赔偿责任；反之，保险人不承担损失赔偿或给付责任。

如果利用近因理论来分析上述案例，导致煤矿生产安全责任事故的原因是超能力组织生产，煤矿企业超能力组织生产的动机并不影响其因果关系的成立。超能力组织生产与煤矿生产安全事故的发生之间就具有法律上的因果关系。

五、煤矿企业主要负责人的事故责任

除《煤矿安全生产条例》对煤矿企业的决策机构、主要负责人、其他负责人和安全管理人员的法律责任另有规定外，根据《条例》第六十九条第一款，煤矿企业的决策机构、主要负责人、其他负责人和安全生产管理人员未依法履行安全生产管理职责的，依照《安全生产法》有关规定处罚并承担相应责任。

（一）事故罚款

《安全生产法》第九十五条是关于事故单位主要负责人未履行职责导致生产安全事故处以罚款的规定。生产经营单位负责人未履行《安全生产法》第二十一条等相关条文规定的法律责任，导致发生生产安全事故的，不但要按照第九十四条的规定给予撤职处分或者追究刑事责任，而且还要对其进行事故罚款。发生一般事故的，处上一年年收入 40% 的罚款；发生较大事故的，处上一年年收入 60% 的罚款；发生重大事故的，处上一年年收入 80% 的罚款；发生特别重大事故的，处上一年年收入 100% 的罚款。《煤矿安全生产条例》第六十八条第二款也对主要负责人的事故罚款作了与《安全生产法》第九十五条相同的规定。

《安全生产法》第一百一十条是关于生产经营单位主要负责人隐瞒不报、谎报或者迟报事故；事故发生时不立即组织抢救或者在事故调查处理期间擅离职守或者逃匿的法律责任的规定。存在上述违法行为，对主要负责人给予降级、撤职的政务处分，并处上一年年收入 60% 至 100% 的罚款。这里必须指出的是，对主要负责人进行罚款的职权由应急管理部门或者矿山安全监察机构行使，其他负有安全生产监督管理职责的部门不能依据本条的规定对主要负责人作出罚款的行政处罚，法律另有规定的除外。

事故发生单位主要负责人、其他负责人、安全生产管理人员以及直接负责的主管人员、其他直接责任人员的上一年年收入，属于国有生产经营单位的，是指该单位上级主管部门所确定的上一年年收入总额；属于非国有生产经营单位的，是指经财务、税务部门核定的上一年年收入总额。生产经营单位提供虚假资料或者由于财务、税务部门无法核定等原因致使有关人员的上一年年收入难以确定的，按照下列办法确定：①主要负责人的上一年年收入，按照本省、自治区、直辖市上一年度城镇单位就业人员平均工资的 5 倍以上 10 倍以下计算；②其他负责人、安全生产管理人员以及直接负责的主管人员；其他直接责任人员的上一年年收入，按照本省、自治区、直辖市上一年度城镇单位就业人员平均工资的 1 倍以上 5 倍以下计算。

（二）限制从业

《安全生产法》第九十四条第三款规定，煤矿企业主要负责人依照前款规定受刑事处罚或者撤职处分的，自刑罚执行完毕或者受处分之日起，5 年内不得担任任何生产经营单位的主要负责人；对重大、特别重大生产安全事故负有责任的，终身不得担任煤矿企业的主要负责人。2021 年新修订的《行政处罚法》正式将限制从业纳入行政处罚的范畴，在煤矿安全生产领域对主要负责人适用限制从业行政处罚能够更好地发挥处罚的威慑作用，避免和减少煤矿生产安全事故的发生。

这里规定的起算时间，自受到刑事处罚的从刑罚执行完毕之日起计算；受到处分的，从处分之日起计算；既受到刑事处罚，又受到处分的，仍依此规定执行。对重大、特别重大生产安全事故负有责任的，终身不得担任本行业生产经营单位的主要负责人。

（三）撤职

《安全生产法》第九十四条第二款规定，煤矿企业主要负责人有未依法履行安全生产管理职责的违法行为，导致发生生产安全事故的，给予撤职处分。本条所称的撤职是政务处分的一种，是指国家监察机关针对行使公权力的公职人员作出的撤销职务的处分。因此，撤职处分的适用对象主要是国有煤矿企业（国有独资煤矿企业、国有控股煤矿企业）的主要负责人，非国有煤矿企业的主要负责人存在上述违法行为的，不能适用政务处分，但鼓励企业内部机构根据《公司法》和公司章程的规定，对主要负责人作出撤职处分。

（四）刑事责任

《安全生产法》第九十四条第二款规定，构成犯罪的，依照刑法有关规定追究刑事责任。该款对煤矿企业主要负责人追究刑事责任的法律依据主要是《刑法》第一百三十四条第一款规定对重大责任事故罪，即在生产、作业中违反有关安全管理的规定，因而发生重大伤亡事故或者造成其他严重后果的，处三年以下有期徒刑或者拘役；情节特别恶劣的，处三年以上七年以下有期徒刑。

乙煤业公司总经理、党委副书记金某星，未正确履行职责，违规安排超能力生产，对事故的发生负主要领导责任。建议给予留党察看一年、撤职处分；根据 2021 年新修订的《安全生产法》第九十四条，其终身不得担任煤炭行业生产经营单位主要负责人；根据据 2021 年新修订的《安全生产法》第九十五条规定，对其处上一年年收入 80% 的罚款。

六、党政同责的适用

《中共中央　国务院关于推进安全生产领域改革发展的意见》要求，"明确地方党委的领导责任。地方各级党委要认真贯彻执行党的安全生产方针，在统揽本地区经济社会发展全局中同步推进安全生产工作，定期研究决定安全生产重大问题。加强安全生产监管机构领导班子、干部队伍建设。严格安全生产履职绩效考核和失职责任追究。强化安全生产宣传教育和舆论引导。"《中共中央办公厅　国务院办公厅关于进一步加强矿山安全生产工作的意见》第（十八）条规定："落实地方党政领导责任。坚持党政同责、一岗双责、齐抓共管、失职追责，严格落实矿山安全领导责任，组织开展区域性矿山隐蔽致灾因素普查治理，严厉打击非法盗采矿产资源行为。"

地方各级党委的领导责任主要包括：

（1）认真贯彻执行党中央以及上级党委关于安全生产的决策部署和指示精神、安全生产方针政策、法律法规。

（2）始终把安全生产摆在与发展同等重要的位置，加强组织领导，在统揽本地区经济社会发展全局中同步推进安全生产工作，定期研究解决安全生产重大问题。

（3）加强负有安全生产监督管理职责部门的领导班子、监管机构、干部队伍建设；加强安全生产监管执法机构队伍建设，加强对安全生产监管执法队伍的教育、监督、管理。乡镇党委应当明确1名党委负责同志分管安全生产工作，确定乡镇安全生产监督管理专门机构和专职人员。

（4）严格安全生产履职绩效考核，建立与全面建成小康社会相适应和体现安全发展水平的考核评价体系。完善考核制度，统筹整合、科学设定安全生产考核指标，加大安全生产在社会治安综合治理、精神文明建设等考核中的权重。建立安全生产绩效与履职评定、职务晋升、奖励惩处挂钩制度，严格执行安全生产"一票否决"制度。

（5）支持政府依法履行安全生产工作职责，发挥人大对安全生产工作的监督促进作用、政协对安全生产工作的民主监督作用，推动组织、宣传、政法、机构编制等部门支持保障安全生产工作。

（6）严格安全生产失职责任追究。支持纪检监察机关和司法机关严肃查处安全生产中的违纪违规和违法犯罪行为，按照相关规定落实责任追究。

（7）强化安全生产宣传教育和舆论引导；动员社会各界积极参与、支持、监督安全生产工作。

安全生产工作"必须坚持党政同责、一岗双责、齐抓共管、失职追责"。为了执行"党政同责"，《安全生产法》《职业病防治法》《关于实行党政领导干部问责的暂行规定》《国务院关于特大安全事故行政责任追究的规定》等法律法规，规定各级党委、政府将安全生产工作纳入工作重要内容，党委对安全生产工作负领导责任，政府对安全生产工作负监管责任，党委、政府主要负责人共同对本地安全生产工作负总责、其他负责人负相应责任。2018 年，为加强地方各级党委和政府对安全生产工作的领导，健全落实安全生产责任制，树立安全发展理念，根据《安全生产法》《公务员法》等法律规定和《中共中央　国务院关于推进安全生产领域改革发展的意见》《中国共产党地方委员会工作条例》《中国共产党问责条例》等中央有关规定，中共中央办公厅、国务院办公厅印发了《地方党政领导干部安全生产责任制规定》，规定"应坚持党政同责、一岗双责、齐抓共管、失职追责，坚持管行业必须管安全、管业务必须管安全、管生产经营必须管安全的原则，实行地方党政领导干部安全生产责任制，明确地方各级党委和政府主要负责人是本地区安全生产第一责任人，班子其他成员对分管范围内的安全生产工作负领导责任。"

党政同责是指生产经营单位党委书记和主要负责人负同等责任，这里的同等责任并非相同的法律责任。本案中，执法机关根据党政同责要求，乙煤业公司党委书记、副总经理张某新对事故的发生负主要领导责任，给予党内处分，有党纪国法依据，符合党政同责要求，但依据 2021 年版《安全生产法》第九十五条，对其处上一年年收入 80% 的罚款，则于法无据。

七、对其他负责人和安全管理人员的事故罚款

（一）其他负责人的安全生产职责

《煤矿安全生产条例》第四条第二款规定："煤矿企业主要负责人（含实际控制人）是本企业安全生产第一责任人，对本企业安全生产工作全面负责。"主要负责人毕竟精力有限，难以履行方方面面的安全生产职责，所以同时作出了"其他负责人对职责范围内的安全生产工作负责"的规定。其他负责人是指除煤矿企业主要负责人之外对生产经营活动等负有组织、指挥、管理职权的负责人，主要是指各分管负责人。其他负责人的"职责范围"主要根据法律、法规、规章以及"三管三必须""全员安全生产责任制"确定。例如，煤矿的生产副矿长，在负责煤矿生产的同时，要承担其相应的安全生产职责。

煤矿安全生产工作涉及煤炭资源开采的方方面面，煤矿企业根据安全生产工作的需要，可以设置专职安全生产分管负责人，协助本企业主要负责人履行安全生产管理职责。实践中，分管安全的负责人主要是安全总监。安全总监是煤矿企业安全生产工作的专职负责人，专门负责监督管理本企业的安全生产工作，原则上不得安排其兼任或兼职其他工作。

（二）安全生产管理人员的安全生产职责

《煤矿安全生产条例》第十九条对煤矿企业安全生产管理人员履行的职责作了规定。煤矿企业专职安全生产管理人员对本企业安全生产工作负有下列职责：

一是组织或者参与拟订安全生产规章制度、作业规程、操作规程和生产安全事故应急救援预案。煤矿主要负责人组织制定并实施本单位的安全生产规章制度和应急救援预案。但是，为了将具体工作落实到具体机构、落实到具体负责人，让具有专业优势和实践经验的安全生产管理机构和安全生产管理人员组织或参与拟定安全生产规章制度、作业规程、操作规程和生产安全事故应急救援预案等安全生产重要文件，既是必要的，也是可行的，也符合有关法律、行政法规的规定。

二是组织或者参与安全生产教育和培训，如实记录安全生产教育和培训情况。生产经营单位主要负责人组织制订并实施本单位安全生产教育和培训计划，而安全生产管理机构和安全生产管理人员组织或者参与本单位安全生产教育和培训的具体工作，并由其如实记录安全生产教育和培训情况。

三是组织开展安全生产法律法规宣传教育。

四是组织开展安全风险评估，督促落实重大安全风险管控措施；主要负责人组织建立并落实安全风险分级管控和隐患排查治理双重预防工作机制。作为专门从事安全生产管理的机构和人员，安全生产管理机构和安全生产管理人员有责任组织开展危险源辨识和评估，督促落实重大危险源的安全管理措施。

五是制止和纠正违章指挥、强令冒险作业、违反规程的行为，发现威胁安全的紧急情况时，有权要求立即停止危险区域内的作业，撤出作业人员。为了多出煤，提高经济效益，煤矿有关人员违章指挥、强令冒险作业、违规操作等情况屡见不鲜，对这些行为必须坚决予以制止和纠正。《安全生产法》要求生产经营单位设置安全生产管理机构和安全生产管理人员的目的在于确保本单位的安全生产，《煤矿安全生产条例》重申了《安全生产法》的规定。所以，煤矿安全生产管理机构和安全生产管理人员有职责也有权制止和纠正违章指挥、强令冒险作业、违反操作规程的行为。为保护从业人员的生命安全，本条对安全生产管理机构和专职安全生产管理人员的紧急撤离决定权作了明确。紧急撤离决定权是指安全生产管理机构和安全生产管理人员发现威胁从业人员生命安全的紧急情况时，有权要求立即停止危险区域内的作业，撤出作业人员。规定紧急撤离决定权的目的是保护从业人员的人身安全。紧急撤离决定权必须在"紧急"情形下行使，紧急是指"发现直接危及人身安全的紧急情况"，即从业人员发现直接危及人身安全的紧急情况，如果不撤离会对其生命安全和健康造成直接的威胁。实践中，如何判断"紧急"，需要根据具体情况来判断。紧急撤离决定权有两种方式：一是立即停止区域内的作业马上撤离作业场所；二是在采取可能的应急措施后撤离作业场所。实践中，什么是"可能的应急措施"应综合具体情况来作出判断。紧急撤离决定权的权利主体是对安全生产管理机构和专职安全生产管理人员，行使权利时无须征得有关负责人员同意。

六是检查安全生产状况，及时排查事故隐患，对事故隐患排查治理情况进行统计分析，提出改进安全生产管理的建议。安全生产管理机构和安全生产管理人员要切实履行检查职责，随时关注本单位的安全生产状况。专职安全生产管理人员要对本单位进行经常性检查。安全生产管理人员重点检查以下内容：

（1）查制度。检查本单位的安全生产规章制度的完整性、有效性和合法性等。

（2）查知识。检查从主要负责人到现场作业人员是否具备必要的安全知识、安全操作技能等。

（3）查纪律。检查本单位其他机构和从业人员对本单位安全生产规章制度、操作规程的执行情况。

（4）查设备。检查本单位的安全设备的设计、制造、安装、使用、检测等是否符合国家标准、行业标准，是否处于正常运行状态等。

（5）查环境。检查本单位的安全出口、疏散通道等是否符合规定，通风、照明、温度、湿度等是否符合有关法律、法规和标准的规定。

（6）查个体防护。检查本单位从业人员劳动防护用品配备、穿戴情况。

安全生产管理人员对检查中发现的事故隐患和安全生产违法行为等，应立即处理。对于安全生产违法行为，安全生产管理人员能够立即纠正的，要立即纠正；不能立即纠正的，应当要求限期改正。对发现的事故隐患，能够立即排除的，要立即采取措施加以排除，不能拖延；不能立即排除的，要提出限期解决的方案，并采取相应措施确保安全。对不能立即处理的，安全生产管理人员不能听之任之，而应当及时将有关情况报告给有关负责人。有关负责人可以是本单位主要负责人或者主管安全生产工作的其他负责人。报告应当包括安全问题发现的时间、具体情况、危险程度等，并提出如何解决的建议，并对事故隐患排查治理情况进行统计分析。接到报告后，有关负责人应当及时处理。生产经营单位的安全生产管理人员在检查中发现重大事故隐患，向本单位有关负责人报告，有关负责人有及时处理的义务。没有发现隐患，但认为仍有加强和改进的必要时，也要提出改进安全生产管理的建议。

七是组织或者参与应急救援演练。依据《生产安全事故应急条例》《生产安全事故应急预案管理办法》，煤矿企业应急救援演练是日常安全生产工作的重要组成部分，应急救援演练的频次、规模、方式等都需要有明确的组织安排，以使应急救援演练与生产经营单位的正常生产经营活动相协调，取得良好的效果。这项工作也应当交由安全生产管理机构和安全生产管理人员组织或参与落实。

八是督促落实安全生产整改措施。生产经营单位日常安全检查或者执法部门执法检查发现的安全隐患，需要整改。整改措施关键在落实，需要生产经营单位有专门机构和人员来督促。安全生产管理机构和安全生产管理人员是督促落实整改措施的第一责任人，应当采取切实有效措施将整改工作落实到位。

安全生产工作涉及煤矿生产经营的方方面面，煤矿企业根据安全生产工作的需要，可以设置专职安全生产分管负责人，协助本单位主要负责人履行安全生产管理职责。实践中，安全总监是协助本单位主要负责人履行安全生产管理职责，专项分管本单位安全生产管理工作的职位。我国多地政府规章对设置安全总监作了规定。例如，《山东省生产经营单位安全生产主体责任规定》第十二条规定："从业人员在 300 人以上的高危生产经营单位和从业人员在 1000 人以上的其他生产经营单位，应当设置安全总监。安全总监应当具备安全生产管理经验，熟悉安全生产业务，掌握安全生产相关法律法规知识。"《北京市生产经营单位安全生产主体责任规定》第五条规定："生产经营单位分管安全生产工作的负责人或者安全总监协助主要负责人履行安全生产职责，其他分管负责人对分管业务范围内的安全生产工作负责。安全总监设置的具体办法，由市应急管理部门会同国有资产管理部门和有关行业管理部门制定。"安全总监为本单位副职级别，待遇要高于其他副职并单独发放岗位风险津贴。

（三）其他负责人和安全生产管理人员未依法履职的导致事故发生的责任

根据 2021 年版《安全生产法》第九十六条，煤矿企业的其他负责人、安全生产管理人员应当恪尽职守，依法履行职责，未履行安全生产管理职责的，责令限期改正，处 1 万元以上 3 万元以下的罚款。未履行职责的行为导致发生生产安全事故的，暂停或者吊销其与安全生产有关的资格，并处上一年年收入 20% 以上 50% 以下的罚款。

本案发生在 2017 年，事故发生时的《安全生产法》对其他负责人和安全生产管理人员的事故罚款责任未作出规定，但根据 2021 年版《安全生产法》第九十六条，则可以对其他负责人和安全管理人员事故罚款。当然，除了事故罚款之外，其他负责人和安全管理人员对事故发生负有责任的，在依法追究其行政责任的同时，还要追究其刑事责任。例如，本案中乙煤业公司的安监员孟某宝是煤矿安全生产管理人员，对煤矿超能力生产这一事故隐患未采取积极有效的应对措施，对事故的发生负有直接责任。因涉嫌重大责任事故罪，被司法机关追究刑事责任。乙煤业公司有关负责人樊某记等人未正确履行职责，对该矿超能力生产、违规开采等问题未提出反对意见，分别被依法给予记大过、降级、撤职等政务处分。

八、行为罚与事故罚的区分

应急管理部门或者矿山安全监察机构有权依据《安全生产法》《煤矿安全生产条例》的规定，对煤矿企业及主要负责人、其他负责人、安全生产管理人员实施事故罚款。同时，如果主要负责人等存在未履行职责的行为导致事故发生的，应承担相应的法律责任。例如，《煤矿安全生产条例》第十八条规定了煤矿企业主要负责人对本单位安全生产工作的职责，包括组织制定规章制度和操作规程、安全生产教育和培训计划等，同时《安全生产法》第八十九条规定了主要负责人未履行上述职责的行政处罚——"行为罚"，而《安全生产法》第九十五条规定了主要负责人未履行上述职责"导致发生生产安全事故"的行政处罚——"事故罚"，显然，处罚力度及罚款金额是有较大差距的。而《安全生产法》第二十八条规定了煤矿企业应当对从业人员进行安全生产教育和培训等义务，同时第九十七条规定了相应行政处罚——"行为罚"，第一百一十三条规定了"发生生产安全事故"的行政处罚——"事故罚"。《安全生产法》《煤矿安全生产条例》无论是对煤矿企业抑或是对主要负责人的行政处罚，均分为"事故罚"和"行为罚"，在未发生安全生产事故时，煤矿安全监管监察部门的监管监察职责主要针对生产经营单位在日常工作中未履行安全生产管理责任的行为，并对相应违法行为作出行政处罚；而在发生安全生产事故时，煤矿安全监管监察部门则必须以组成调查组的形式展开调查处理程序，并最终根据复核认定安全生产事故，区分一般事故、较大事故、重大事故、特别重大事故进行处罚，依据"事故罚"进行处罚。本案中，煤矿企业超能力组织生产，属于严重的违法行为，煤矿安全监管监察部门有权对该违法行为予以行政处罚。同时，该事故隐患导致事故的发生，属于对责任事故的罚款，而非对违法行为本身的罚款。因此，还要对其进行事故罚款。本案中，乙煤业公司发生一起重大顶板责任事故，依据《煤矿安全生产条例》第六十七条第一款第（三）项规定，给予乙煤业公司事故处罚。同时，针对乙煤业公司超能力组织生产的违法行为，依据《煤矿安全生产条例》第六十四条规定，给予乙煤业公司行政处罚。

案例 14：危 险 作 业 罪

案件事实

2021年6月4日，某县应急管理局对某煤矿开具现场处理措施决定书，收回同年6月6日到期的安全生产许可证，并责令其6月7日前封闭所有地表矿洞。6月12日下午，因矿洞水泵在雨季需要维护，为排出积水使矿点不被淹没，赵某龙经赵某宽同意后，安排王某文拆除封闭矿洞的水泥砖。6月13日16时许，王某文带领程某兴、张某才至矿深150米处维修水泵。因矿洞违规使用木板隔断矿渣，在被水浸泡后木板出现霉变破损，致程某兴在更换水泵过程中被矿渣围困受伤。经鉴定，程某兴伤情评定为轻伤一级。

县公安局以涉嫌危险作业罪对赵某宽、赵某龙立案侦查，后移送县人民检察院审查起诉。

处理结果

县人民检察院经审查认为，赵某宽、赵某龙的行为"具有发生重大伤亡事故或者其他严重后果的现实危险"，符合《刑法》第一百三十四条之一第（三）项的规定，构成危险作业罪。县人民检察院认真贯彻少捕慎诉慎押刑事司法政策，将依法惩罚犯罪与帮助民营企业挽回和减少损失相结合，在听取被害人及当地基层组织要求从宽处理的意见后，对涉案人员依法适用认罪认罚从宽程序。鉴于赵某宽、赵某龙案发后积极抢救伤员、取得被害人谅解，且具有自首情节，犯罪情节较轻，对二人作出相对不起诉决定。

同时，针对该企业在生产经营过程中尚未全面排除的安全隐患，向当地应急管理局、自然资源局制发检察建议，联合有关部门对企业后续整改进行指导，督促企业配备合格的防坠保护装置、防护设施及用品、专业应急救援团队等，确保企业负责人及管理人员安全生产知识和管理能力考核合格。该企业在达到申领条件后重新办理了安全生产许可证。

争议焦点

本案争议焦点是赵某宽、赵某龙二人的行为是否具有"现实危险性"。

案例解读

本案中，涉案企业经营开采煤炭作业，与金属冶炼、危险化学品等行业均属高危行业，其生产作业具有高度危险性。企业在安全生产许可证到期并被责令封闭所有地表矿洞的情况下仍强行进入矿洞作业，具有危及人身安全的现实危险。本案中的"现实危险"具有现实紧迫性。涉案企业所属矿洞因雨季被长期浸泡，现场防护设施不符合规定出现霉变情形，在矿深 150 米处进行维修水泵的作业过程中，发生隔断木板破损、矿渣掉落致人身体损伤，因为开展及时有效救援，未发生重特大安全事故，具有现实危险。

一、危险作业罪

长期以来，我国刑法对危害安全生产类的犯罪以事后惩戒为主，如《刑法》第一百三十四条第一款规定的重大责任事故罪，第一百三十六条规定的危险物品肇事罪。上述罪名的成立均要求发生重大伤亡事故或者造成严重后果，即这些危害安全生产类犯罪的成立以实害结果的发生为前提。我国《煤矿安全生产条例》第三条规定，煤矿安全生产工作应当贯彻安全发展理念，坚持安全第一、预防为主、综合治理的方针，从源头上防范化解重大安全风险。作为煤矿安全生产领域的重要行政法规，《煤矿安全生产条例》的立法目的之一就是通过源头防范化解重大安全风险，防止和减少生产安全事故的发生。显然我国《刑法》缺少对安全生产领域事前违法行为的惩戒，为发挥《刑法》事前预防的功能，需要将其规制阶段前移。2020 年 12 月 26 日通过的《刑法修正案（十一）》增设一百三十四条之一，本条明确生产、作业中违反有关安全管理的规定，具有发生重大伤亡事故或者其他严重后果的现实危险的即构成犯罪，即危险作业罪。该罪的设立强化了安全生产领域的刑法保护，是对煤矿安全生产法治体系的完善。

二、危险作业罪的构成要件

（一）危险作业罪的客体要件

危险作业罪侵犯的客体是我国的生产安全，生产安全属于公共安全的组成部分，生产、作业的过程中实施危险作业行为，危害不特定多数人的生命、健康，同样可能致使公司财产遭受重大损害。

（二）危险作业罪的客观要件

我国《刑法》第一百三十四条之一对危险作业罪的犯罪行为进行了规定，主要包括以下三种情形：

一是关闭、破坏直接关系生产安全的监控、报警、防护、救生设备、设施，或者篡改、隐瞒、销毁其相关数据、信息的。直接关系生产安全的监控、报警、防护、救生设备、设施能够提醒生产经营状况，并在发生事故时，对从业人员等提供保护。因此，《煤矿安全生产条例》第二十六条第二款规定："煤矿企业及其有关人员不得关闭、破坏关系生产安全的监控、报警、防护、救生设备、设施，或者篡改、隐瞒、销毁其相关数据、信息，不得以任何方式影响其正常使用。"但在实践中，煤矿企业相关人员出于逃避监管等目的，擅自关闭、破坏直接关系生产安全的监控、报警、防护、救生设备、设施，或者篡改、隐瞒、销毁相关数据、信息的现象时有发生。例如，有些人为防止瓦斯超限报警，使用黑色电胶布封闭甲烷传感器的进气口，造成瓦斯超限后甲烷传感器监测数据失真，破坏了安全检测设备的正常使用功能，这种行为就符合危险作业罪的行为要件。

二是因存在重大事故隐患被依法责令停产停业、停止施工、停止使用有关设备、设施、场所或者立即采取排除危险的整改措施，而拒不执行的。《煤矿安全生产条例》第三十六条对煤矿重大事故隐患的认定作了规定，同时应急管理部依据《安全生产法》，制定了《煤矿重大事故隐患判定标准》。根据《安全生产法》《煤矿安全生产条例》的规定，煤矿存在重大事故隐患的，应当立即停止生产，及时消除事故隐患。如果煤矿安全监管监察部门在执法过程中，发现煤矿存在重大事故隐患时，应当责令其立即停止生产，并采取措施消除事故隐患。如果煤矿企业对煤矿安全监管监察部门的指令拒不执行，继续带着"重大事故隐患"进行作业，则符合本罪的客观方面的要件。这里的拒不执行，根据《最高人民法院最高人民检察院关于办理危害生产安全刑事案件适用法律若干问题的解释（二）》的规定，表现方式主要包括应当停止生产作业活动而故意不停止；应当且有能力进行整改而拒不整改；采取虚构事实、行贿等不正当手段逃避、干扰执行各级人民政府或者负有安全生产监督管理职责的部门依法作出的上述行政决定、命令。

三是涉及安全生产的事项未经依法批准或者许可，擅自从事矿山开采、金属冶炼、建筑施工，以及危险物品生产、经营、储存等高度危险的生产作业活动的。根据《安全生产许可证条例》，从事煤炭开采的企业和煤矿应该取得安全生产许可证。《煤矿安全生产条例》第十七条规定："煤矿企业进行生产，应当依照《安全生产许可证条例》的规定取得安全生产许可证。未取得安全生产许可证的，不得生产。"第四十二条规定："省、自治区、直辖市人民政府负有煤矿安全生产监督管理职责的部门负责煤矿企业安全生产许可证的颁发和管理，并接受国家矿山安全监察机构及其设在地方的矿山安全监察机构的监督。"《煤矿企业安全生产许可证实施办法》对煤矿企业和煤矿安全生产许可证的颁证条件、程序等作了细化规定。煤矿企业和煤矿未取得安全生产许可证的，不得从事生产活动。未依法取得安全生产许可证从事煤炭开采这一高度危险生产作业活动的，符合本罪的构成要件。在本案中，涉案企业经营开采矿山作业，与金属冶炼、危险化学品等行业均属高危行业，其生产作业具有高度危险性。煤矿企业在安全生产许可证到期并被责令封闭所有地表矿洞的情况下仍强行进入矿洞作业，符合危险作业罪犯罪构成要件中客观要件的要求。

必须指出的是，符合上述客观要件，尚不足以完全具备危险作业罪客观要件。根据《刑法》第一百三十四条，上述危险行为还必须具备"具有发生重大伤亡事故或者其他严重后果的现实危险"，才符合本罪构成要件中的客观要件。

司法机关在办理具体案件过程中，对于涉及安全生产的事项未经依法批准或者许可，擅自从事矿山开采、金属冶炼、建筑施工等生产作业活动，已经发生安全事故，因开展有效救援尚未造成"重大伤亡事故或者其他严重后果"的情形，可以认定为《刑法》第一百三十四条之一危险作业罪中"具有发生重大伤亡事故或者其他严重后果的现实危险"。我们应从以下几个方面来理解危险作业罪中的"现实危险性"：

一是这里的"现实危险性"是作为危险作业罪犯罪构成要件要素的危险性，不具备发生重大伤亡事故或者其他严重后果这一"现实危险性"的违法行为不构成危险作业罪，正因如此，这里的现实危险是需要司法具体认定的。例如，在本案中，司法机关需要认定赵某宽、赵某龙在许可证被收回后擅自安排作业具有发生重大伤亡事故或者其他严重后果的"现实危险性"。

二是"现实危险性"是作为违法行为产生的结果的危险，而非违法行为本身的危险。这里的"现实危险性"并非生产经营活动本身的危险性，例如，矿山开采本身就具有危险性，但这里的危险性并非因违法行为产生的危险性，而是行为本身的属性，矿山开采活动的危险性是一种可以容忍的危险。但是，危险作业罪中的"现实危险性"必须是违法行为本身造成了超过合法采矿行为的"危险性"，它是一种不能容忍的危险。实践中，如果没有办理安全生产许可等手续，擅自生产经营的，如果违法者采取各项严格措施，落实安全生产主体责任，其安全生产条件比已经办理安全生产许可的还要高、还要好，不具有发生重大伤亡事故或者其他严重后果的现实危险的，也不构成危险作业罪。本案中，赵某宽、赵某龙在许可证被收回后擅自安排作业，而且发生了生产安全事故，这说明其并未依法做好安全生产工作，安全生产条件不达标，符合本罪中的"现实危险性"的要求。

三是这里的现实危险是紧迫的危险。"具有发生重大伤亡事故或者其他严重后果的现实危险"主要是指已经出现了重大险情，或者出现了"冒顶""渗漏"等"小事故"，虽然最终没有发生重大严重后果，但这种没有发生的原因在所不问，对这"千钧一发"的危险才能认定为"具有发生现实危险"。例如本案中，已经出现重大险情，经过一系列救援活动，最终没有酿成严重事故，但完全符合危险作业罪对"现实危险"的要求。

（三）危险作业罪的主体要件

本罪的犯罪主体为一般主体。根据《最高人民法院 最高人民检察院关于办理危害生产安全刑事案件适用法律若干问题的解释（二）》第二条的规定，《刑法》第一百三十四条之一规定的犯罪主体，包括对生产、作业负有组织、指挥或者管理职责的负责人、管理人员、实际控制人、投资人等人员，以及直接从事生产、作业的人。可以看出本罪的主体范围非常广泛，具体到煤矿领域，可构成本罪的犯罪主体既包括对煤矿的安全生产负有组织、指挥或者管理职责的人员，也包括从事煤矿生产、作业工作的一线人员。上述三种具体的犯罪行为中，第一种情形下，直接从事生产、作业的人员可以构成本罪，但在第二种情形和第三种情形下，犯罪主体，包括对生产、作业负有组织、指挥或者管理职责的负责人、管理人员、实际控制人、投资人等人员。本案中，赵某龙经赵某宽同意后，安排王某文拆除封闭矿洞的水泥砖，赵某龙和赵某宽二人符合本罪的主体要件。王某文作为具体作业人员，对煤矿企业无安全生产许可证继续生产作业的行为不负责任。所以，在本案中，王某文不构成危险作业罪。

（四）危险作业罪的主观要件

犯罪主观方面也称犯罪主观要件，是指犯罪主体对其实施的危害行为及危害结果所抱的心理态度，包括故意、过失以及目的。关于危险作业罪的罪过形式，学界存在"过失说"和"故意说"两种观点。犯罪过失是指行为人应当预见到自己的行为可能发生危害社会的结果，因疏忽大意没有预见，或已经预见却轻信能够避免的心理状态。具体到本罪，其主观要件是故意还是过失，与本罪是结果犯还是行为犯有密切的关联。如果认为本罪是行为犯，则只要存在《刑法》第一百三十四条之一的情形时，就构成本罪，而该条中的三种情形都属于故意违法行为。这时，将危险作业罪理解为故意犯就有了根据。但是，从《刑法》第一百三十四条之一看，构成危险作业罪的，不但要求存在上述三种情形，还需要具备"可能导致重大伤亡事故或者其他严重后果的现实危险的"，才构成本罪。"现实危险"是否为结果在刑法理论界存在很大争议。"结果"是行为给刑法所保护的法益所造成的现实侵害事实与现实危险状态。[①] 犯罪的本质是侵害法益，危险作业罪被规定在"危害公共安全罪"之下，侵害的法益是"公共安全"。表现为"具有发生重大伤亡事故或者其他严重后果的现实危险"，这里的现实危险不是行为本身的危险性（行为的危险），而是危险的客观性即作为结果的危险。行为的危险是行为的属性，不属于结果；作为结果的危险，是行为所造成的一种可能侵害法益的状态，因而属于结果。[②] 所以，本罪作为结果犯，对"现实危险"的主观状态"过失说"更为合理。虽然《刑法》第一三十四条之一规定的三种违法行为都是故意的行为，例如擅自关闭、破坏安全设备等违法行为，但是，从事煤矿生产工作的人员一般具有特殊的专业知识和操作技能，因此，应当预见到违规操作的行为可能导致发生重大伤亡事故或者造成其他严重后果的现实危险。然而在司法实践中，相关人员往往因疏忽大意没有预见，或已经预见这种现实危险，因出于追求生产效率等目的而轻信能够避免该危险的发生。从这种角度来看，行为人对实施违规操作行为往往是基于"积极"的态度，但对于现实危险状态的出现甚至进一步增加持否定态度。本案中，赵某龙、赵某宽二人明知无安全生产许可证不得进行井下作业，但仍安排王某文作业，系出于故意，且可以预见到无安全生产许可证后具有发生严重后果的现实危险，因轻信可以避免，导致这种现实危险状态的持续。此外，应当注意到行为人对现实危险转化为实害结果同样持否定态度，如有放任或追求这种结果的发生，应当以其他犯罪论处。

---

①② 张明楷．刑法学［M］．5 版．北京：法律出版社，2019：166．

三、危险作业罪的刑罚

危险作业罪的法定刑为一年以下有期徒刑、拘役或者管制。从刑罚配置上看，《刑法》为该罪规定了较轻的法定刑，是因为该罪为危险犯，即只要实施法定危害行为，具有发生重大伤亡事故或者其他严重后果的现实危险的即可构成本罪，而无须实害结果的发生。根据《最高人民法院、最高人民检察院关于办理危害生产安全刑事案件适用法律若干问题的解释（二）》第五条的规定，如果实施上述危险作业行为导致重大伤亡事故或者其他严重后果，则构成《刑法》第一百三十四条、第一百三十五条等规定的重大责任事故罪、重大劳动安全事故罪等犯罪。从系统解释的角度考量，危险作业罪是安全生产犯罪的基本犯。

本案中，涉案企业所属矿洞因雨季被长期浸泡，现场防护设施不符合规定出现霉变情形，在矿深 150 米处进行维修水泵的作业过程中，发生隔断木板破损、矿渣掉落致人身体损伤，因为开展及时有效救援，未发生重特大安全事故，具有现实危险，但该现实危险并未转化为实际的重大伤亡事故或者其他严重后果，所以不构成重大责任事故罪，赵某龙、赵某宽二人涉嫌构成危险作业罪。

四、认罪认罚从宽和不起诉制度

本案中，赵某宽、赵某龙二人涉嫌构成危险作业罪。我国《刑事诉讼法》第十五条规定："犯罪嫌疑人、被告人自愿如实供述自己的罪行，承认指控的犯罪事实，愿意接受处罚的，可以依法从宽处理。"本条是我国刑事犯罪认罪认罚从宽制度的规定。《刑事诉讼法》第十六条规定"情节显著轻微、危害不大，不认为是犯罪的"，检察机关可以作出不起诉决定。2021 年 4 月，中央全面依法治国委员会在有关文件中明确提出少捕慎诉慎押刑事司法政策。少捕慎诉慎押是指对绝大多数的轻罪案件体现当宽则宽，慎重逮捕、羁押、追诉。少捕慎诉慎押的本质是严格、准确、规范地把握逮捕、起诉、羁押的法定条件，将刑事强制措施、刑事追诉控制在合理且必要的限度内，体现《刑法》谦抑、审慎的要求，实现惩罚犯罪与保障人权的最佳平衡，最大限度发挥刑事司法对社会和谐稳定的促进作用。本案中，赵某龙、赵某宽二人的行为并未造成重大伤亡事故或者其他严重后果，社会危害性不大，且二名犯罪嫌疑人认罪认罚。鉴于赵某宽、赵某龙案发后积极抢救伤员、取得被害人谅解，且具有自首情节，犯罪情节较轻，对二人做出不起诉决定。本案中，司法机关决定对二人作出不起诉决定，是依法适用认罪认罚从宽制度，全面准确规范落实少捕慎诉慎押刑事司法政策的具体体现，体现了《刑法》的谦抑性。

五、煤矿安全监管监察部门与司法机关的"行刑双向衔接"

矿山开采活动涉及自然资源部门、生态环境部门、应急管理部门、能源部门等诸多部门，在矿山企业的安全生产许可证被依法收回后，需要各部门之间沟通协调，有机衔接。同时，司法机关应当注意与应急管理、自然资源等部门加强"行刑双向衔接"。

"行刑衔接"又叫"两法衔接"，是行政执法和刑事司法相衔接的简称。它包括行刑衔接和刑行衔接双向衔接。行刑衔接是指违法行为涉嫌犯罪的，行政机关应当及时将案件移送司法机关，依法追究刑事责任。属于《监察法》规定的公职人员在行使公权力过程中发生的依法由监察机关负责调查的涉嫌安全生产犯罪案件，不属于行刑衔接的范畴，应当依法及时移送监察机关处理。煤矿安全生产领域行刑衔接是指煤矿安全监管监察机构在行政执法过程中，发现煤矿企业有关人员涉嫌安全生产领域刑事犯罪时，向公安机关移送涉嫌犯罪案件。行政处罚实施机关与司法机关之间应当加强协调配合，建立健全案件移送制度，加强证据材料移交、接收衔接，完善案件处理信息通报机制。刑行衔接是指对依法不需要追究刑事责任或者免予刑事处罚，但应当给予行政处罚的，司法机关应当及时将案件移送有关行政机关。所以，一方面涉嫌构成犯罪的，行政机关应依法移送司法机关追究犯罪嫌疑人的刑事责任；另一方面司法机关在接到移送的案件，经审查后，认为不构成犯罪，可依法作出不起诉决定，这时司法机关应当将案件移送给应急管理部门、自然资源部门等行政机关，由行政机关依法对违法行为人作出行政处罚。这对督促企业落实风险分级管控和事故隐患排查治理制度，推动溯源治理，实现"治罪"与"治理"并重具有重要意义。

（一）人民检察院对行刑衔接的监督

2021年最高检发布《关于推进行政执法与刑事司法衔接工作的规定》，加强了对行刑衔接的监督。人民检察院开展行政执法与刑事司法衔接工作，应当严格依法、准确及时，加强与监察机关、公安机关、司法行政机关和行政执法机关的协调配合，确保行政执法与刑事司法有效衔接。人民检察院依法履行职责时，应当注意审查是否存在行政执法机关对涉嫌犯罪案件应当移送公安机关立案侦查而不移送的情形。对于行政执法机关应当依法移送涉嫌犯罪案件而不移送，属于人民检察院管辖且符合受理条件的，人民检察院应当受理并进行审查。人民检察院发现应急管理部门不移送涉嫌安全生产犯罪案件的，可以派员查询、调阅有关案件材料，认为应当移送的，应当提出检察意见。应急管理部门应当自收到检察意见后3日内将案件移送公安机关，并将案件移送书抄送人民检察院。人民检察院应当将检察意见抄送同级司法行政机关，行政执法机关实行垂直管理的，应当将检察意见抄送其上级机关。

行政执法机关收到检察意见后无正当理由仍不移送的，人民检察院应当将有关情况书面通知公安机关。对于公安机关可能存在应当立案而不立案情形的，人民检察院应当依法开展立案监督。行政执法机关就刑事案件立案追诉标准、证据收集固定保全等问题咨询人民检察院，或者公安机关就行政执法机关移送的涉嫌犯罪案件主动听取人民检察院意见建议的，人民检察院应当及时答复。书面咨询的，人民检察院应当在七日以内书面回复。

同时，根据《最高人民法院　最高人民检察院关于办理危害生产安全刑事案件适用法律若干问题的解释（一）》第十五条，国家机关工作人员在履行安全监督管理职责时对发现的刑事案件依法应当移交司法机关追究刑事责任而不移交，情节严重的，依照《刑法》第四百零二条的规定，以徇私舞弊不移交刑事案件罪定罪处罚。

（二）煤矿安全生产领域应当移送的案件

根据《安全生产行政执法与刑事司法衔接工作办法》第三条，涉嫌安全生产犯罪案件主要包括下列案件：①重大责任事故案件；②强令违章冒险作业案件；③重大劳动安全事故案件；④危险物品肇事案件；⑤不报、谎报安全事故案件；⑥非法采矿，非法制造、买卖、储存爆炸物，非法经营，伪造、变造、买卖国家机关公文、证件、印章等涉嫌安全生产的其他犯罪案件。

（三）煤矿安全生产领域行刑衔接的程序

关于煤矿安全生产领域行刑衔接程序的规定，主要包括：①2001年7月国务院制定《行政执法机关移送涉嫌犯罪案件的规定》，该规定的目的是为了保证行政执法机关向公安机关及时移送涉嫌犯罪案件，依法惩罚破坏社会主义市场经济秩序罪、妨害社会管理秩序罪以及其他罪，保障社会主义建设事业顺利进行。2020年8月国务院对该规定进行了完善。②2010年2月9日，中共中央办公厅、国务院办公厅又联合转发国务院法制办等部门《关于加强行政执法和刑事司法衔接工作的意见》，该意见是关于行刑衔接工作的层级最高、内容最明确的指导性文件，也是开展这项工作的最主要依据。③2019年4月，应急管理部、公安部、最高人民法院、最高人民检察院联合印发了《安全生产行政执法与刑事司法衔接工作办法》，对应急管理部门日常执法和事故调查中的案件移送程序、证据的收集与使用、部门沟通协作机制等作出了具体规定。因此，行刑衔接中的移送程序主要包括日常执法中发现涉嫌犯罪的案件移送程序和事故调查中发现犯罪的案件移送程序。

1. 日常执法中的案件移送

1）内部程序

负有煤矿安全监管监察职责的部门在查处违法行为过程中发现涉嫌安全生产犯罪案件的，应当立即指定 2 名以上行政执法人员组成专案组专门负责，核实情况后提出移送涉嫌犯罪案件的书面报告。负有煤矿安全监管监察职责的部门正职负责人或者主持工作的负责人应当自接到报告之日起 3 日内作出批准移送或者不批准移送的决定。批准移送的，应当在 24 小时内向同级公安机关移送；不批准移送的，应当将不予批准的理由记录在案。

2）移送涉嫌安全生产犯罪案件，应附的材料

负有煤矿安全监管监察职责的部门向公安机关移送涉嫌安全生产犯罪案件，应当附下列材料，并将案件移送书抄送同级人民检察院。

（1）案件移送书，载明移送案件的负有煤矿安全监管监察职责的部门名称、违法行为涉嫌犯罪罪名、案件主办人及联系电话等。案件移送书应当附移送材料清单，并加盖应急管理部门公章。

（2）案件调查报告，载明案件来源、查获情况、嫌疑人基本情况、涉嫌犯罪的事实、证据和法律依据、处理建议等。

（3）涉案物品清单，载明涉案物品的名称、数量、特征、存放地等事项，并附采取行政强制措施、现场笔录等表明涉案物品来源的相关材料。

（4）附有鉴定机构和鉴定人资质证明或者其他证明文件的检验报告或者鉴定意见。

（5）现场照片、询问笔录、电子数据、视听资料、认定意见、责令整改通知书等其他与案件有关的证据材料。

对有关违法行为已经作出行政处罚决定的，还应当附行政处罚决定书。并将案件移送书抄送同级人民检察院。

负有煤矿安全监管监察职责的部门对公安机关决定立案的案件，应当自接到立案通知书之日起 3 日内将涉案物品以及与案件有关的其他材料移交公安机关，并办结交接手续；法律、行政法规另有规定的，依照其规定。

3）公安机关接受案件的回执

公安机关对负有煤矿安全监管监察职责的部门移送的涉嫌安全生产犯罪案件，应当出具接受案件的回执或者在案件移送书的回执上签字。公安机关审查发现移送的涉嫌安全生产犯罪案件材料不全的，应当在接受案件的 24 小时内书面告知负有煤矿安全监管监察职责的部门在 3 日内补正。公安机关审查发现涉嫌安全生产犯罪案件移送材料不全、证据不充分的，可以就证明有犯罪事实的相关证

据要求等提出补充调查意见，由移送案件的负有煤矿安全监管监察职责的部门补充调查。根据实际情况，公安机关可以依法自行调查。

4）立案

公安机关对移送的涉嫌安全生产犯罪案件，应当自接受案件之日起3日内作出立案或者不予立案的决定；涉嫌犯罪线索需要查证的，应当自接受案件之日起7日内作出决定；重大疑难复杂案件，经县级以上公安机关负责人批准，可以自受案之日起30日内作出决定。依法不予立案的，应当说明理由，相应退回案件材料。

对属于公安机关管辖但不属于本公安机关管辖的案件，应当在接受案件后24小时内移送有管辖权的公安机关，并书面通知移送案件的负有煤矿安全监管监察职责的部门，抄送同级人民检察院。对不属于公安机关管辖的案件，应当在24小时内退回移送案件的负有煤矿安全监管监察职责的部门。

公安机关作出立案、不予立案决定的，应当自作出决定之日起3日内书面通知负有煤矿安全监管监察职责的部门，并抄送同级人民检察院。负有煤矿安全监管监察职责的部门接到公安机关不予立案的通知书后，认为依法应当由公安机关决定立案的，可以自接到不予立案通知书之日起3日内提请作出不予立案决定的公安机关复议，也可以建议人民检察院进行立案监督。公安机关应当自收到提请复议的文件之日起3日内作出复议决定，并书面通知负有煤矿安全监管监察职责的部门。负有煤矿安全监管监察职责的部门对公安机关的复议决定仍有异议的，应当自收到复议决定之日起3日内建议人民检察院进行立案监督。

负有煤矿安全监管监察职责的部门对公安机关逾期未作出是否立案决定以及立案后撤销案件决定有异议的，可以建议人民检察院进行立案监督。负有煤矿安全监管监察职责的部门应当自接到公安机关立案通知书之日起3日内将涉案物品以及与案件有关的其他材料移交公安机关，并办理交接手续。对保管条件、保管场所有特殊要求的涉案物品，可以在公安机关采取必要措施固定留取证据后，由应急管理部门代为保管。负有煤矿安全监管监察职责的部门应当妥善保管涉案物品，并配合公安机关、人民检察院、人民法院在办案过程中对涉案物品的调取、使用及鉴定等工作。

5）公安机关撤销案件的处理

对移送的涉嫌安全生产犯罪案件，公安机关立案后决定撤销案件的，应当将撤销案件决定书送达移送案件的负有煤矿安全监管监察职责的部门，并退回案卷材料。对依法应当追究行政法律责任的，可以同时提出书面建议。有关撤销案件决定书应当抄送同级人民检察院。

2. 事故调查中的案件移送

事故发生地有管辖权的公安机关根据事故的情况，对涉嫌安全生产犯罪的，应当依法立案侦查。事故调查中发现涉嫌安全生产犯罪的，事故调查组应当及时将有关材料或者其复印件移交有管辖权的公安机关依法处理。事故调查过程中，事故调查组可以召开专题会议，向有管辖权的公安机关通报事故调查进展情况。有管辖权的公安机关对涉嫌安全生产犯罪案件立案侦查的，应当在 3 日内将立案决定书抄送同级负有煤矿安全监管监察职责的部门、人民检察院和组织事故调查的负有煤矿安全监管监察职责的部门。

对发生一人以上死亡的情形，经依法组织调查，作出不属于生产安全事故或者生产安全责任事故的书面调查结论的，负有煤矿安全监管监察职责的部门应当将该调查结论及时抄送同级监察机关、公安机关、人民检察院。

（四）行政处罚与刑事处罚的关系

同一人因同一违法行为，行政处罚与刑事责任能否并行不悖？《中共中央办公厅 国务院办公厅转发国务院法制办等部门〈关于加强行政执法与刑事司法衔接工作的意见〉的通知》明确规定，行政执法机关向公安机关移送涉嫌犯罪案件，应当移交案件的全部材料，同时将案件移送书及有关材料目录抄送人民检察院。行政执法机关在移送案件时已经作出行政处罚决定的，应当将行政处罚决定书一并抄送公安机关、人民检察院；未作出行政处罚决定的，原则上应当在公安机关决定不予立案或者撤销案件、人民检察院作出不起诉决定、人民法院作出无罪判决或者免于刑事处罚后，再决定是否给予行政处罚。《行政执法机关移送涉嫌犯罪案件的规定》第十一条第二款规定："行政执法机关向公安机关移送涉嫌犯罪案件前已经作出的警告，责令停产停业，暂扣或者吊销许可证、暂扣或者吊销执照的行政处罚决定，不停止执行。"第三款规定："依照行政处罚法的规定，行政执法机关向公安机关移送涉嫌犯罪案件前，已经依法给予当事人罚款的，人民法院判处罚金时，依法折抵相应罚金。"所以，行政处罚与刑事处罚能否并行不悖，主要看处罚在本质上是否具有同质性。例如，行政处罚中是罚款的，可以冲抵刑事处罚中的罚金刑。但是，行政处罚中吊销安全生产许可证的，刑事处罚中并无相应的处罚规定，这时可以并用。

案例 15：煤矿领导带班下井法律制度

案件事实

申请执行人云南煤矿安全监察局红河监察分局（以下简称红河煤监分局）于 2020 年 8 月 21 日向法院递交强制执行申请书，申请强制执行云煤安监红罚〔2019〕29010 号行政处罚决定书，被执行人为石林县甲煤业公司。

申请执行人红河煤监分局经立案，根据向法院提交的现场检查笔录、现场处理决定、调查取证笔录等证据认定，被执行人存在以下违法事实：煤矿领导未按规定带班下井。申请执行人红河煤监分局认为被执行人的以上事实违反《煤矿领导带班下井及安全监督检查规定》第五条第一款。依据《煤矿领导带班下井及安全监督检查规定》第十九条的规定，经履行告知等程序后，申请执行人于 2019 年 11 月 27 日作出云煤安监红罚〔2019〕29010 号行政处罚决定书，决定给予被执行人罚款 10 万元的行政处罚。

2019 年 11 月 27 日，申请执行人红河煤监分局将云煤安监红罚〔2019〕29010 号行政处罚决定书送达被执行人。因被执行人未按云煤安监红罚〔2019〕29010 号行政处罚决定书规定的履行期限缴纳罚款，2020 年 4 月 29 日，申请执行人红河煤监分局向被执行人发出行政决定履行催告书，通知其在收到催告书之日起十日内缴纳罚款壹拾万元。催告期满后，被执行人仍未缴纳罚款，故申请执行人红河煤监分局依法向人民法院提出强制执行申请，申请强制执行罚款壹拾万元。

裁判结果

人民法院认为，《国务院关于预防煤矿生产安全事故的特别规定》第四条规定："县级以上地方人民政府负责煤矿安全生产监督管理的部门、国家煤矿安全监察机构设在省、自治区、直辖市的煤矿安全监察机构（简称煤矿安全监察机构），对所辖区域的煤矿重大安全生产隐患和违法行为负有检查和依法查处的职责。"原国家安全生产监督管理总局《关于调整云南煤矿安全监察局所属监察分局机构编制和监察区域的批复》载明，云南煤矿安全监察局红河监察分局负责红河、文山、西双版纳州、昆明、玉溪、普洱市行政区域内各类煤矿安全监察执法工作。依上述规定，申请执行人红河煤监分局作为云南煤矿安全监察局下设的煤矿安全监察机构，负有对所辖区域内的煤矿重大安全生产隐患和违法行为进行检查和依法查处的职责，可对违反煤矿安全生产工作规定的行为人进行处罚，其作出处罚决定主体资格适格。

《煤矿领导带班下井及安全监督检查规定》第五条第一款规定："煤矿、施工单位（以下统称煤矿）是落实领导带班下井制度的责任主体，每班必须有矿领导带班下井，并与工人同时下井、同时升井。"《国务院关于预防煤矿生产安全事故的特别规定》第二十一条第一款规定："煤矿企业负责人和生产经营管理人员应当按照国家规定轮流带班下井，并建立下井登记档案。"第二款规定："县级以上地方人民政府负责煤矿安全生产监督管理的部门或者煤矿安全监察机构发现煤矿企业在生产过程中，1 周内其负责人或者生产经营管理人员没有按照国家规定带班下井，或者下井登记档案虚假的，责令改正，并对该煤矿企业处 3 万元以上 15 万元以下的罚款。"《煤矿领导带班下井及安全监督检查规定》第十九条规定："煤矿领导未按规定带班下井，或者带班下井档案虚假的，责令改正，并对该煤矿处 15 万元的罚款，对违反规定的煤矿领导按照擅离职守处理，对煤矿主要负责人处 1 万元的罚款。"本案被执行人领导未按规定带班下井，其行为违反上述法规、规章的规定，具有违法性。申请执行人红河煤监分局对被执行人处罚款壹拾万元的行政处罚，依法有据。

综上，申请执行人红河煤监分局作出的云煤安监红罚〔2019〕29010 号行政处罚决定书认定事实清楚，证据充分，适用的法律、法规、规章准确，罚款金额合法。本案从立案、调查、审批、告知、法律文书送达以及催告等相关手续均符合程序规定，程序合法。据此，依照《行政诉讼法》第九十七条、《行政强制法》第五十三条规定，裁定如下：准予强制执行云煤安监红罚〔2019〕29010 号行政处罚决定书确定的对被执行人石林县甲煤业公司处以的罚款 10 万元。

争议焦点

本案属于行政处罚执行裁定纠纷，人民法院裁定是否执行，主要审查：①作出行政处罚的主体是否有行政处罚权；②作出行政处罚的程序是否合法；③作出行政处罚的依据是否合法；④申请执行人是否已经依法履行了催告义务等。

案例解读

一、国家矿山安全监察机构对煤矿安全生产违法行为的行政处罚权依据

根据《煤矿安全生产条例》第五十三条第一款，国家矿山安全监察机构及其设在地方的矿山安全监察机构履行煤矿安全监察职责，有权进入煤矿作业场所进行检查，参加煤矿企业安全生产会议，向有关煤矿企业及人员了解情况。对于检查中发现的违法行为，矿山安全监察机构是否有行政处罚权，在《煤矿安全生产条例》制定过程中争议非常大。有同志认为，国家矿山安全监察机构主要是"监察"而非"检查"，不宜规定其对煤矿企业的违法行为直接作出行政处罚。但也有同志认为，法律、法规应赋予国家矿山安全监察机构行政处罚权，理由主要有以下三点：

一是如果不赋予国家矿山安全监察机构行政处罚权，煤矿安全"国家监察"的职责就会落空。

二是国家矿山安全监察机构的行政处罚权有历史根据。《国务院办公厅关于印发煤矿安全监察管理体制改革实施方案的通知》规定："现由劳动等部门负责的煤矿安全监察职能，均由煤矿安全监察局承担"。将对煤矿安全中的违法行为的行政处罚权一并移交给了煤矿安全监察局。《煤矿安全监察条例》《国务院关于预防煤矿生产安全事故的特别规定》赋予了原国家煤矿安全监察机构对煤矿安全生产违法行为的行政处罚权。

三是 2020 年 10 月中央编办公布的《国家矿山安全监察局职能配置、内设机构和人员编制规定》。其中明确规定："（国家矿山安全监察局）依法对煤矿企业贯彻执行安全生产法律法规情况进行监督检查，对煤矿企业安全生产条件、设备

设施安全情况进行监管执法，对发现的违法违规问题实施行政处罚、监督整改落实并承担相应责任。"所以，《煤矿安全生产条例》第五十八条规定："国家矿山安全监察机构及其设在地方的矿山安全监察机构依法对煤矿企业贯彻执行安全生产法律法规、煤矿安全规程以及保障安全生产的国家标准或者行业标准的情况进行监督检查，行使本条例第四十四条规定的职权。"而《煤矿安全生产条例》第四十四条规定了对违法行为的行政处罚权。因此，矿山安全监察机构有权对煤矿企业的违法行为作出行政处罚。

本案中，云南煤矿安全监察局红河监察分局对存在违法行为的石林县甲煤业公司有权作出行政处罚。

二、国家矿山安全监察机构行政处罚的程序

国家矿山安全监察机构行政处罚应遵守《行政处罚法》《安全生产违法行为行政处罚办法》等规定。本案中，云南煤矿安全监察局红河监察分局履行了立案、调查、审批、告知、法律文书送达以及催告等相关手续，且这些手续均符合法律规定的程序，程序合法。

三、作出处罚的依据正确

煤矿安全监管监察部门对煤矿企业领导带班下井违法行为作出行政处罚的，其依据须正确。我国规范煤矿领导带班下井制度的法规和规章主要是《煤矿安全生产条例》《煤矿领导带班下井及安全监督检查规定》以及《煤矿重大事故隐患判定标准》。

（一）煤矿领导带班下井制度

为强化煤矿现场安全生产管理，增强煤矿领导的责任意识，减少和避免煤矿生产安全事故的发生，我国实行每班必须有矿领导带班下井，并与工人同时下井、同时升井的煤矿领导带班下井制度。因此，《煤矿安全生产条例》第二十三条规定："煤矿企业应当按照国家有关规定建立健全领导带班制度并严格考核。井工煤矿企业的负责人和生产经营管理人员应当轮流带班下井，并建立下井登记档案。"煤矿建立的领导带班下井制度，应包括的主要内容有带班下井人员、每月带班下井的个数、在井下工作时间、带班下井的任务、职责权限、群众监督和考核奖惩等。煤矿企业要严格遵守已经制定的领导带班下井制度，严格考核。同时，接受煤矿安全生产监管、监察部门的监督和检查。

（二）煤矿领导的范围及带班下井的职责

实施带班下井制度的煤矿，既包括煤矿生产矿井也包括新建、改建、扩建和

技术改造等建设矿井。因此，落实领导带班下井制度的责任主体包含煤矿企业、煤矿和煤矿施工单位。根据《煤矿领导带班下井及安全监督检查规定》第四条，煤矿领导是指煤矿的主要负责人、领导班子成员和副总工程师。建设矿井的领导，是指从事煤矿建设的施工单位的主要负责人、领导班子成员和副总工程师。煤矿的主要负责人对落实领导带班下井制度全面负责，每月带班下井不得少于5个。主要负责人带班下井次数以一个月为计算周期。

根据《煤矿领导带班下井及安全监督检查规定》第九条，有关煤矿领导带班下井应当履行下列职责：①加强对采煤、掘进、通风等重点部位、关键环节的检查巡视，全面掌握当班井下的安全生产状况；②及时发现并组织消除事故隐患和险情，及时制止违章违纪行为，严禁违章指挥，严禁超能力组织生产；③遇到险情时，立即下达停产撤人命令，组织涉险区域人员及时、有序撤离到安全地点。

煤矿领导带班下井实行井下交接班制度。上一班的带班领导应当在井下向接班的领导详细说明井下安全状况、存在的问题及原因、需要注意的事项等，并认真填写交接班记录簿。此外，煤矿企业应当建立领导带班下井档案管理制度。煤矿领导升井后，应当及时将下井的时间、地点、经过路线、发现的问题及处理情况、意见等有关情况进行登记，并由专人负责整理和存档备查。煤矿领导带班下井的相关记录和煤矿井下人员定位系统存储信息保存期不少于一年。

（三）监督监察主体和检查内容

根据《煤矿领导带班下井及安全监督检查规定》第十五条、第十六条，煤矿安全监管监察部门对煤矿领导带班下井情况进行监督检查，可以采取现场随机询问煤矿从业人员、查阅井下交接班及下井档案记录、听取煤矿从业人员反映、调阅煤矿井下人员定位系统监控记录等方式。

煤矿安全监管监察部门对煤矿领导带班下井情况进行监督检查时，重点检查下列内容：①是否建立健全煤矿领导带班下井制度，包括井下交接班制度和带班下井档案管理制度；②煤矿领导特别是煤矿主要负责人带班下井情况；③是否制定煤矿领导每月轮流带班下井工作计划以及工作计划执行、公示、考核和奖惩等情况；④煤矿领导带班下井在井下履行职责情况，特别是重大事故隐患和险情的处置情况；⑤煤矿领导下井交接班记录、带班下井档案等情况；⑥群众举报有关问题的查处情况。

（四）法律责任

（1）未按规定制定并落实领导带班下井制度的处罚。根据《煤矿领导带班下井及安全监督检查规定》第十八条，煤矿有下列情形之一的，给予警告，并处 3 万元罚款；对煤矿主要负责人处 1 万元罚款：①未建立健全煤矿领导带班下井制度的；②未建立煤矿领导井下交接班制度的；③未建立煤矿领导带班下井档案管理制度的；④煤矿领导每月带班下井情况未按照规定公示的；⑤未按规定填写煤矿领导下井交接班记录簿、带班下井记录或者保存带班下井相关记录档案的。同时，第十九条规定，煤矿领导未按规定带班下井，或者带班下井档案虚假的，责令改正，并对该煤矿处 15 万元的罚款，对违反规定的煤矿领导按照擅离职守处理，对煤矿主要负责人处 1 万元的罚款。而根据《煤矿安全条例》第六十三条，未按照规定制定并落实领导带班安全生产规章制度的，处 10 万元以上 20 万元以下的罚款；逾期未改正的，责令停产整顿，并处 20 万元以上 50 万元以下的罚款，对其直接负责的主管人员和其他直接责任人员处 3 万元以上 5 万元以下的罚款。

在《煤矿安全生产条例》制定后，《煤矿领导带班下井及安全监督检查规定》第十八条、第十九条规定的行政处罚，在多大范围内有适用空间，有进一步研究的空间。

（2）根据《煤矿重大事故隐患判定标准》第十八条第（五）项，矿长、总工程师（技术负责人）履行安全生产岗位责任制及管理制度时伪造记录，弄虚作假的，属于重大事故隐患。因此，矿长、总工程师带班下井档案虚假的，应依据《煤矿安全生产条例》第六十四条的规定处罚。

（3）根据《煤矿领导带班下井及安全监督检查规定》第二十条、第二十一条，对发生事故而没有煤矿领导带班下井的煤矿和主要负责人的事故罚款，按照上限处罚。因此，对煤矿应依法责令停产整顿，暂扣或者吊销煤矿安全生产许可证，并依照下列规定处以罚款；情节严重的，提请有关人民政府依法予以关闭：①发生一般事故的，处 100 万元的罚款；②发生较大事故的，处 200 万元的罚款；③发生重大事故的，处 1000 万元的罚款；④发生特别重大事故的，处 2000 万元的罚款。对其主要负责人依法暂扣或者吊销其安全资格证，并依照下列规定处以罚款：①发生一般事故，处上一年年收入 40% 的罚款；②发生较大事故的，处上一年年收入 60% 的罚款；③发生重大事故的，处上一年年收入 80% 的罚款；④发生特别重大事故的，处上一年年收入 100% 的罚款。

本案中，石林县甲煤业公司主要负责人未履行带班下井职责，执行申请人根据行政处罚作出时执行的《煤矿领导带班下井及安全监督检查规定》第十九条，对甲煤矿处以 10 万元罚款，适用法律准确。

四、煤矿安全监管监察部门有权依法申请人民法院强制执行

(一) 强制执行须在法定期限内提出

《行政诉讼法》第九十七条规定："公民、法人或者其他组织对行政行为在法定期限内不提起诉讼又不履行的，行政机关可以申请人民法院强制执行，或者依法强制执行。"而《行政强制法》第五十三条则进一步明确规定："当事人在法定期限内不申请行政复议或者提起行政诉讼，又不履行行政决定的，没有行政强制执行权的行政机关可以自期限届满之日起三个月内，依照本章规定申请人民法院强制执行。"所以，没有强制执行权的行政机关申请人民法院强制执行其行政行为，应当自被执行人的法定起诉期限届满之日起三个月内提出。逾期申请的，除有正当理由外，人民法院不予受理。

根据 2023 年《行政复议法》第二十条，公民、法人或者其他组织认为具体行政行为侵犯其合法权益的，可以自知道该具体行政行为之日起六十日内提出行政复议申请；但是法律规定的申请期限超过六十日的除外。因不可抗力或者其他正当理由耽误法定申请期限的，申请期限自障碍消除之日起继续计算。行政机关作出行政行为时，未告知公民、法人或者其他组织申请行政复议的权利、行政复议机关和申请期限的，申请期限自公民、法人或者其他组织知道或者应当知道申请行政复议的权利、行政复议机关和申请期限之日起计算，但是自知道或者应当知道行政行为内容之日起最长不得超过一年。而《行政诉讼法》第四十五条规定："公民、法人或者其他组织不服复议决定的，可以在收到复议决定书之日起十五日内向人民法院提起诉讼。复议机关逾期不作决定的，申请人可以在复议期满之日起十五日内向人民法院提起诉讼。法律另有规定的除外。"《行政诉讼法》第四十六条第一款规定："公民、法人或者其他组织直接向人民法院提起诉讼的，应当自知道或者应当知道作出行政行为之日起六个月内提出。法律另有规定的除外。"所以，"法定起诉期间"因被处罚的煤矿是否提起行政复议而存在差别：煤矿没有提起行政复议的，煤矿安全监管监察部门应在行政处罚决定书送达之日起六个月期限届满后的三个月内申请强制执行；煤矿提起行政复议的，应当自复议决定书送到之日（或者复议机关逾期不作决定的，可以在复议期满之日）起 15 日期限届满后的三个月内申请强制执行。申请人民法院强制执行前，煤矿安全监管监察部门应当催告当事人履行义务。催告书送达 10 日后当事人仍未履行义务的，可以向所在地有管辖权的人民法院申请强制执行；执行对象是不动产的，向不动产所在地有管辖权的人民法院申请强制执行。本案中，2019 年 11 月 27 日，申请执行人红河煤监分局将云煤安监红罚〔2019〕29010 号行政处罚决

定书送达给被执行人。被执行人没有申请行政复议，在收到行政处罚决定书之日起六个月内未提起诉讼。六个月期限届满后的三个月内有权向人民法院申请强制执行。因此，红河煤监分局于 2020 年 8 月 21 日向法院递交强制执行申请书，申请强制执行云煤安监红罚〔2019〕29010 号行政处罚决定书，在申请强制执行的合法期限内。

当事人确有经济困难，需要延期或者分期缴纳罚款的，经当事人申请和行政机关批准，可以暂缓或者分期缴纳。如果煤矿安全监管监察部门批准煤矿企业延期、分期缴纳罚款的，依据《行政处罚法》第七十二条，申请人民法院强制执行的期限，自暂缓或者分期缴纳罚款期限结束之日起计算。

（二）申请强制执行的条件

行政机关申请执行其行政行为，应当具备以下条件：①行政行为依法可以由人民法院执行；②行政行为已经生效并具有可执行内容；③申请人是作出该行政行为的行政机关或者法律、法规、规章授权的组织；④被申请人是该行政行为所确定的义务人；⑤被申请人在行政行为确定的期限内或者行政机关催告期限内未履行义务；⑥申请人在法定期限内提出申请；⑦被申请执行的行政案件属于受理执行申请的人民法院管辖。本案中，红河煤监分局没有强制执行权，因此有权申请人民法院强制执行。

人民法院对符合条件的申请，应当在五日内立案受理，并通知申请人；对不符合条件的申请，应当裁定不予受理。行政机关对不予受理裁定有异议，在十五日内向上一级人民法院申请复议的，上一级人民法院应当在收到复议申请之日起十五日内作出裁定。

（三）不予强制执行的行政行为

被申请执行的行政行为有下列情形之一的，人民法院应当裁定不准予执行：①实施主体不具有行政主体资格的；②明显缺乏事实根据的；③明显缺乏法律、法规依据的；④其他明显违法并损害被执行人合法权益的情形。行政机关对不准予执行的裁定有异议，在十五日内向上一级人民法院申请复议的，上一级人民法院应当在收到复议申请之日起三十日内作出裁定。本案中，人民法院经过审理后，认为申请执行人红河煤监分局具有作出行政处罚的职权，有明确的事实根据和法律依据，行政处罚程序合法。因此，裁定准予执行。

案例16：煤矿安全技术服务机构的责任

案件事实

2021年4月10日18时11分，乙省甲煤业公司（简称甲煤矿）发生重大透水事故，造成21人死亡，直接经济损失7000万元。5月8日，国务院安全生产委员会下发重大生产安全事故查处挂牌督办通知书，对甲煤矿"4·10"重大透水事故查处实行挂牌督办。5月10日，国家矿山安全监察局商乙省人民政府，成立了以国家矿山安全监察局乙省级局为组长单位，乙省纪委监委、发展改革委、应急管理厅、公安厅、总工会以及某市人民政府为成员单位，聘请有关专家参与的甲煤矿"4·10"重大透水事故调查组（简称事故调查组），开展事故调查工作。乙省纪委监委成立了甲煤矿"4·10"重大生产安全责任事故监督检查组，同步开展追责问责相关工作。关于技术服务单位工作和对事故应负的责任情况，经事故调查组调查认定如下：

（一）技术服务单位工作开展情况

（1）2018年9月，丙研究院有限公司（简称丙研究院）编制了"甲煤矿矿井水文地质类型划分报告"（简称"划分报告"）。未针对"新甲煤矿物探工作总结报告"中指出的低阻异常区进行分析，对绘制在《甲煤矿B4煤层采掘工程平面图》中的原二号井等老窑采空区位置、范围、积水情况未进行分析；将防（隔）水煤柱留设情况作为水文地质类型划分标准的前置条件，确定甲煤矿水文地质类型为"中等"。此次透水事故证明，"划分报告"水文地质类型划分结论及相关分析判断与实际不符。

（2）2019 年 9 月，丁工程有限公司（简称丁公司）编制完成"甲煤矿技术改造初步设计说明书"，确定井田西部留设 30 米宽边界煤柱，但采掘工程平面图将边界煤柱留设为 20 米宽；在 2020 年 3 月编制的施工图设计中，边界煤柱仍留设为 20 米宽，且开切眼局部布置在边界煤柱中，煤矿相关掘进技术资料和图件均以此设计为依据。

（3）依据《技术服务合同书》的约定，戊科技股份有限公司（以下简称戊公司）采用井下瞬变电磁探测法对甲煤矿掘进巷道进行探测，探明掘进工作面前方及两侧各 100 米范围内水体的赋存情况。2021 年 4 月 8 日夜班，在对 B4W01 回风巷掘进工作面（巷道里程 1043 米处）进行第 11 循环物探作业时，发现掘进面前方有低阻异常区。事故调查发现，物探施工布置图绘制有已关闭的某煤矿部分巷道，且在探测范围内，重点异常区与部分老空巷道重叠，但编制提交的成果报告未对采空区积水因素进行分析，将异常区解释为顶板砂岩裂隙水，未能正确分析 B4 煤层异常区含水性质。

（二）技术服务单位对事故发生负有间接责任的认定

承担甲煤矿技术服务业务的单位未认真履行职责，技术文件审批把关不严，技术资料失实。戊公司对物探成果解释未正确反映掘进面前方异常区水体性质，将采空区积水误判为顶板砂岩裂隙水；丙研究院未全面分析老空位置、范围、积水情况，编制的水文地质类型划分报告结论与矿井实际严重不符；丁公司编制的初步设计对矿井边界煤柱技术参数选取严重失误，施工图设计将开切眼布置在边界煤柱中。

处理建议

（一）技术服务单位相关责任人员的处理建议（7 人）

（1）祝某飞，丁公司经营部技术负责人，负责甲矿井下瞬变电磁设计、成果分析审核工作。其未结合现有的地质资料对低阻异常区充水因素进行分析，未正确分析 B4 煤层异常区含水性质，违反了《煤矿地质工作规定》第五十三条的规定，对事故发生负有重要责任。依据《安全生产违法行为行政处罚办法》第四十五条第（一）项的规定，建议给予警告，并处 1 万元的罚款。

（2）林某声，丁公司总经理，负责公司的全面业务工作。未认真履行管理职责，不认真落实安全技术管理制度，对现场技术人员管理不严，对物探成果报告质量把关不严，违反了《煤矿地质工作规定》第五十三条的规定，对事故发生有负重要责任。依据《安全生产违法行为行政处罚办法》第四十五条第（一）

项的规定，建议给予警告，并处 1 万元的罚款。

（3）许某，丙研究院项目负责人，参与"划分报告"的编制工作。未认真履行职责，未对收集的资料、相邻矿井越界情况进行针对性分析，未全面分析老空位置、范围、积水情况，违反了《煤矿防治水细则》第十二条的规定，对事故发生负有重要责任。依据《安全生产违法行为行政处罚办法》第四十五条第（一）项的规定，建议给予警告，并处 1 万元的罚款。依据《公职人员政务处分法》等有关规定，建议给予其行政降级处分。

（4）黄某，丙研究院技术员，参与"划分报告"的编制工作。未认真履行职责，未对收集的资料、相邻矿井越界情况进行针对性分析，未全面分析老空位置、范围、积水情况，违反了《煤矿防治水细则》第十二条的规定，对事故发生负有重要责任。依据《安全生产违法行为行政处罚办法》第四十五条第（一）项的规定，建议给予警告，并处 1 万元的罚款。依据《公职人员政务处分法》等有关规定，建议给予其行政记过处分。

（5）王某东，中共党员，丙研究院水文所副所长，"划分报告"项目负责人。未认真履行职责，对资料分析、报告审核把关不严，违反了《煤矿防治水细则》第十二条规定，对事故发生负有重要责任。依据《安全生产违法行为行政处罚办法》第四十五条第（一）项的规定，建议给予警告，并处 1 万元的罚款。依据《中国共产党纪律处分条例》，建议给予其党内警告处分。

（6）李某，戊公司原技术员，"甲煤矿技术改造初步设计说明书"前期项目负责人。设计图纸与设计说明书中的边界煤柱留设不符，违反了《煤矿安全规程》第九十五条第四款的规定，对事故发生负有重要责任。依据《安全生产违法行为行政处罚办法》第四十五条第（一）项的规定，建议给予警告，并处 1 万元的罚款。

（7）马某梁，戊公司技术员，"甲煤矿技术改造初步设计说明书"后期项目负责人。施工图将开切眼布置在边界煤柱中，违反了《煤矿安全规程》第九十五条第四款的规定，对事故发生负有重要责任。依据《安全生产违法行为行政处罚办法》第四十五条第（一）项的规定，建议给予警告，并处 1 万元的罚款。

（二）对提供煤矿安全技术服务单位的处理建议

（1）丁公司承担甲煤矿井下瞬变电磁法探测工作，出具的第 11 循环物探成果报告，未结合现有的地质资料对低阻异常区充水因素进行分析，未正确分析 B4 煤层异常区含水性质，违反了《煤矿地质工作规定》第五十三条的规定，对事故发生负有责任。依据《安全生产法》第八十九条规定，建议给予没收违法所得 14.3 万元，并处违法所得五倍的罚款（71.5 万元）。

（2）丙研究院未对收集的资料进行针对性分析；未全面分析老空位置、范围、积水情况；未对相邻矿井越界情况进行针对性分析，编制的"划分报告"与实际不符。违反了《煤矿防治水细则》第十二条规定，对事故发生负有责任。依据《安全生产法》第八十九条规定，建议给予没收违法所得25万元，并处违法所得二倍的罚款（50万元）。

（3）戊公司编制的"甲煤矿技术改造初步设计说明书"中，设计图纸与设计说明书中的边界煤柱留设不符，施工图将开切眼布置在边界煤柱中，违反了《煤矿安全规程》第九十五条第四款的规定，对事故发生负有责任。依据《安全生产法》第八十九条规定，建议给予处50万元的罚款。

案件焦点

本案焦点之一是煤矿安全技术服务单位的职责以及对事故发生应负的法律责任。

案例解读

根据《安全生产法》第十五条，依法设立的为安全生产提供技术、管理服务的机构，依照法律、行政法规和执业准则，接受煤矿企业的委托为其安全生产工作提供技术、管理服务。《煤矿安全生产条例》第四十六条第二款规定，承担煤矿安全评价、认证、检测、检验等职责的煤矿安全生产技术服务机构应当依照有关法律法规和国家标准或者行业标准的规定开展安全生产技术服务活动，并对出具的报告负责，不得租借资质、挂靠、出具虚假报告。《安全生产法》第九十二条对承担安全评价、认证、检测、检验职责的机构出具失实报告和租借资质、挂靠以及出具虚假报告的法律责任进行了规定，同时《煤矿安全生产条例》第七十二条进一步完善了《安全生产法》关于煤矿安全技术服务机构及有关人员的责任，明确规定："承担安全评价、认证、检测、检验等职责的煤矿安全生产技术服务机构有出具失实报告、租借资质、挂靠、出具虚假报告等情形的，对该机构及直接负责的主管人员和其他直接责任人员，应当依照《中华人民共和国安全生产法》有关规定予以处罚并追究相应责任。其主要负责人对重大、特别重大煤矿生产安全事故负有责任的，终身不得从事煤矿安全生产相关技术服务工作。"《煤矿安全生产条例》第四十六条第一款规定："县级以上地方人民政府负有煤矿安全生产监督管理职责的部门应当加强对煤矿安全生产技术服务机构的监管。"《中共中央办公厅 国务院办公厅关于进一步加强矿山安全生产工作的意见》第二十二条也规定："加强矿山领域安全评价、设计、检测、检验、认证、咨询、培训、监理等第三方服务机构监督管理。建立矿山安全评价检测检验报告公开制度。"本案中，丙研究院、丁公司和戊公司为甲煤矿提供技术服务，应该对其提供的技术服务的质量负责。否则，要依法承担相应的法律责任。

一、煤矿安全技术服务的范围

煤矿企业可以委托煤矿安全生产技术服务机构开展勘查、设计、安全评价、检测检验、技术咨询、安全培训、能力核定、瓦斯等级鉴定、冲击地压鉴定、煤层自燃倾向性鉴定、粉尘爆炸性鉴定等服务。煤矿企业安全生产技术服务机构应当依照有关法律法规和国家标准、行业标准的规定开展安全生产技术服务活动，煤矿企业委托这些机构提供安全生产技术、管理服务的，保证安全生产的责任仍由煤矿企业负责。为规范煤矿安全生产技术服务机构的执业活动，确保安全生产。我国《安全生产法》《煤矿安全生产条例》《安全评价检测检验机构管理办法》等对煤矿安全生产技术服务机构的资质条件、执业活动规范以及法律责任等作了明确规定。《煤矿安全培训规定》第七条规定，对从业人员的安全技术培训，由具备《安全培训机构基本条件》（AQ/T 8011—2016）中规定的煤矿企业或者机构进行。在上述诸多煤矿安全技术服务中，煤矿安全评价和检测检验具有通用性。

二、煤矿安全生产评价检测检验机构的资质条件

（一）承担安全评价、认证、检测、检验职责的机构应当具备国家规定的资质条件

根据《安全评价检测检验机构管理办法》第六条，申请安全评价机构资质应当具备下列条件：

（1）独立法人资格，固定资产不少于八百万元。

（2）工作场所建筑面积不少于一千平方米，其中档案室不少于一百平方米，设施、设备、软件等技术支撑条件满足工作需求。

（3）承担矿山、金属冶炼、危险化学品生产和储存、烟花爆竹等业务范围安全评价的机构，其专职安全评价师不低于本办法规定的配备标准。

（4）承担单一业务范围的安全评价机构，其专职安全评价师不少于二十五人；每增加一个行业（领域），按照专业配备标准至少增加五名专职安全评价

师；专职安全评价师中，一级安全评价师比例不低于百分之二十，一级和二级安全评价师的总数比例不低于百分之五十，且中级及以上注册安全工程师比例不低于百分之三十。

（5）健全的内部管理制度和安全评价过程控制体系。

（6）法定代表人出具知悉并承担安全评价的法律责任、义务、权利和风险的承诺书。

（7）配备专职技术负责人和过程控制负责人；专职技术负责人具有一级安全评价师职业资格，并具有与所开展业务相匹配的高级专业技术职称，在本行业领域工作八年以上；专职过程控制负责人具有安全评价师职业资格。

（8）正常运行并可以供公众查询机构信息的网站。

（9）截至申请之日三年内无重大违法失信记录。

（10）法律、行政法规规定的其他条件。

根据《安全评价检测检验机构管理办法》第七条，申请安全生产检测检验机构资质应当具备下列条件：

（1）独立法人资格，固定资产不少于一千万元。

（2）工作场所建筑面积不少于一千平方米，有与从事安全生产检测检验相适应的设施、设备和环境，检测检验设施、设备原值不少于八百万元。

（3）承担单一业务范围的安全生产检测检验机构，其专业技术人员不少于二十五人；每增加一个行业（领域），至少增加五名专业技术人员；专业技术人员中，中级及以上注册安全工程师比例不低于百分之三十，中级及以上技术职称比例不低于百分之五十，且高级技术职称人员比例不低于百分之二十五。

（4）专业技术人员具有与承担安全生产检测检验相适应的专业技能，以及在本行业领域工作两年以上。

（5）法定代表人出具知悉并承担安全生产检测检验的法律责任、义务、权利和风险的承诺书。

（6）主持安全生产检测检验工作的负责人、技术负责人、质量负责人具有高级技术职称，在本行业领域工作八年以上。

（7）符合安全生产检测检验机构能力通用要求等相关标准和规范性文件规定的文件化管理体系。

（8）正常运行并可以供公众查询机构信息的网站。

（9）截至申请之日三年内无重大违法失信记录。

（10）法律、行政法规规定的其他条件。

下列机构不得申请安全评价检测检验机构资质：①应急管理部门、煤矿安全生产监督管理部门所属的事业单位及其出资设立的企业法人；②应急管理部门、煤矿安全生产监督管理部门主管的社会组织及其出资设立的企业法人；③上述两项中的企业法人出资设立（含控股、参股）的企业法人。

（二）承担安全评价、认证、检测、检验职责的机构申请设立的程序

资质认可机关自收到申请材料之日起 5 个工作日内，对材料齐全、符合规定形式的申请，应当予以受理，并出具书面受理文书；对材料不齐全或者不符合规定形式的，应当当场或者 5 个工作日内一次性告知申请人需要补正的全部内容；对不予受理的，应当说明理由并出具书面凭证。资质认可机关应当自受理之日起 20 个工作日内，对审查合格的，在本部门网站予以公告，公开有关信息，颁发资质证书，并将相关信息纳入安全评价检测检验机构信息查询系统；对审查不合格的，不予颁发资质证书，说明理由并出具书面凭证。需要专家评审的，专家评审时间不计入审查期限内，但最长不超过 3 个月。安全评价检测检验机构资质证书有效期 5 年。资质证书有效期届满需要延续的，应当在有效期届满 3 个月前向原资质认可机关提出申请。

三、煤矿安全评价

根据《安全生产法》第二十二条，煤矿新建、改建和扩建工程项目（以下简称煤矿建设项目）应当按照国家有关规定进行安全评价。安全评价，亦称"危险评价""风险评价"，是指探明系统危险、寻求安全对策的一种方法和技术，是安全系统工程的一个重要组成部分。其旨在建立必要的安全措施前，掌握系统内可能的危险种类、危险程度和危险后果，并对其进行定量、定性的分析，从而提出有效的危险控制措施。安全评价可用事故率评价指标，也可用工效学方法评价，如通过业务分析、实验方法、模拟法、可靠性测定和动作时间研究等进行评价。

煤矿安全评价按照实施阶段的不同分为三类：安全预评价、安全验收评价、安全现状评价。

（一）煤矿建设项目安全预评价

在煤矿建设项目可行性研究报告完成后，根据建设项目可行性研究报告的内容，定性、定量分析和预测该建设项目可能存在的各种危险、有害因素，确定其危险度，提出合理可行的安全对策措施及建议。

（二）煤矿建设项目安全验收评价

在煤矿建设项目竣工、试生产运行正常后，通过对煤矿建设项目的设施、设备、装置实际情况和管理状况的调查分析，查找该煤矿建设项目投产后存在的危

险、有害因素，确定其危险度，提出合理可行的安全对策措施及建议。

（三）煤矿安全现状综合评价

通过对煤矿设施、设备、装置实际情况和管理状况的调查分析，定性、定量分析其生产过程中存在的危险、有害因素，确定其危险度，对其安全管理状况给予客观的评价，对存在的问题提出合理可行的安全对策措施及建议。

煤矿建设项目安全预评价、煤矿建设项目安全验收评价和煤矿安全现状综合评价的目的、基本原则、内容、程序和方法应根据《煤矿安全评价导则》进行。

四、煤矿安全生产技术服务机构的履职要求

不同的煤矿安全生产技术服务，技术服务机构提供的技术服务不同。例如，提供防治水技术服务的机构和提供教育培训服务的要求存在较大差别。因此，对煤矿安全生产技术服务机构的履职要求不能一刀切。煤矿安全生产技术服务机构应当依照有关法律法规和国家标准、行业标准的规定开展安全技术服务活动，并对出具的报告负责。煤矿安全生产技术服务机构应该遵循以下要求开展技术服务活动：

（1）按照有关法律、法规、规章和国家标准、行业标准开展安全技术服务活动。本案中，丙研究院、戊公司、丁公司三家单位分别提供了"划分报告""甲煤矿技术改造初步设计说明书"，探明掘进工作面前方及两侧各 100 米范围内水体的赋存情况的成果报告，但上述服务分别违反了《煤矿防治水细则》《煤矿安全规程》《煤矿地质工作规定》等法律、法规、行业标准或者国家矿山安全监察局制定的技术性规定。

（2）承担煤矿安全评价、认证、检测、检验职责的机构对其作出的安全评价、认证、检测、检验结果的合法性、真实性负责。

煤矿企业委托安全评价检测检验机构开展技术服务时，应当签订《委托技术服务合同》，明确服务对象、范围、权利、义务和责任。煤矿企业委托安全评价检测检验机构为其提供安全生产技术服务的，保证安全生产的责任仍由本单位负责。煤矿安全生产监督管理部门以安全评价报告、检测检验报告为依据，作出相关行政许可、行政处罚决定的，应当对其决定承担相应法律责任。

安全评价检测检验机构及其从业人员应当依照法律、法规、规章、标准，遵循科学公正、独立客观、安全准确、诚实守信的原则和执业准则，独立开展安全评价和检测检验，并对其作出的安全评价和检测检验结果负责。本案中，上述三家单位出具的报告与甲煤矿实际情况严重不符，违背安全评价机构安全评价的履职要求，对事故发生负有重要责任。

（3）承担安全评价、认证、检测、检验职责的机构应当建立并实施服务公开和报告公开制度，不得租借资质、挂靠、出具虚假报告。安全评价检测检验机构应当建立并实施服务公开制度和报告公开制度，加强内部管理，严格自我约束。服务公开制度，是指承担安全评价、认证、检测、检验职责的机构应当公开其服务项目、服务内容、服务承诺等，并按照公开内容进行安全评价、认证、检测、检验。报告公开制度，是指安全评价检测检验机构应当按照有关规定在网上公开安全评价报告、安全生产检测检验报告相关信息及现场勘验图像影像等。我国实行安全评价、认证、检测、检验资质认可制度，有关机构必须有相应资质才能从事这些行为。承担安全评价、认证、检测、检验职责的机构租借资质的，属于严重的违法行为，应该承担相应的法律责任。实践中，有些机构没有相应资质，但通过合同方式内部约定，挂靠在某一具有资质的安全评价机构或者检测检验机构下，并使用被挂靠机构的名义从事安全评价、认证、检测、检验等活动，这种挂靠资质的行为，因挂靠单位没有相应资质，不具备出具相关报告的能力和资质，易导致相关安全评价、认定、检测、检验结果不符合实际，甚至违法。因此，本条严格禁止挂靠行为。虚假报告，是指安全评价报告、安全生产检测检验报告内容与当时实际情况严重不符，报告结论定性严重偏离客观实际。出具虚假报告的，极易为安全生产埋下隐患，也属于法律严厉打击的行为。本案中，丁公司承担甲煤矿井下瞬变电磁法探测工作，出具的第 11 循环物探成果报告，未结合现有的地质资料对低阻异常区充水因素进行分析，未正确分析 B4 煤层异常区含水性质，违反了《煤矿地质工作规定》第五十三条的规定。丙研究院未对收集的资料进行针对性分析；未全面分析老空位置、范围、积水情况；未对相邻矿井越界情况进行针对性分析，编制的"划分报告"与实际不符。戊公司编制的"甲煤矿技术改造初步设计说明书"中，设计图纸与设计说明书中的边界煤柱留设不符，施工图将开切眼布置在边界煤柱中，违反了《煤矿安全规程》第九十五条第四款的规定。上述三家机构出具的报告存在虚假，对事故发生负有责任。

五、煤矿安全生产技术服务机构的法律责任

《煤矿安全生产条例》虽然未对煤矿安全生产技术服务机构的法律责任作出规定，但《安全生产法》《安全评价检测检验机构管理办法》对煤矿安全生产技术服务机构的法律责任作了规定。构成犯罪的，可以根据《刑法》第二百二十九条第二款的规定，对技术服务机构有关人员以出具证明文件重大失实罪追究刑事责任。

（一）承担安全评价、认证、检测、检验职责的机构出具失实报告的法律责任

承担安全评价、认证、检测、检验职责的机构应当根据实际情况出具安全评价等报告并对其出具报告的真实性负责，如果出具失实报告的，要受到责令停业整顿，并处 3 万元以上 10 万元以下的罚款的行政处罚。因出具失实报告给他人造成损害的，依法承担民事赔偿责任。失实报告并非虚假报告，虚假报告应依据本条第二款处理。实践中，失实报告的认定应结合相关实际情况进行认定。

（二）承担安全评价、认证、检测、检验职责的机构租借资质、挂靠、出具虚假报告的法律责任

我国实行安全评价、认证、检测、检验机构的资质认可制度，严禁租借资质、挂靠；严禁承担安全评价、认证、检测、检验职责的机构出具虚假报告。虚假报告是指出具与实际情况严重不符的安全评价报告、认证结论或者有关检测、检验数据。承担安全评价、认证、检测、检验职责的机构租借资质、挂靠、出具虚假报告的，机构及其直接负责的主管人员和其他直接责任人员应承担法律责任，法律责任包括行政责任、民事责任甚至刑事责任。

机构承担的行政责任包括：①没收违法所得。②罚款。违法所得在 10 万元以上的，并处违法所得 2 倍以上 5 倍以下的罚款，没有违法所得或者违法所得不足 10 万元的，单处或者并处 10 万元以上 20 万元以下的罚款；③吊销机构的相应资质，如安全评价资质等。

承担安全评价、认证、检测、检验职责的机构的直接负责的主管人员和其他直接责任人员的行政责任：①罚款。处 5 万元以上 10 万元以下的罚款。②对违法行为的直接责任人员，吊销其相应资格。③实施行业禁入。违法行为的直接责任人员，5 年内不得从事安全评价、认证、检测、检验等工作；情节严重的，实行终身行业和职业禁入。承担安全评价、认证、检测、检验职责的机构的直接负责的主管人员和其他直接责任人员构成犯罪的，依照《刑法》有关规定追究刑事责任。本案中，甲煤矿事故发生在 2021 年 4 月，2021 年 6 月修订的《安全生产法》关于第九十二条的修订对该事故不适用。因此，事故调查组建议按照《安全生产法违法行为行政处罚办法》追究有关技术服务机构的法律责任；依据 2021 年修订前《安全生产法》第八十九条的规定，对技术服务机构追究法律责任，没收丁公司、戊公司和丙研究院的违法所得，并分别处违法所得 2 倍至 5 倍的罚款，符合法律规定。同时，根据 2021 年修订前《安全生产法》第八十九条第二款的规定，还应给予吊销相应资质的行政处罚。

需要特别指出的是，根据《安全生产违法行为》第五十八条规定，本办法

所称的违法所得，按照下列规定计算：①生产、加工产品的，以生产、加工产品的销售收入作为违法所得；②销售商品的，以销售收入作为违法所得；③提供安全生产中介、租赁等服务的，以服务收入或者报酬作为违法所得；④销售收入无法计算的，按当地同类同等规模的生产经营单位的平均销售收入计算；⑤服务收入、报酬无法计算的，按照当地同行业同种服务的平均收入或者报酬计算。例如，本案中在核实安全生产中介服务机构的违法所得时，以服务收入或者报酬作为违法所得，不扣成本。

（三）出具证明文件重大失实罪

《刑法》第二百二十九条第一款规定："承担资产评估、验资、验证、会计、审计、法律服务、保荐、安全评价、环境影响评价、环境监测等职责的中介组织的人员故意提供虚假证明文件，情节严重的，处五年以下有期徒刑或者拘役，并处罚金；有下列情形之一的，处五年以上十年以下有期徒刑，并处罚金：

（1）提供与证券发行相关的虚假的资产评估、会计、审计、法律服务、保荐等证明文件，情节特别严重的。

（2）提供与重大资产交易相关的虚假的资产评估、会计、审计等证明文件，情节特别严重的。

（3）在涉及公共安全的重大工程、项目中提供虚假的安全评价、环境影响评价等证明文件，致使公共财产、国家和人民利益遭受特别重大损失的。第二款规定："有前款行为，同时索取他人财物或者非法收受他人财物构成犯罪的，依照处罚较重的规定定罪处罚。"第三款规定："第一款规定的人员，严重不负责任，出具的证明文件有重大失实，造成严重后果的，处三年以下有期徒刑或者拘役，并处或者单处罚金。"根据上述规定，煤矿安全生产技术服务机构的人员故意出具虚假的安全评价报告，情节严重的，处五年以下有期徒刑或者拘役，并处罚金；在涉及公共安全的重大工程、项目中提供虚假的安全评价报告，致使公共财产、国家和人民利益遭受特别重大损失的，处五年以上十年以下有期徒刑，并处罚金。煤矿安全生产技术服务机构的人员严重不负责任，出具的安全评价报告有重大失实，造成严重后果的，处三年以下有期徒刑或者拘役，并处或者单处罚金。

根据《最高人民法院、最高人民检察院关于办理危害生产安全刑事案件适用法律若干问题的解释（二）》第七条，承担安全评价职责的中介组织的人员故意提供虚假证明文件，有下列情形之一的，属于刑法第二百二十九条第一款规定的"情节严重"：①造成死亡一人以上或者重伤三人以上安全事故的；②造成直接经济损失五十万元以上安全事故的；③违法所得数额十万元以上的；④两年内因故意提供虚假证明文件受过两次以上行政处罚，又故意提供虚假证明文件的；⑤其他情节严重的情形。在涉及公共安全的重大工程、项目中提供虚假的安全评价文件，有下列情形之一的，属于刑法第二百二十九条第一款第（三）项规定的"致使公共财产、国家和人民利益遭受特别重大损失"：①造成死亡三人以上或者重伤十人以上安全事故的；②造成直接经济损失五百万元以上安全事故的；③其他致使公共财产、国家和人民利益遭受特别重大损失的情形。承担安全评价职责的中介组织的人员有刑法第二百二十九条第一款行为，在裁量刑罚时，应当考虑其行为手段、主观过错程度、对安全事故的发生所起作用大小及其获利情况、一贯表现等因素，综合评估社会危害性，依法裁量刑罚，确保罪、责、刑相适应。

根据《最高人民法院 最高人民检察院关于办理危害生产安全刑事案件适用法律若干问题的解释（二）》第八条，承担安全评价职责的中介组织的人员，严重不负责任，出具的证明文件有重大失实，有下列情形之一的，属于刑法第二百二十九条第三款规定的"造成严重后果"：①造成死亡一人以上或者重伤三人以上安全事故的；②造成直接经济损失一百万元以上安全事故的；③其他造成严重后果的情形。承担安全评价职责的中介组织犯刑法第二百二十九条规定之罪的，对该中介组织判处罚金，并对其直接负责的主管人员和其他直接责任人员，依照本解释第七条、第八条的规定处罚。

本案中，三家机构出具的并非安全评价报告，根据罪刑法定原则，未构成犯罪，没有追究其有关人员的刑事责任。

案例 17：安全设施设计审查

案件事实

2018 年 3 月 23 日，某煤监局根据某矿业公司提交的采矿许可证等资料，受理了某矿业公司建设项目安全设施设计审查申请。经审查，某煤监局认为资料齐全，符合法律规定，遂于 2018 年 4 月 26 日下达了设计批复，批复同意某矿业公司建设项目安全设施设计审查申请。2018 年 5 月 16 日，某煤监局在执法检查中得知某矿业公司提交的采矿许可证已过期，经向原某省国土资源厅调查了解确认某矿业公司的采矿许可证有效期仅顺延至 2014 年 9 月 3 日，与某矿业公司提交的上述采矿许可证不符。2018 年 5 月 21 日，某煤监局指派某煤监局某监察分局对某矿业公司法定代表人雷某某进行调查，雷某某承认为了及时上报扩建项目安全设施设计审查，将已失效的采矿许可证的有效期擅自进行了修改，并将其作为附件资料上报某煤监局。

2018 年 5 月 25 日，某煤监局作出撤销决定，决定撤销上述《设计批复》对某矿业公司煤矿扩建项目安全设施设计审查的行政许可，同时决定 3 年内将不再受理某矿业公司煤矿扩建项目的行政许可申请。2018 年 5 月 29 日，某矿业公司向某煤监局提交"关于请求某煤监局对某矿业公司从轻处罚的报告"，声明对撤销行政许可无异议，但认为 3 年内不再受理某矿业公司的扩建申请处罚过重，不应适用《安全生产违法行为行政处罚办法》第五十一条的规定。

某矿业公司对该撤销决定不服，提起行政诉讼。

判决结果

人民法院认为，《行政许可法》对撤销行政许可的程序虽未作出具体规定，但该法总则第五条第一款规定，"设定和实施行政许可，应当遵循公开、公平、公正的原则"；第七条规定，"公民、法人或者其他组织对行政机关实施行政许可，享有陈述权、申辩权"。撤销行政许可亦属于实施行政许可。本案中，某煤监局在未事先告知的情况下，即作出撤销某矿业公司煤矿扩建项目安全设施设计行政许可的决定，侵犯了某矿业公司依据前述法律规定享有的陈述权、申辩权，同时违反了前述法律规定的公开原则，属于程序违法，一般情况下应予撤销；但某矿业公司提交伪造的采矿许可证骗取煤矿扩建项目安全设施设计行政许可，根据《行政许可法》第六十九条第一款第（四）项、第二款及《安全生产违法行为行政处罚办法》(安全生产监督管理总局令第 15 号）第五十一条第二款规定，对某矿业公司的处理结果必然是撤销行政许可和 3 年内不得再次申请该行政许可，某煤监局在作出处理的过程中是否听取了某矿业公司的陈述及申辩都对处理结果不产生影响，故某煤监局的上述程序违法行为未对某矿业公司产生不利影响；同时因煤矿安全生产工作事关人民生命财产安全，如对某矿业公司提交虚假材料、骗取行政许可的行为不及时撤销、惩戒，势必造成公共安全隐患，有可能对社会公共利益造成重大损害，在某煤监局对某矿业公司的实体处理并无不妥的情况下，根据《行政诉讼法》第七十四条第一款第（一）项规定可判决确认某煤监局的行政行为违法，但不撤销，并保持其效力。

争议焦点

本案争议焦点是某煤监局作出的撤销建设项目安全设施设计审批是否符合法律规定。

案例解读

《安全生产法》第三十一条、第三十三条和第三十四条对煤矿建设项目安全设施"三同时"、煤矿建设项目安全设施设计、设计审批和安全设施施工以及安全设施验收等做了规定。为规范煤矿建设项目，根据上述规定，《煤矿安全生产条例》第十四条规定："新建、改建、扩建煤矿工程项目（以下统称煤矿建设项目）的建设单位应当委托具有建设工程设计企业资质的设计单位进行安全设施设计。安全设施设计应当包括煤矿水、火、瓦斯、冲击地压、煤尘、顶板等主要灾害的防治措施，符合国家标准或者行业标准的要求，并报省、自治区、直辖市人民政府负有煤矿安全生产监督管理职责的部门审查。安全设施设计需要作重大变更的，应当报原审查部门重新审查，不得先施工后报批、边施工边修改。"第十五条第二款规定："施工单位应当按照批准的安全设施设计施工，不得擅自变更设计内容。"第十六条规定："煤矿建设项目竣工投入生产或者使用前，应当由建设单位负责组织对安全设施进行验收，并对验收结果负责；经验收合格后，方可投入生产和使用。"

一、煤矿建设项目的审批

煤矿建设项目的审批主要包括以下几个方面：

（一）煤矿建设项目的核准和安全审核

"煤矿建设项目"是指新建煤矿和增加生产能力的建设煤矿，简而言之，煤矿建设项目为新建、改（扩）建煤矿。对于煤矿技术改造、产业升级、资源整合等不在核准目录的单项工程等不再办理煤矿建设项目核准。

1. 煤矿建设项目核准

国家从 2004 年开始全面实行企业投资项目核准备案制，煤矿建设项目属于核准类项目，煤矿建设项目核准由发展改革部门承担。目前，主要的政策依据是《企业投资项目核准和备案管理条例》《国务院关于发布政府核准的投资项目目录的通知》《企业投资项目核准和备案管理办法》《国家发展改革委、国家能源局、国家安全生产监督管理总局、国家煤矿安全监察局关于进一步加强煤矿建设项目安全管理的通知》等。

国家规划矿区内的煤炭开发项目申请报告，由项目所在地省级发展和改革委员会或项目所属中央管理企业初审后报送国家发展改革委，由国家发展改革委直接核准或报请国务院核准。《关于印发国家发展改革委核报国务院核准或审批的固定资产投资项目目录（试行）的通知》规定，国家规划矿区内年产 500 万吨/年及以上的煤炭开发项目由企业投资的，由国家发展改革委核报国务院核准。《国务院关于取消和下放一批行政审批项目等事项的规定》对企业投资国家规划矿区内新增年生产能力低于 120 万吨/年的煤矿开发项目核准下放省级发展改革委。国家规划矿区以外的煤炭项目由省级发展和改革委员会或省级政府指定的部门会同省级发展改革委员会核准。

企业办理煤矿建设项目核准手续，应当按照国家有关要求编制项目申请报告，取得项目用地预审与选址意见书（使用已经依法批准的建设用地且以出让方式供地的项目除外），以及法律、行政法规规定需要办理的其他相关手续。组织编制和报送项目申请报告的项目单位应当对核准项目的申报信息及相关材料真实性、合法性和完整性负责。地方能源行业部门对报送材料进行初步审查，申报材料不齐全或者不符合法定形式的，应当在收到项目申报材料之日起 5 个工作日内一次告知项目单位补充相关文件，或对相关内容进行调整。核准后项目单位要如实填报项目开工建设等后续信息。

2. 煤矿建设项目安全审核

煤矿建设项目安全审核，也称安全核准，是指审查煤矿建设项目可行性研究报告和建设单位业绩报告等资料，确定煤矿建设项目是否具备开发建设的安全条件，建设单位是否具备安全管理经验及业绩。《国务院办公厅关于加强煤炭行业管理有关问题的意见》规定："发展改革委核准重大煤矿建设项目，要征求安全监管总局和煤矿安监局的意见，煤矿安监局负责对项目进行安全核准"。煤矿建设项目申请报告上报到国家发展改革委项目核准机关受理后，项目核准机关在核准前，首先由国家矿山安全监察局对项目进行安全审核，未通过安全审核的不得通过项目核准。

《煤矿建设项目安全审核基本要求》（AQ 1049—2018）是关于煤矿建设项目安全审核的行业规范。安全审核资料包括煤矿建设项目可行性研究报告；建设单位业绩报告。

安全审核的基本内容包括：①煤层瓦斯。②井田水文地质。③煤层自燃倾向性。④煤尘爆炸危险性。⑤煤、岩冲击倾向性。⑥露天煤矿。露天矿应进行边坡稳定性评价，确定露天边坡类型，评述露天边坡各岩层岩性、水理性质及物理力学性质，确定是否需要进行专门的工程地质勘探及岩土物理力学试验作为下步设计依据。⑦设计生产能力。⑧禁止开采区域（煤层）。⑨老窑及其他矿山。应查明井田内和邻近区域现有矿井、老窑的分布与开采情况，基本确定各类采空区范围及其积水情况。井田范围内不得有正在开采的其他煤矿和非煤矿山。存在与油气、煤层气等矿权重叠的，或地面存在不能搬迁的基础设施的，双方应签订安全开采协议。⑩建设单位的业绩。建设单位的业绩报告应包括企业基本情况，开办煤矿历史、灾害类型、生产能力及近 3 年发生事故情况等内容，并对报告的真实性负责。开发建设灾害严重（属高瓦斯、煤与瓦斯突出、冲击地压、容易自然发火或水文地质条件复杂和极复杂等情况之一）的煤矿，应由具有相应灾害类型煤矿安全管理经验和业绩的煤炭企业建设。股份制企业由非控股股东负责建设的，应明确该股东对安全生产、安全投入和安全管理等拥有决策权及相应的安全责任。建设单位直属（包括控股）的生产煤矿、施工队伍发生过一次死亡 3 人及以上煤与瓦斯突出事故的，一年内不得申请煤与瓦斯突出煤矿建设项目；发生过一次死亡 10 人及以上责任事故，该单位一年内不能申报煤矿建设项目；发生过一次死亡 30 人及以上事故的，三年内不能申报煤矿建设项目。中央或省级煤炭集团公司，其下属相当于原矿务局一级的法人单位所属生产煤矿或施工企业发生过一次死亡 3 人及以上煤与瓦斯突出事故的，一年内不得申请煤与瓦斯突出煤矿建设项目；发生过一次死亡 10 人及以上责任事故的，该法人单位一年内不能申报煤矿建设项目；发生过一次死亡 30 人及以上事故的，三年内不能申报煤矿建设项目。

安全审核一般按照下列程序进行：①国家矿山安全监察局接到国家发展改革委的安全审核函后，组织专家或安排具有安全审核资质的单位进行安全核准工作；②按照《煤矿建设项目安全审核基本要求》（AQ 1049—2018）的规定，对上述内容逐项进行审核；③形成项目安全审核报告，报国家矿山安全监察局批准；④国家矿山安全监察局综合司出具"煤矿建设项目安全审核结果的函"至国家发展改革委办公厅通过安全审核。

（二）煤矿建设项目的初步设计和安全设施设计

煤矿建设单位应当根据煤矿建设规模，委托具有相应资质的同一设计单位承担煤矿建设项目初步设计和安全设施设计。

1. 煤矿建设项目的初步设计

《煤炭法》第十八条规定，开办煤矿企业，应当具备下列条件：①有煤矿建设项目可行性研究报告或者开采方案；②有计划开采的矿区范围、开采范围和资源综合利用方案；③有开采所需的地质、测量、水文资料和其他资料；④有符合煤矿安全生产和环境保护要求的矿山设计；⑤有合理的煤矿矿井生产规模和与其相适应的资金、设备和技术人员；⑥法律、行政法规规定的其他条件。

根据《矿山安全法》第八条，矿山建设工程的设计文件，必须符合矿山安全规程和行业技术规范，并按照国家规定经管理矿山企业的主管部门批准；不符合矿山安全规程和行业技术规范的，不得批准。根据《关于加强煤炭建设项目管理的通知》，煤矿初步设计由所在地的省级政府指定的部门会同省级发展改革委审查，省级政府未指定审查部门的，由省级发展改革委会同同级煤炭行业管理部门审查。

煤矿建设项目（包括新建、改建、扩建、兼并重组整合）都应编制初步设计。初步设计应当符合《煤炭工业矿井设计规范》《煤矿安全规程》《煤、泥炭地质勘查规范》《建筑物、水体、铁路及主要井巷煤柱留设与压煤开采规程》《煤炭工业矿井工程建设项目设计文件编制标准》和国家及行业现行的有关规程、规范及法规的规定。

项目建设单位委托完成初步设计后，向市、县煤炭管理部门或国有重点煤炭集团公司提出审查申请，由市煤炭管理部门或国有重点煤炭集团公司审查后报省煤炭管理部门最终审查。煤矿初步设计审查实行专家会审制，省煤炭管理部门建立煤矿建设项目初步设计审查专家库，根据项目的规模、工艺和技术特点从专家库中抽选专家成立专家组，专家组成员人数一般不少于7人，涵盖该建设项目所涉及的各相关专业，遵守审查回避制度并兼顾就近聘请原则。省煤炭管理部门受理上报的煤矿建设项目初步设计申请后，委托专家组组织审查，建设单位、设计单位根据专家组的审查意见补充、修改、完善初步设计，并报省煤炭管理部门；专家组要对修改后的设计进行复核，签署复核意见。煤矿初步设计应按照批准的煤矿安全设施设计修改和完善。

经审查符合规定条件的，省煤炭管理部门在规定时间内完成初步设计审核批复，同时抄送国家能源局、省发展改革委、省自然资源厅、省生态环境厅、省级矿山安全监察局、市煤炭管理部门和设计单位等。

煤矿建设单位必须按照批准的初步设计组织施工，不得擅自变更设计内容。煤矿安全生产条件发生重大变化的，煤矿建设单位和设计单位必须提前对已批准的初步设计进行调整、修改，重新报省煤炭管理部门审查批准后实施。

2. 煤矿建设项目的安全设施设计

根据《安全生产法》第三十一条，新建、改建、扩建煤矿项目的安全设施，必须与主体工程同时设计、同时施工、同时投入生产和使用。安全设施投资应当纳入建设项目概算。建设项目安全设施的设计人、设计单位应当对安全设施设计负责。煤矿建设项目的安全设施设计应当按照国家有关规定报经有关部门审查，审查部门及其负责审查的人员对审查结果负责。

根据《煤矿安全生产条例》第十四条第二款，安全设施设计应当包括煤矿水、火、瓦斯、冲击地压、煤尘、顶板等主要灾害的防治措施，符合国家标准或者行业标准的要求。煤矿建设项目的安全设施的设计、施工应当符合工程建设强制性标准、《煤矿安全规程》和行业技术规范。安全设施的设计是工程施工提供据以遵循的技术依据，设计质量的好坏是决定整个安全设施质量的基础。如果设计质量存在问题，整个安全设施的质量也就没有保障。建设项目的安全设施的设计单位及其人员要以对安全设施质量高度负责的态度，认真做好设计工作，加强对设计过程的质量控制，确保设计工作的质量万无一失。如果由于设计质量出了问题，影响安全设施的质量，则应由设计单位、设计人对因此造成的损失承担责任。因此，建设项目安全设施的设计人、设计单位应当对安全设施设计负责。《建设项目安全设施"三同时"监督管理办法》对煤矿建设项目设施设计的主要内容作了细化规定。

（三）安全设施设计的审批

煤矿建设项目施工前，其安全设施设计应当经煤矿安全监察机构审查同意；竣工投入生产或使用前，其安全设施和安全条件应当经煤矿建设单位验收合格。煤矿安全监察机构应当加强对建设单位验收活动和验收结果的监督核查。《中共中央国务院关于推进安全生产领域改革发展的意见》要求"将国家煤矿安全监察机构负责的安全生产行政许可事项移交给地方政府承担"。《中共中央办公厅 国务院办公厅关于印发〈国家矿山安全监察局职能配置、内设机构和人员编制规定〉的通知》第八条将煤矿安全生产许可、建设工程安全设施设计审查和竣工验收核查、检验检测机构认证、相关人员培训等事项移交给地方政府。《国务院关于深化"证照分离"改革进一步激发市场主体发展活力的通知》要求"重要工业产品（除食品相关产品、化肥外）生产许可证核发等15项涉企经营许可事项（含煤矿安全生产许可），下放审批权限，便利企业就近办理"。《国务院办公厅关于全面实行行政许可事项清单管理的通知》序号第893、894、895规定：煤矿安全设施设计审查、煤矿企业安全生产许可、矿山特种作业人员职业资格认定由省级煤矿安全监管部门负责。因此，《煤矿安全生产条例》第十四条第二款规定，安全设施设计应当报省、自治区、直辖市人民政府负有煤矿安全生产监督管理职责的部门审查。所以，承担煤矿安全设施设计审查职责的部门由地方人民政府煤矿安全监管部门承担。

二、煤矿建设项目安全设施的设计审查批准

矿山、金属冶炼建设项目和用于生产、储存、装卸危险物品的建设项目，与其他建设项目相比具有更大的危险性。这些项目除了按照《安全生产法》第二十二条的规定进行安全评价以外，还需要按照本条第二款的规定，由有关部门对其安全设施的设计进行审查，主要是审查安全评价报告对建设项目提出的安全措施和要求，是否贯彻落实到建设项目安全设施的设计中，安全设施的设计是否符合有关法律、法规以及国家安全标准或者行业标准的规定等。只有符合有关规定，经审查同意的，方可施工。

《煤矿安全生产条例》第四十一条第一款是关于煤矿建设项目安全设施设计审查的规定。根据该条规定，省、自治区、直辖市人民政府负有煤矿安全生产监督管理职责的部门审查煤矿建设项目安全设施设计，应当自受理之日起 30 日内审查完毕，签署同意或者不同意的意见，并书面答复。根据《安全生产法》第三十三条，审查部门及其负责审查的人员对审查结果负责。

根据《煤矿安全生产条例》第四十一条第二款，省、自治区、直辖市人民政府负有煤矿安全生产监督管理职责的部门应当加强对建设单位安全设施验收活动和验收结果的监督核查。

《建设项目安全设施"三同时"监督管理办法》第三章对"建设项目安全设施设计审查"作了规定。根据该办法的规定，生产经营单位在建设项目初步设计时，应当委托有相应资质的初步设计单位对建设项目安全设施同时进行设计，编制安全设施设计。安全设施设计必须符合有关法律、法规、规章和国家标准或者行业标准、技术规范的规定，并尽可能采用先进适用的工艺、技术和可靠的设备、设施。需要进行安全评价的建设项目，安全设施设计还应当充分考虑建设项目安全预评价报告提出的安全对策措施。安全设施设计单位、设计人应当对其编制的设计文件负责。

建设项目安全设施设计应当包括下列内容：①设计依据；②建设项目概述；③建设项目潜在的危险、有害因素和危险、有害程度及周边环境安全分析；④建筑及场地布置；⑤重大危险源分析及检测监控；⑥安全设施设计采取的防范措施；⑦安全生产管理机构设置或者安全生产管理人员配备要求；⑧从业人员教育培训要求；⑨工艺、技术和设备、设施的先进性和可靠性分析；⑩安全设施专项投资概算；⑪安全预评价报告中的安全对策及建议采纳情况；⑫预期效果以及存在的问题与建议；⑬可能出现的事故预防及应急救援措施；⑭法律、法规、规章、标准规定需要说明的其他事项。

矿山建设项目安全设施设计完成后，生产经营单位应当按照规定向省级煤矿安全监管部门提出审查申请，并提交下列文件资料：①建设项目审批、核准或者备案的文件；②建设项目安全设施设计审查申请；③设计单位的设计资质证明文件；④建设项目安全设施设计；⑤建设项目安全预评价报告及相关文件资料；⑥法律、行政法规、规章规定的其他文件资料。安全设施设计审批中，申请人报送的材料应该真实、有效、合法。本案中，某矿业公司通过擅自修改采矿许可证的方式，弄虚作假，骗取煤矿建设项目安全设施设计审批，是一种严重的违法行为。根据《安全生产违法行为行政处罚办法》第五十一条，审批机构有权撤销许可及批准文件，并处以罚款。同时，弄虚作假，骗取许可证的单位及其有关人员在 3 年内不得再次申请该行政许可。

建设项目安全设施设计有下列情形之一的，不予批准，并不得开工建设：

①无建设项目审批、核准或者备案文件的；②未委托具有相应资质的设计单位进行设计的；③安全预评价报告由未取得相应资质的安全评价机构编制的；④设计内容不符合有关安全生产的法律、法规、规章和国家标准或者行业标准、技术规范的规定的；⑤未采纳安全预评价报告中的安全对策和建议，且未做充分论证说明的；⑥不符合法律、行政法规规定的其他条件的。建设项目安全设施设计审查未予批准的，生产经营单位经过整改后可以向原审查部门申请再审。

已经批准的建设项目及其安全设施设计有下列情形之一的，生产经营单位应当报原批准部门审查同意；未经审查同意的，不得开工建设：①建设项目的规模、生产工艺、原料、设备发生重大变更的；②改变安全设施设计且可能降低安全性能的；③在施工期间重新设计的。

三、安全设施设计的执行

煤矿建设项目的施工单位必须按照批准的安全设施设计施工，任何单位和个人不得擅自决定不按被批准的设计文件施工或者擅自更改设计文件。这也是保证煤矿建设项目安全设施质量的基础。因此，《煤矿安全生产条例》第十五条第二款规定："施工单位应当按照批准的安全设施设计施工，不得擅自变更设计内容。"

施工单位应当在施工组织设计中编制安全技术措施和施工现场临时用电方案，同时对危险性较大的分部分项工程依法编制专项施工方案，并附具安全验算结果，经施工单位技术负责人、总监理工程师签字后实施。施工单位应当严格按照安全设施设计和相关施工技术标准、规范施工，并对安全设施的工程质量负责。施工单位发现安全设施设计文件有错漏的，应当及时向煤矿建设单位和设计单位提出。煤矿建设单位和设计单位应当及时处理。这时，如果涉及煤矿建设项目有重大设计变更的，应当经原审查部门重新审查，不得先施工后报批、边施工边修改。根据《煤矿重大事故隐患判定标准》第十五条，建设项目安全设施设计未经审查批准，或者审查批准后作出重大变更未经再次审查批准擅自组织施工的，属于《煤矿安全生产条例》第三十六条第（十七）项规定的"其他重大事故隐患"，应根据《煤矿安全生产条例》第六十四条的规定处罚。

四、安全设施验收

《煤矿安全生产条例》第十六条对煤矿建设项目的竣工验收作了规范。煤矿建设项目竣工投入生产或者使用前，应当由建设单位负责组织对安全设施进行验收，并对验收结果负责；经验收合格后，方可投入生产和使用。煤矿建设单位对验收结果负责。煤矿建设单位实行多级管理的，应当由项目建设单位上一级具有独立法人资格的单位或者企业总部组织验收。煤矿建设项目经验收合格后，方可投入生产和使用。

（一）煤矿建设项目的综合竣工验收

综合竣工验收是指煤矿建设项目在设计建成后、正式投入生产前，对项目建设内容、工程质量、国家和行业强制性标准执行情况、资金使用情况等事项的全面检查验收，以及对煤矿建设项目设计、施工、监理等工作的综合评价。《煤矿建设项目竣工验收管理办法》对煤矿建设项目综合竣工验收作了规定。

（二）安全生产设施验收

煤矿建设项目安全设施验收，是指安全设施已经按照设计要求完成全部施工任务，准备交付生产经营单位使用时，依照有关法律、行政法规的规定，对该设施是否合乎设计要求和工程质量标准所进行的检查、考核工作。这是安全设施建设全过程的最后一道程序，是对安全设施质量实施控制的最后一个重要环节。认真做好安全设施的验收工作，对于保证安全设施的质量具有重要意义。

承担安全设施验收职责的主体经历了从安全生产监管部门到建设单位的转变。2014年修订前《安全生产法》第二十七条对验收作了规定，根据当时立法，验收由安全生产监督管理部门依照有关法律、行政法规的规定对安全设施进行验收；验收合格后，方可投入生产和使用。验收部门及其验收人员对验收结果负责。《矿山安全法》第十二条第二款规定，矿山建设工程安全设施竣工后，由管理矿山企业的主管部门验收，并须有劳动行政主管部门参加；不符合矿山安全规程和行业技术规范的，不得验收，不得投入生产。2014年修订《安全生产法》时，将组织验收的职责交由建设单位，建设单位负责组织对安全设施进行验收；验收合格后，方可投入生产和使用。安全生产监督管理部门不再承担组织验收的责任，但应当加强对建设单位验收活动和验收结果的监督核查，通过监督检查督促建设单位落实验收义务。《煤矿安全生产条例》第十六条承袭了《安全生产法》的做法，规定由煤矿建设单位组织验收。

（三）煤矿企业建设项目安全设施验收程序

根据《建设项目安全设施"三同时"监督管理办法》的有关规定，建设项目安全设施建成后，煤矿企业应当对安全设施进行检查，对发现的问题及时整改。建设项目竣工后，根据规定建设项目需要试运行的，应当在正式投入生产或者使用前进行试运行。试运行时间应当不少于30日，最长不得超过180日。建设项目安全设施竣工或者试运行完成后，生产经营单位应当委托具有相应资质的安全评价机构对安全设施进行验收评价，并编制建设项目安全验收评价报告。受委托的中介机构应遵照客观、公正、科学的原则开展工作，受委托的中介机构与被验收及承担验收项目的设计、评价、施工、监理等单位不得存在隶属或者利益关系，承担煤矿建设项目安全评价的安全中介机构对其作出的安全评价结果负责。建设项目安全验收评价报告应当符合有关法律、法规、国家标准或者行业标准的规定，如《煤矿安全规程》《煤矿建设项目安全设施设计审查和竣工验收规范》等。煤矿建设单位应对验收评价报告和监管部门提出的意见和问题进行整改，合格后出具通过验收的意见，并形成书面报告备查。安全设施竣工验收合格后，方可投入生产和使用。

建设项目的安全设施有下列情形之一的，建设单位不得通过竣工验收，并不得投入生产或者使用：①未选择具有相应资质的施工单位施工的；②未按照建设项目安全设施设计文件施工或者施工质量未达到建设项目安全设施设计文件要求的；③建设项目安全设施的施工不符合国家有关施工技术标准的；④未选择具有相应资质的安全评价机构进行安全验收评价或者安全验收评价不合格的；⑤安全设施和安全生产条件不符合有关安全生产法律、法规、规章和国家标准或者行业标准、技术规范规定的；⑥发现建设项目试运行期间存在事故隐患未整改的；⑦未依法设置安全生产管理机构或者配备安全生产管理人员的；⑧从业人员未经过安全生产教育和培训或者不具备相应资格的；⑨不符合法律、行政法规规定的其他条件的。

（四）煤矿安全监管监察部门对验收的监督核查

煤矿建设项目安全设施的设计审查和竣工验收，由煤矿安全监管监察机构按照设计或者新增的生产能力，实行分级负责。《煤矿安全生产条例》第四十一条第二款规定，省、自治区、直辖市人民政府负有煤矿安全生产监督管理职责的部门应当加强对建设单位安全设施验收活动和验收结果的监督核查。

安全监管部门应当按照下列方式之一对矿山、金属冶炼建设项目和用于生产、储存、装卸危险物品的建设项目的安全设施的竣工验收活动和验收结果进行监督核查：①对安全设施竣工验收报告按照不少于总数10%的比例进行随机抽查；②在实施有关安全许可时，对建设项目安全设施竣工验收报告进行审查。抽查和审查以书面方式为主。对竣工验收报告的实质内容存在疑问，需要到现场核查的，安全监管部门应当指派两名以上工作人员对有关内容进行现场核查。工作人员应当提出现场核查意见，并如实记录在案。煤矿安全监管部门在对煤矿建设单位验收活动和验收结果的监督中，发现煤矿存在安全隐患或者其他违法、违规生产建设行为以及其他问题的，应当按照有关规定责令整改并依法查处。

五、煤矿建设项目违反安全设施设计审批验收规定的法律责任

根据《安全生产法》第九十八条第（二）项的规定，矿山建设项目没有安全设施设计或者安全设施设计未按照规定报经有关部门审查同意，或者煤矿建设项目的施工单位未按照批准的安全设施设计施工的，或者煤矿建设项目竣工投入生产或者使用前，安全设施未经验收合格的，责令停止建设或者停产停业整顿，限期改正，并处十万元以上五十万元以下的罚款，对其直接负责的主管人员和其他直接责任人员处二万元以上五万元以下的罚款；逾期未改正的，处五十万元以上一百万元以下的罚款，对其直接负责的主管人员和其他直接责任人员处五万元以上十万元以下的罚款；构成犯罪的，依照《刑法》有关规定追究刑事责任。

《安全生产法》第三十三条规定，审查部门及其负责审查的人员对审查结果负责。参加矿山建设项目和用于生产、储存危险物品的建设项目的安全设施设计审查的有关部门及其负责审查的人员，必须坚持原则、认真负责，对不符合有关法律、法规、国家标准或者行业标准的设计，不得同意批准。审查部门及其负责审查的人员对审查结果负责，对于有失职、渎职行为的，应按照《安全生产法》第九十条的规定追究其法律责任。

六、煤矿建设项目安全设施设计的审查批准

煤矿建设项目安全设施设计的审查批准属于广义上的行政许可。煤矿安全监管部门在办理煤矿建设项目安全设施设计的审查批准业务时，应遵守《行政许可法》规定的程序。根据《行政许可法》第六十九条，被许可人以欺骗、贿赂等不正当手段取得行政许可的，应当予以撤销。作出行政许可决定的行政机关或者其上级行政机关，根据利害关系人的请求或者依据职权，可以撤销行政许可。依照本条第一款的规定撤销行政许可，被许可人的合法权益受到损害的，行政机关应当依法给予赔偿。本案中，某矿业公司采取弄虚作假，骗取行政审批工作人员取得安全设施设计批准文件，应当撤销该批准文件。

《行政许可法》对撤销行政许可的程序未作出具体规定，但该法总则第五条第一款规定："设定和实施行政许可，应当遵循公开、公平、公正、非歧视的原则。"；第七条规定："公民、法人或者其他组织对行政机关实施行政许可，享有陈述权、申辩权；有权依法申请行政复议或者提起行政诉讼；其合法权益因行政机关违法实施行政许可受到损害的，有权依法要求赔偿。"广义上，撤销行政许可亦属于实施行政许可。本案中，在未事先告知的情况下，某煤监局即作出撤销某矿业公司煤矿扩建项目安全设施设计行政许可的决定，侵犯了某矿业公司依据

前述法律规定享有的陈述权、申辩权，同时违反了前述法律规定的公开原则，属于程序违法，一般情况下该撤销行为应予撤销。但是，根据《行政诉讼法》第七十四条，行政行为有下列情形之一的，人民法院判决确认违法，但不撤销行政行为：①行政行为依法应当撤销，但撤销会给国家利益、社会公共利益造成重大损害的；②行政行为程序轻微违法，但对原告权利不产生实际影响的。本案中，某矿业公司提交伪造的采矿许可证骗取煤矿扩建项目安全设施设计行政许可，侵害了社会公共利益，如果撤销某煤监局作出的"撤销决定"，会损害社会公共利益。因此，人民法院依法决定确认"撤销决定"程序违法，但不撤销该行政行为。

七、煤矿企业未履行安全设施设计职责的法律责任

《煤矿安全生产条例》第七十一条第（一）（二）（三）项规定，煤矿建设项目没有安全设施设计或者安全设施设计未按照规定报经有关部门审查同意的、煤矿建设项目的施工单位未按照批准的安全设施设计施工的以及煤矿建设项目竣工投入生产或者使用前安全设施未经验收合格的，依据《安全生产法》进行处罚。《安全生产法》第九十八条对此作了明确规定，根据本条规定，煤矿建设项目没有安全设施设计或者安全设施设计未按照规定报经有关部门审查同意的、煤矿建设项目的施工单位未按照批准的安全设施设计施工的以及煤矿建设项目竣工投入生产或者使用前安全设施未经验收合格的，责令停止建设或者停产停业整顿，限期改正，并处十万元以上五十万元以下的罚款，对其直接负责的主管人员和其他直接责任人员处二万元以上五万元以下的罚款；逾期未改正的，处五十万元以上一百万元以下的罚款，对其直接负责的主管人员和其他直接责任人员处五万元以上十万元以下的罚款；构成犯罪的，依照刑法有关规定追究刑事责任。

案例 18：煤矿未建立双重预防机制的法律责任

案件事实

　　某市应急管理局执法人员至甲能源有限责任公司乙煤矿进行检查，发现乙煤矿和主要负责人张某存在以下问题：未组织建立并落实安全风险分级管控和隐患排查治理双重预防工作机制。

处理决定

　　某市应急管理局认为乙煤矿主要负责人张某违反了《煤矿安全生产条例》第十八条第（五）项，依据《安全生产法》第九十四条，责令该公司主要负责人张某限期改正，并作出罚款人民币 5 万元的行政处罚决定。乙煤矿违反了《煤矿安全生产条例》第四条第二款、第三十五条第二款之规定，依据《煤矿安全生产条例》第六十二条第（六）项、《安全生产法》第一百零一条第（五）项，责令限期改正，对乙煤矿罚款 6 万元。

争议焦点

　　本案争议焦点之一是煤矿未建立双重预防机制的法律责任。

📝 案例解读

一、煤矿双重预防机制

2016 年 12 月，《中共中央　国务院关于推进安全生产领域改革发展的意见》中将"风险分级管控"和"事故隐患排查治理"作为生产经营单位安全生产的双重预防机制。所以，《安全生产法》确立生产安全事故双重预防机制。根据《煤矿安全生产条例》第四条，煤矿企业的双重预防工作机制是指安全风险分级管控和事故隐患排查治理双重预防机制，它是预防事故的重要机制。根据《煤矿安全条例》第十八条第（五）项，煤矿企业主要负责人组织建立并落实安全风险分级管控和隐患排查治理双重预防工作机制，督促、检查安全生产工作，及时消除事故隐患。《煤矿安全生产条例》第四条规定，煤矿企业应"构建安全风险分级管控和隐患排查治理双重预防机制"，煤矿企业未构建"双重预防机制"的，根据《煤矿安全生产条例》第六十二条第（六）项、《安全生产法》第一百零一条第（五）项责令限期改正，处十万元以下的罚款，逾期未改正的，责令停产停业整顿，并处十万元以上二十万元以下的罚款，对其直接负责的主管人员和其他直接责任人员处二万元以上五万元以下的罚款。本案中，乙煤矿未构建安全风险分级管控和隐患排查治理双重预防机制，应对煤矿企业依据《煤矿安全生产条例》第六十二条第（六）项、《安全生产法》第一百零一条第（五）项规定处罚。而煤矿企业主要负责人负责"组织建立并落实安全风险分级管控和隐患排查治理双重预防工作机制"，《安全生产法》第九十四条第一款规定："煤矿企业主要负责人未依法履行安全生产管理职责的，责令限期改正，处二万元以上五万元以下的罚款；逾期未改正的，处五万元以上十万元以下的罚款，责令煤矿企业停产整顿。"本案中主要负责人张某未尽职履责，应根据《安全生产法》第九十四条之规定对其处罚。

二、煤矿安全风险分级管控

风险是事故的诱因，事故是风险的结果。并非所有的风险都能引起事故的发生，只有当风险释放所造成的危害达到一定程度、对周围的人身、财产、环境构成威胁时，风险才转化为事故。各省市、自治区等出台了风险分级管控相关制度，煤矿、非煤矿山、危化企业等也纷纷建立风险分级管控制度。在实践推动的基础上，《安全生产法》第四十一条第一款规定，生产经营单位应当建立安全风险分级管控制度。《煤矿安全生产条例》第三十五条第一款也规定，煤矿企业应当建立安全风险分级管控制度，开展安全风险辨识评估，按照安全风险分级采取相应的管控措施。风险分级管控是煤矿企业安全管理的核心。"风险分级管控"是指煤矿企业对本单位的危险源进行辨识，并对其危险性进行评估，确定其风险等级并采取相应的管控措施。风险管控是煤矿安全工作的重点，风险预警是预防事故的首要环节。从全世界范围看，风险管控的质量直接决定了安全状况。煤矿安全风险分级管控法律制度应该包括风险辨识、风险评估、风险监控、风险处置预案、风险响应等内容，它是安全法律制度的核心内容。煤矿企业要定期开展风险评估和危害辨识，要针对高危工艺、设备、物品、场所和岗位，建立分级管控制度，制定落实风险管控措施。作为专门从事安全生产管理的机构和人员，安全生产管理机构和安全生产管理人员有责任组织开展危险源辨识和评估，督促落实重大危险源的安全管理措施。煤矿企业应建立由主要负责人牵头的风险分级管控组织机构，组织各部门分岗位、分工种全面开展风险辨识，并在企业内部建立风险分级管控工作体系。

三、煤矿事故隐患排查治理

"事故隐患"是指生产经营单位在生产设施、设备以及安全管理制度等方面存在的可能引发事故的各种自然或者人为因素，包括物的不安全状态、人的不安全行为以及管理上的缺陷等。隐患是导致事故的根源，隐患不除，事故难断。风险挺在隐患前，隐患挺在事故前，关口前移，防微杜渐。事故隐患分为一般事故隐患和重大事故隐患。一般事故隐患，是指危害和整改难度较小，发现后能够立即整改排除的隐患。重大事故隐患，是指危害和整改难度较大，应当全部或者局部停产停业，并经过一定时间整改治理方能排除的隐患，或者因外部因素影响致使生产经营单位自身难以排除的隐患。根据《安全生产法》第一百一十八条第二款，国务院应急管理部门和其他负有安全生产监督管理职责的部门应当根据各自的职责分工，制定相关行业、领域重大危险源的辨识标准和重大事故隐患的判定标准。根据要求，应急管理部制定了《煤矿重大事故隐患判定标准》，作为判定煤矿重大事故隐患的依据。

（一）煤矿企业应当建立事故隐患排查治理制度

煤矿企业应当建立健全事故隐患排查治理制度，采取技术、管理措施，及时发现并消除事故隐患。根据《生产安全事故隐患排查治理暂行规定》第八条、第九条和第十一条，煤矿企业应当建立健全事故隐患排查治理和建档监控等制度，逐级建立并落实从主要负责人到每个从业人员的隐患排查治理和监控责任制。煤矿企业应当建立资金使用专项制度，保证事故隐患排查治理所需的资金。煤矿企业应当建立事故隐患报告和举报奖励制度，鼓励、发动职工发现和排除事故隐患，鼓励社会公众举报。对发现、排除和举报事故隐患的有功人员，应当给予物质奖励和表彰。

（二）重大事故隐患"双报告"制度

煤矿企业对事故隐患排查治理情况应当如实记录，并定期向从业人员通报。煤矿企业可通过职工大会或者职工代表大会、信息公示栏等方式向从业人员通报。重大事故隐患排查治理情况应当及时向负有安全生产监督管理职责的部门和职工大会或者职工代表大会报告。重大事故隐患报告内容应当包括：①隐患的现状及其产生原因；②隐患的危害程度和整改难易程度分析；③隐患的治理方案。根据《煤矿安全生产条例》第三十五条第二款，这里的"负有煤矿安全生产监督管理职责的部门"是县级以上地方人民政府承担煤矿安全生产监督管理职责的部门和所在地矿山安全监察机构。向有关部门报告重大事故隐患的方式必须是书面报告，书面报告需要经煤矿矿长签字。报告的时限要求是每季度都要报告。根据《安全生产法》第一百零一条，煤矿重大事故隐患排查治理情况未按照规定报告的，责令限期改正，处十万元以下的罚款；逾期未改正的，责令停产停业整顿，并处十万元以上二十万元以下的罚款，对其直接负责的主管人员和其他直接责任人员处二万元以上五万元以下的罚款；构成犯罪的，依照刑法有关规定追究刑事责任。

（三）事故隐患的治理

对于一般事故隐患，由煤矿区队等负责人或者有关人员立即组织治理。根据《安全生产法》第一百零二条，煤矿企业未采取措施消除事故隐患的，责令立即消除或者限期消除，处五万元以下罚款；煤矿企业拒不执行的，责令停产停业整顿，对其直接负责的主管人员和其他直接责任人员处五万元以上十万元以下的罚款；构成犯罪的，依照刑法有关规定追究刑事责任。

对于重大事故隐患，由煤矿企业主要负责人组织制定并实施事故隐患治理方案。重大事故隐患治理方案应当包括以下内容：①治理的目标和任务；②采取的方法和措施；③经费和物资的落实；④负责治理的机构和人员；⑤治理的时限和要求；⑥安全措施和应急预案。根据《煤矿安全生产条例》第六十四条，对存在重大事故隐患仍然进行生产的煤矿企业，责令停产整顿，明确整顿的内容、时间等具体要求，并处 50 万元以上 200 万元以下的罚款；对煤矿企业主要负责人处 3 万元以上 15 万元以下的罚款。

在事故隐患治理过程中，煤矿企业应当采取相应的安全防范措施，防止事故发生。事故隐患排除前或者排除过程中无法保证安全的，应当从危险区域内撤出作业人员，并疏散可能危及的其他人员，设置警戒标志，暂时停产停业或者停止使用；对暂时难以停产或者停止使用的，应该采取合理措施，防止生产安全事故发生。

（四）重大事故隐患治理督办制度

事故隐患排查治理首先要强调生产经营单位的主体责任，同时也离不开政府部门的监管。因此，《安全生产法》第四十一条第三款规定，县级以上地方各级人民政府负有安全生产监督管理职责的部门应当将重大事故隐患纳入相关信息系统，建立健全重大事故隐患治理督办制度，督促生产经营单位消除重大事故隐患。《煤矿安全生产条例》第四十五条也规定："县级以上地方人民政府负有煤矿安全生产监督管理职责的部门应当将重大事故隐患纳入相关信息系统，建立健全重大事故隐患治理督办制度，督促煤矿企业消除重大事故隐患。"这里所说的"督办"，是指监管部门要对发现的或者有关单位和个人报告的重大事故隐患登记建档，督促生产经营单位及时采取措施消除隐患。要对重大事故隐患治理全程督办，从过程到结果都要负责，确保消除重大事故隐患。

负有安全生产监督管理职责的部门对检查过程中发现的重大事故隐患，应当下达整改指令书，并建立信息管理台账。必要时，报告同级人民政府并对重大事故隐患实行挂牌督办。已经取得安全生产许可证的生产经营单位，在其被挂牌督办的重大事故隐患治理结束前，负有安全生产监督管理职责的部门应当加强监督检查。必要时，可以提请原许可证颁发机关依法暂扣其安全生产许可证。负有安全生产监督管理职责的部门应当会同有关部门把重大事故隐患整改纳入重点行业领域的安全专项整治中加以治理，落实相应责任。对挂牌督办并采取全部或者局部停产停业治理的重大事故隐患，负有安全生产监督管理职责的部门收到生产经营单位恢复生产的申请报告后，应当进行现场审查。审查合格的，对事故隐患进行核销，同意恢复生产经营；审查不合格的，依法责令改正或者下达停产整改指令。对整改无望或者生产经营单位拒不执行整改指令的，依法实施行政处罚；不具备安全生产条件的，依法提请县级以上人民政府按照国务院规定的权限予以关闭。

案例19：伪造、变造、买卖国家机关证件罪

案件事实

　　某市应急管理局执法人员在对甲矿业公司进行执法检查时发现，该矿业公司项目部聘任的瓦检工陈某某持有由其他地区应急管理部门签发的瓦斯检查证，在"特种作业操作证及安全生产知识和管理能力考核合格信息查询平台"上查询不到相关信息。经调查，陈某某持有的瓦斯检查证系从网上购买的伪造证件。市应急管理局对甲矿业公司立案调查，先后联系了公安机关和瓦斯检查证签发地有关部门确认了违法事实，依法将陈某某违法犯罪行为移送至属地公安机关。

处理决定

　　属地公安机关以"买卖国家机关证件罪"对陈某某采取刑事强制措施。经查，陈某某以500元价格从他人处购买瓦斯检查证。市应急管理局依法对甲矿业公司作出1.9万元罚款的行政处罚。该公司已将罚款缴纳指定银行，行政处罚执行完毕。对于买卖假证的网站涉嫌犯罪行为公安机关后续跟进侦查。

争议焦点

　　本案争议的焦点是陈某某的行为是否构成犯罪。

案例解读

特种作业具有高度危险性，我国对特种作业人员采取持证上岗制度。《安全生产法》《煤矿安全生产条例》《煤矿安全培训规定》《特种作业人员安全技术培训考核管理规定》等对此作了专门规范。特种作业操作证属于国家机关依法颁发的证件，如果伪造、变造、买卖特种作业操作证，可能涉嫌构成《刑法》中规定的伪造、变造、买卖国家机关证件罪。

一、特种作业操作证

《煤矿安全生产条例》第二十一条第二款规定："煤矿企业特种作业人员应当按照国家有关规定经专门的安全技术培训和考核合格，并取得相应资格。"案例中，甲矿业公司的瓦检工属于特种作业人员，需要取得特种作业操作证上岗，但陈某某持假证上岗，属于严重的违法行为。根据《特种作业人员安全技术培训考核管理规定》第三条，特种作业是指容易发生事故，对操作者本人、他人的安全健康及设备、设施的安全可能造成重大危害的作业。特种作业人员，是指直接从事特种作业的从业人员。特种作业人员所持上岗证件即为特种作业操作证。特种作业操作证可以使用电子证照，与实体证照具有同等法律效力，按照特种作业操作证电子证照标准，特种作业操作证电子证照由应急管理部统一生成。煤矿特种作业人员及其工种由应急管理部会同国家矿山安全监察局确定，并适时调整；其他任何单位或者个人不得擅自变更其范围。

煤矿特种作业人员应当具备初中及以上文化程度（自 2018 年 6 月 1 日起新上岗的煤矿特种作业人员应当具备高中及以上文化程度），具有煤矿相关工作经历，或者职业高中、技工学校及中专以上相关专业学历。

二、特种作业人员安全技术培训考核管理规定

国家矿山安全监察局组织制定煤矿特种作业人员培训大纲和考核标准，建立统一的考试题库。省级煤矿安全培训主管部门负责本行政区域内煤矿特种作业人员的考核、发证工作，也可以委托设区的市级人民政府煤矿安全培训主管部门实施煤矿特种作业人员的考核、发证工作。省级煤矿安全培训主管部门及其委托的设区的市级人民政府煤矿安全培训主管部门以下统称考核发证部门。

煤矿特种作业人员必须经专门的安全技术培训和考核合格，由考核发证部门颁发特种作业操作证后，方可上岗作业。

煤矿特种作业人员在参加资格考试前应当按照规定的培训大纲进行安全生产知识和实际操作能力的专门培训。其中，初次培训的时间不得少于九十学时。已经取得职业高中、技工学校及中专以上学历的毕业生从事与其所学专业相应的特种作业，持学历证明经考核发证部门审核属实的，免予初次培训，直接参加资格考试。

参加煤矿特种作业操作资格考试的人员，应当填写考试申请表，由本人或其所在煤矿企业持身份证复印件、学历证书复印件或者培训机构出具的培训合格证明向其工作地或者户籍所在地考核发证部门提出申请。考核发证部门收到申请及其有关材料后，应当在六十日内组织考试。对不符合考试条件的，应当书面告知申请人或其所在煤矿企业。

煤矿特种作业操作资格考试包括安全生产知识考试和实际操作能力考试。安全生产知识考试合格后，进行实际操作能力考试。煤矿特种作业操作资格考试应当在规定的考点进行，安全生产知识考试应当使用统一的考试题库，使用计算机考试，实际操作能力考试采用国家统一考试标准进行考试。考试满分均为一百分，八十分以上为合格。考核发证部门应当在考试结束后十个工作日内公布考试成绩。申请人考试合格的，考核发证部门应当自考试合格之日起二十个工作日内完成发证工作。申请人考试不合格的，可以补考一次；经补考仍不合格的，重新参加相应的安全技术培训。

特种作业操作证有效期六年，全国范围内有效。特种作业操作证由应急管理部统一式样、标准和编号。特种作业操作证有效期届满需要延期换证的，持证人应当在有效期届满六十日前参加不少于二十四学时的专门培训，持培训合格证明由本人或其所在企业向当地考核发证部门或者原考核发证部门提出考试申请。经安全生产知识和实际操作能力考试合格的，考核发证部门应当在二十个工作日内予以换发新的特种作业操作证。

离开特种作业岗位六个月以上，但特种作业操作证仍在有效期内的特种作业人员，需要重新从事原特种作业的，应当重新进行实际操作能力考试，经考试合格后方可上岗作业。

特种作业操作证遗失或者损毁的，应当及时向原考核发证部门提出书面申请，由原考核发证部门补发。

特种作业操作证所记载的信息发生变化的，应当向原考核发证部门提出书面申请，经原考核发证部门审查确认后，予以更新。

三、煤矿特种作业人员的范围

对于煤矿特种作业人员的范围，《特种作业人员安全技术培训考核管理规定》

特种作业目录中有明确的规定，煤矿特种作业人员的范围主要包括以下十类：

（一）煤矿井下电气作业

煤矿井下电气作业指从事煤矿井下机电设备的安装、调试、巡检、维修和故障处理，保证本班机电设备安全运行的作业。适用于与煤共生、伴生的坑探、矿井建设、开采过程中的井下电钳等作业。

（二）煤矿井下爆破作业

煤矿井下爆破作业指在煤矿井下进行爆破的作业。

（三）煤矿安全监测监控作业

煤矿安全监测监控作业指从事煤矿井下安全监测监控系统的安装、调试、巡检、维修，保证其安全运行的作业。适用于与煤共生、伴生的坑探、矿井建设、开采过程中的安全监测监控作业。

（四）煤矿瓦斯检查作业

煤矿瓦斯检查作业指从事煤矿井下瓦斯巡检工作，负责管辖范围内通风设施的完好及通风、瓦斯情况检查，按规定填写各种记录，及时处理或汇报发现的问题的作业。适用于与煤共生、伴生的矿井建设、开采过程中的煤矿井下瓦斯检查作业。

（五）煤矿安全检查作业

煤矿安全检查作业指从事煤矿安全监督检查，巡检生产作业场所的安全设施和安全生产状况，检查并督促处理相应事故隐患的作业。

（六）煤矿提升机操作作业

煤矿提升机操作作业指操作煤矿的提升设备运送人员、矿石、矸石和物料，并负责巡检和运行记录的作业。适用于操作煤矿提升机，包括立井、暗立井提升机，斜井、暗斜井提升机以及露天矿山斜坡卷扬提升的提升机作业。

（七）煤矿采煤机（掘进机）操作作业

煤矿采煤机（掘进机）操作作业指在采煤工作面、掘进工作面操作采煤机、掘进机，从事落煤、装煤、掘进工作，负责采煤机、掘进机巡检和运行记录，保证采煤机、掘进机安全运行的作业。适用于煤矿开采、掘进过程中的采煤机、掘进机作业。

（八）煤矿瓦斯抽采作业

煤矿瓦斯抽采作业指从事煤矿井下瓦斯抽采钻孔施工、封孔、瓦斯流量测定及瓦斯抽采设备操作等，保证瓦斯抽采工作安全进行的作业。适用于煤矿、与煤共生和伴生的矿井建设、开采过程中的煤矿地面和井下瓦斯抽采作业。

（九）煤矿防突作业

煤矿防突作业指从事煤与瓦斯突出的预测预报、相关参数的收集与分析、防治突出措施的实施与检查、防突效果检验等，保证防突工作安全进行的作业。适用于煤矿、与煤共生和伴生的矿井建设、开采过程中的煤矿井下煤与瓦斯防突作业。

（十）煤矿探放水作业

煤矿探放水作业指从事煤矿探放水的预测预报、相关参数的收集与分析、探放水措施的实施与检查、效果检验等，保证探放水工作安全进行的作业。适用于煤矿、与煤共生和伴生的矿井建设、开采过程中的煤矿井下探放水作业。

根据《煤矿安全生产条例》第二十一条第二款，取得特种作业操作证是煤矿特种作业人员上岗作业的前提条件。未经考核合格并取得特种作业操作证的人员不得从事特种作业。

四、未持特种作业操作证上岗作业的行政处罚

（一）煤矿企业法律责任

1. 特种作业人员未经专门安全作业培训取得相应资格上岗作业或者使用未取得特种作业操作证的特种作业人员上岗作业的法律责任

煤矿企业特种作业人员未按照规定经专门的安全作业培训并取得相应资格上岗作业的，依据《煤矿安全生产条例》第六十二条第（四）项、《安全生产法》第九十七条第（七）项，责令限期改正，处十万元以下的罚款；逾期未改正的，责令停产停业整顿，并处十万元以上二十万元以下的罚款，对其直接负责的主管人员和其他直接责任人员处二万元以上五万元以下的罚款。本案中，陈某某以500元价格从他人处购买瓦斯检查证，甲矿业公司安排未取得特种作业操作证的特种作业人员上岗从事特种作业，应根据《煤矿安全生产条例》第六十二条第（四）项、《安全生产法》第九十七条第（七）项的规定给予罚款。

2. 煤矿企业未建立健全特种作业人员档案的法律责任

煤矿企业未建立健全特种作业人员档案的，根据《特种作业人员安全技术培训考核管理规定》第三十九条，给予警告，并处1万元以下的罚款。

3. 煤矿企业未如实记录安全生产教育和培训情况的法律责任

煤矿企业未如实记录安全生产教育和培训情况的，根据《安全生产法》第九十七条，责令限期改正，处十万元以下的罚款；逾期未改正的，责令停产停业整顿，并处十万元以上二十万元以下的罚款，对其直接负责的主管人员和其他直接责任人员处二万元以上五万元以下的罚款。

4. 煤矿企业非法印制、伪造、倒卖特种作业操作证，或者使用非法印制、

伪造、倒卖的特种作业操作证的法律责任

煤矿企业非法印制、伪造、倒卖特种作业操作证，或者使用非法印制、伪造、倒卖的特种作业操作证的，根据《特种作业人员安全技术培训考核管理规定》第四十条第一款，给予警告，并处 1 万元以上 3 万元以下的罚款；构成犯罪的，依法追究刑事责任。

（二）特种作业人员伪造、涂改特种作业操作证或者使用伪造的特种作业操作证行政处罚

特种作业人员伪造、涂改特种作业操作证或者使用伪造的特种作业操作证的，根据《特种作业人员安全技术培训考核管理规定》第四十二条，给予警告，并处一千元以上五千元以下的罚款。特种作业人员转借、转让、冒用特种作业操作证的，给予警告，并处二千元以上一万元以下的罚款。

本案中，陈某某所持有特种作业操作证，在应急管理部"特种作业操作证及安全生产知识和管理能力考核合格信息查询平台"上查询不到相关信息，系从网上购买的伪造证件。对陈某某应当依照《特种作业人员安全技术培训考核管理规定》第四十二条第一款规定："特种作业人员伪造、涂改特种作业操作证或者使用伪造的特种作业操作证的，给予警告，并处一千元以上五千元以下的罚款"进行处罚。

五、伪造、变造、买卖国家机关证件罪

生产经营单位不得印制、伪造、倒卖特种作业操作证，或者使用非法印制、伪造、倒卖的特种作业操作证。特种作业人员不得伪造、涂改、转借、转让、冒用特种作业操作证或者使用伪造的特种作业操作证。生产经营单位非法印制、伪造、倒卖特种作业操作证，或者使用非法印制、伪造、倒卖的特种作业操作证，构成犯罪的，依法追究刑事责任。《刑法》第二百八十条规定："伪造、变造、买卖或者盗窃、抢夺、毁灭国家机关的公文、证件、印章的，处三年以下有期徒刑、拘役、管制或者剥夺政治权利，并处罚金；情节严重的，处三年以上十年以下有期徒刑，并处罚金。"本罪的构成要件如下：

（一）行为人在客观上实施了伪造、变造、买卖国家机关证件的行为

"伪造"是指没有制作权的人，冒用名义，非法制作国家机关证件的行为。"变造"是指用涂改、擦销、拼接等方法，对真实的证件进行改制，变更其原来真实内容的行为。"买卖"是指非法购买或者出售国家机关证件的行为[①]。上述

---

① 王爱立. 中华人民共和国刑法释义［M］. 北京：中国民主法制出版社，2021：593.

行为中，行为人可能实施了其中一种，也可能实施了其中多种行为，但只要实施了以上行为中的一种，就可以构成本罪。

（二）犯罪侵害的对象是国家机关的"证件"

这里的"证件"是指国家机关制作颁发的用以证明身份、权利义务关系或者有关事实的凭证，主要包括工作证、结婚证、户口簿、营业执照等，特种作业操作证就是"证件"的一种。

（三）行为人主观上是出于故意，至于行为人出于何种动机不影响本罪的成立

根据犯罪情节轻重，对伪造、变造、买卖国家机关证件的犯罪规定了两个档刑：①对实施该款行为的，处三年以下有期徒刑、拘役、管制或者剥夺政治权利，并处罚金。②情节严重的，处三年以上十年以下有期徒刑，并处罚金。

本案中，陈某某在网上购买伪造的特种作业操作证，涉嫌构成伪造、变造、买卖国家机关证件罪，应当依照《刑法》第二百八十条规定追究其刑事责任，但陈某某若仅购买一本特种作业操作证，情节显著轻微，经审查可能不起诉。另外，《最高人民法院　最高人民检察院关于办理与盗窃、抢劫、诈骗、抢夺机动车相关刑事案件具体应用法律若干问题的解释》第二条规定，伪造、变造、买卖机动车行驶证、登记证书，累计三本以上的，依照《刑法》第二百八十条第一款的规定，以伪造、变造、买卖国家机关证件罪定罪，处三年以下有期徒刑、拘役、管制或者剥夺政治权利。虽然该条司法解释仅针对机动车行驶证、登记证书，但是对于特种作业操作证等国家机关证件也有一定的参考性。特种作业人员购买伪造的特种作业操作证的数量和次数对于情节认定的影响尚未明确。涉案网站及犯罪团伙涉嫌伪造、售卖特种作业操作证，应当依照该条追究其刑事责任。

案例 20：煤 矿 复 产 验 收

案件事实

原告甲煤业公司因需变更采矿许可证内容而停产。2019 年 8 月 22 日，原告向被告丙县应急管理局申请复工复产验收。2019 年 8 月 20 日，原告向乙市丙县人民政府签署承诺书，主要内容如下：①认真履行安全生产主体责任，若因存在超能力生产、超层越界开采、采用淘汰工艺开采等严重违法违规行为及因发生事故等情形被政府依法责令关闭时，不要求政府给予补偿。②因获取相关许可证件需要而进行的整改或改造等投入，不要求政府给予补偿。③按照煤矿所在地县政府 2018 年上报的关闭时间关闭退出。2019 年 8 月 21 日，专家组出具甲煤业公司复产验收意见，认为甲煤业公司达到了复产验收相关要求。2019 年 8 月 26 日，经丙县人民政府审批，同意甲煤业公司复产。2019 年 8 月 27 日，被告作出批复，认为原告达到复产验收条件，同意原告恢复生产。

2019 年 5 月 31 日，乙市安委办作出乙市安委办 42 号文，载明"煤矿存在以下情形之一，各县（区）不得受理其复产验收申请：（二）煤矿未向县（区）政府（管委会）签订承诺书的"。原告认为被告据此把要求签订承诺书作为煤矿复产验收条件之一，属增设行政许可条件，诉至人民法院。

经核查，2019 年 3 月 24 日，中共丙县委办公室、丙县人民政府办公室印发的《县发改委、县自然资源局、县应急管理局职能配置、内设机构和人员编制规定的通知》（以下简称《通知》）第三条关于丙县应急管理局工作职责的第十二款的规定："按照分级、属地原则，依法监督检查工矿商贸生产经营单位贯彻落实执行安全生产法律法规情况及其安全生产条件和有关设备（特种设备除外）、材料、劳动防护用品的安全生产管理工作。负责监督管理工矿商贸行业中央、省、市驻县企业和县属企业集团安全生产工作。"并且该《通知》第四条第四款规定，应急管理局内设机构煤炭安全监督管理股的工作职责是负责煤炭安全生产监督管理工作，依法监督检查煤炭企业贯彻落实安全生产法律、法规、规章、规程和标准情况。同时丙县应急管理局行政许可事项清单仅包括危险化学品经营许可、烟花爆竹经营（零售）许可、非煤矿矿山安全生产许可、非煤矿矿山建设项目安全实施设计审查四类。

一审法院认为，行政机关在作出行政行为时需遵守正当程序原则，即在作出影响相对人权益的行政行为时，在法律已对行政许可条件作出规定后，下位法虽然可以就实施行政许可制定具体规定，但不能在法律规定的条件外，另行增加行政许可条件。增加行政许可的条件一定是增加许可申请人法律之外的义务，或者减少许可申请人法律之内的权利。本案中，批复要求原告签订承诺书是否增加原告的义务或减损原告的权益是本案的审查重点。《行政许可法》第十二条规定："下列事项可以设定行政许可：（二）有限自然资源开发利用、公共资源配置以及直接关系公共利益的特定行业的市场准入等，需要赋予特定权利的事项"。第十六条规定："规章可以在上位法设定的行政许可事项范围内，对实施该行政许可作出具体规定"。据此，原国家煤矿安全监察局《煤矿复工复产验收管理办法》第十四条规定："各省级煤矿安全监管部门可根据本办法制定本地区煤矿复工复产验收工作实施细则。"乙市所在的丁省应急管理厅制定的《丁省复工复产验收工作实施细则》第十四条规定："负责复工复产验收的部门要按照本实施细则规定的条件和要求细化验收内容，制定验收内容表，对表逐项验收。"案涉乙市安委办42号文关于复产验收程序、条件的规定与相关上级规定并不相悖，未减损原告的合法权益。因此，乙市安委办42号文可以作为案涉批复作出的依据。《行政许可法》第八条规定："公民、法人或者其他组织依法取得的行政许可受法律保护，行政机关不得擅自改变已经生效的行政许可。行政许可所依据的法律、法规、规章修改或者废止，或者准予行政许可所依据的客观情况发生重大变化的，为了公共利益的需要，行政机关可以依法变更或者撤回已经生效的行政许可。由此给公民、法人或者其他组织造成财产损失的，行政机关应当依法给予补偿。"因此，行政机关给予补偿的情形是客观情况发生重大变化、公共利益之需要等。而从案涉承诺书内容来看，主要是围绕煤矿企业存在违法违规行为被责令关闭、因获取相关许可证件进行的整改投入，不要求政府给予补偿。该承诺书意在督促企业落实安全生产责任，内容本身不违反法律规定，并未减损原告的合法权益或增加原告的义务。因此，被告作出批复，要求原告签订承诺书，程序并不违法。综上，原告的诉讼请求于法无据，原审法院不予支持。依照《行政诉讼法》第六十九条的规定，判决驳回原告甲矿业有限责任公司的诉讼请求。

上诉人甲公司不服该判决，上诉称：

（1）原审法院关于案涉乙市安委办 42 号文关于复产验收程序、条件的规定与相关上级规定并不相悖系事实认定错误。

（2）原判决认定："该承诺书意在督促企业落实安全生产责任，内容本身不违反法律规定，并未减损原告的合法权益或增加原告的义务"系事实认定错误。

（3）原审判决认定被告作出《批复》要求原告签订承诺书，程序并不违法系适用法律错误。四、原审判决未对乙市安委办 42 号文的合法性进行审查。故上诉人请求撤销原审判决，判决确认丙县应急管理局作出的《批复》程序违法并对乙市安委办 42 号文进行合法性审查，同时被上诉人承担本案诉讼费用。

被上诉人丙县应急管理局答辩称：被上诉人作出的批复不属于行政许可行为，且完全符合国家煤矿安全监察局颁发的《煤矿复工复产验收管理办法》和丁省应急管理厅颁发的《丁省煤炭复工复产验收工作实施细则》的规定，没有违反法定程序。故请求二审法院驳回上诉，维持原判。

判决结果

二审法院认为：

（1）安全是煤炭工业稳定、持续、高速发展的根本保证，是关系煤矿职工生命安全和身心健康，关系国家和集体财产不受损失的头等大事。依据《安全生产法》第六十二条的规定，"安全生产督管理部门和其他负有安全生产监督管理职责的部门依法开展安全生产行政执法工作，对生产经营单位执行有关安全生产的法律、法规和国家标准或者行业标准的情况进行监督检查，行使以下职权：（三）对检查中发现的事故隐患，应当责令立即排除；责令暂时停产停业或者停止使用相关设施、设备；重大事故隐患排除后，经审查同意，方可恢复生产经营和使用"，以及《国务院办公厅关于进一步加强煤矿安全生产工作的意见》的规定，明确地方安全监管部门对于煤矿安全监管的职责。

（2）《国务院关于预防煤矿生产安全事故的特别规定》第五条规定："煤矿未依法取得采矿许可证、安全生产许可证、营业执照和矿长未依法取得矿长资格证、矿长安全资格证的，煤矿不得从事生产。"该条规定中的行政许可事项，并不包含复工复产验收事项，故应急管理局作出的批复行为，是行使煤矿安全生产的行政监督管理职责，并非行使行政许可职权。

（3）本案中，乙市安委办42号文的内容系要求安全监管部门督促相关煤矿企业落实安全生产主体责任，应急管理局为落实该文件精神，要求复工复产申请人签订承诺书，并未违反法律规定。

根据《国务院关于预防煤矿生产安全事故的特别规定》第十一条第二款的规定："被责令停产整顿的煤矿应当制定整改方案，落实整改措施和安全技术规定；整改结束后要求恢复生产的，应当由县级以上地方人民政府负责煤矿安全生产监督管理的部门自收到恢复生产申请之日起60日内组织验收完毕；验收合格的，经组织验收的地方人民政府负责煤矿安全生产监督管理的部门的主要负责人签字，并经有关煤矿安全监察机构审核同意，报请有关地方人民政府主要负责人签字批准。"此外，依据《煤矿复工复产验收管理办法》《丁省复工复产验收工作实施细则》的规定，丙县应急管理局在收到甲煤业公司复工复产申请后对企业落实整改安全生产情况进行验收，法定期限内按照法定程序批复同意其恢复生产，依法履行了法定职责。一审判决理由虽有不当，但判决结果正确。

争议焦点

本案争议的焦点是煤矿复产验收是不是行政许可，丙县应急管理局要求复产验收的煤矿签订承诺书的行为是否增加了企业负担。

案例解读

一、责令停产整顿

责令停产整顿是《安全生产法》《煤矿安全生产条例》规定的行政处罚。它在本质上与《行政处罚法》规定的责令停产停业相同，也是一种行政处罚措施。但同时，责令停产整顿不是一种单纯的行政措施，是应当按照行政处罚的要求来作出正式决定①。所以，责令停产整顿不但要按照《行政处罚法》规定的行政处罚程序作出，而且还有其特殊性。

---

① 杨伟东. 中华人民共和国行政处罚法理解与适用［M］. 北京：中国法制出版社，2021：42.

一是责令停产整顿通常具有一定的期限性。停产整顿的期限根据煤矿需要停产整顿的内容由有关机关决定，它属于自由裁量权的范畴。

二是责令停产整顿属于非常严厉的行政处罚，需要根据《行政处罚法》关于行政处罚的普通程序和听证程序作出。

三是责令停产整顿的煤矿应该制定具体的停产整顿方案。煤矿企业自接到有关部门下达的停产整顿指令之日起，必须立即停止生产。由煤矿主要负责人组织制定停产整顿方案，查证照、查隐患、查安全管理、查劳动组织，确定整顿项目、整顿目标、整顿时限、整顿作业范围、从事整顿的作业人员，落实整顿责任人、资金，安全技术措施和应急预案。停产整顿期间，煤矿要组织职工进行安全教育和培训。

四是公告。根据《煤矿安全生产条例》第四十九条，县级以上地方人民政府负有煤矿安全生产监督管理职责的部门对被责令停产整顿或者关闭的煤矿企业，应当在 5 个工作日内向社会公告。

二、煤矿复产验收的性质

本案中，煤矿复产验收是否为行政许可，原被告存在不同认识。原告认为，煤矿复产验收属于行政许可。因此，丙县应急管理局要求复产验收的煤矿签订承诺书的行为增加了企业负担。根据《行政许可法》第二条，行政许可是指行政机关根据公民、法人或者其他组织的申请，经依法审查，准予其从事特定活动的行为。该法第十二条第一款规定，下列事项可以设定行政许可：①直接涉及国家安全、公共安全、经济宏观调控、生态环境保护以及直接关系人身健康、生命财产安全等特定活动，需要按照法定条件予以批准的事项；②有限自然资源开发利用、公共资源配置以及直接关系公共利益的特定行业的市场准入等，需要赋予特定权利的事项；③提供公众服务并且直接关系公共利益的职业、行业，需要确定具备特殊信誉、特殊条件或者特殊技能等资格、资质的事项；④直接关系公共安全、人身健康、生命财产安全的重要设备、设施、产品、物品，需要按照技术标准、技术规范，通过检验、检测、检疫等方式进行审定的事项；⑤企业或者其他组织的设立等，需要确定主体资格的事项；⑥法律、行政法规规定可以设定行政许可的其他事项。根据简政放权、减少行政许可审批的要求，矿长资格证、矿长安全资格证已经被取消。煤矿企业中属于行政许可的事项主要涉及采矿许可证、安全生产许可证、营业执照三种。复查验收并非安全生产行政许可的范围。

煤矿复产验收也不属于行政审批。行政审批是指政府机关或授权单位，根据法律、法规、行政规章及有关文件，对相对人从事某种行为、申请某种权利或资格等进行具有限制性管理的行为。行政审批最主要特点是审批机关有选择决定权，即使符合规定的条件，也可以不批准。复产验收则是验收机关在煤矿具备条件时，应当给予验收，验收机关无选择权。

煤矿复产验收也不属于行政核准。行政核准是行政许可的一种表现形式。核准，即行政机关对某种事项是否达到特定技术标准、经济技术规范的判断、确定。如消防验收、电梯安装核准等①。行政核准是指政府机关或授权单位，根据法律、法规、行政规章及有关文件，对相对人从事某种行为，申请某种权利或资格等，依法进行确认的行为。因此，在批准相对人的申请时，只是按照有关条件进行确认。只要符合条件，一般都予以准许。核准的条件都比较明确具体，便于确认。

本书认为，煤矿复产验收是验收机关对因各种原因停建停产的煤矿恢复建设或者生产的监督管理行为。依据《煤矿安全生产条例》第四十八条第二款，煤矿因安全生产违法行为被责令停产整顿的，应当制定整改方案，整改结束后要求恢复生产前，县级以上地方人民政府负有煤矿安全生产监督管理职责的部门应当组织验收，并在收到恢复生产申请之日起 20 日内组织验收完毕。根据《煤矿复工复产验收管理办法》，煤矿复工复产验收工作根据停工停产状态和性质不同分类实施。停工是指建设煤矿停止施工作业，停产是指生产煤矿停止生产作业。

对于自行连续停工停产时间不足 30 天，通风、排水、安全监控系统和人员位置监测系统运行正常，且停产期间井下巷道及设备设施维护、安全检查正常实施的煤矿，由煤矿企业（煤矿）负责验收。这种复产验收不属于行政行为。煤矿自行停工停产期间，要加强安全管理，做好正常的通风、排水、井下巷道及设备设施维护、安全检查、监测监控、值班值守等工作。由煤矿企业（煤矿）负责验收复工复产的煤矿，要告知煤矿安全监管部门和煤矿安全监察机构。

出现下列情形之一的，则由由煤矿安全监管部门负责验收：①因自然灾害或矿井灾变等原因，安全生产系统或巷道遭到严重破坏或封闭井口（采区）的煤矿；②连续停工停产时间达 30 天及以上的煤矿；③因发生生产安全事故、存在重大生产安全事故隐患或违法违规行为等，被相关部门责令停工停产的煤矿；④煤矿安全监管部门和煤矿安全监察机构认为需要复工复产验收的其他煤矿。从上述规定来看，这些煤矿属于合法矿井，但煤矿安全监管部门负责复产验收的多为长期停工停产，井下安全生产条件不明或者因存在重大事故隐患或者违法违规

---

① 胡建淼. 行政法学［M］. 4 版. 北京：法律出版社，2015：273.

行为被责令停工停产的煤矿。因此，煤矿安全监管部门对煤矿复产验收在本质上属于行政执法检查的范畴，其目的在于督促煤矿企业落实主体责任。本案中，丙县应急管理局对煤矿企业的复产验收并非行政许可。因此，原告认为丙县应急管理局在实施行政许可时，要求其签订承诺书，增加了行政许可的条件，不能成立。

三、复产验收的条件

煤矿因安全生产违法行为或者重大事故隐患依法被责令停产整顿的，应当制定整改方案，落实整改措施和安全技术规定。整改结束后要求恢复生产前，煤矿企业应当向县级以上地方人民政府负有煤矿安全生产监督管理职责的部门申请复产验收。申请复产的煤矿，应当至少具备下列条件：①煤矿安全生产许可证合法有效，安全生产条件符合《煤矿企业安全生产许可证实施办法》规定，煤矿建设手续齐全，施工和监理单位资质符合相关规定；②达到三级安全生产标准化等级要求；③隐蔽致灾因素普查清楚，矿井和周边老空积水情况清楚；④安全监控、人员位置监测系统运行正常；⑤煤矿管理人员、专业技术人员和特种作业人员配备符合要求；⑥职工安全培训达到《煤矿安全培训规定》要求；⑦灾害治理机构、人员、设备等符合相关规定要求；⑧煤矿有符合规定的矿山救护队为其服务。

根据《煤矿复工复产验收管理办法》第八条，存在以下情形之一的煤矿，不得复工复产：①申报材料不齐全或不真实的；②煤矿主要负责人未组织全面排查隐患、未制定隐患整改安全技术措施或者未完成隐患治理的；③未严格履行复工复产验收程序的；④未经验收、验收不合格或未按规定履行签字手续或者部门验收的煤矿未取得复工复产通知的；⑤存在以设备检修、隐患整改名义擅自组织生产建设行为的；⑥存在明令禁止使用或淘汰的设备、工艺等重大事故隐患的；⑦煤矿安全监管部门和煤矿安全监察机构认为恢复生产建设存在重大安全风险的。《煤矿复工复产验收管理办法》第十四条规定，各省级煤矿安全监管部门可根据本办法制定本地区煤矿复工复产验收工作实施细则。丁省应急管理厅《丁省复工复产验收工作实施细则》第十四条规定，负责复工复产验收的部门要按照本实施细则规定的条件和要求细化验收内容，制定验收内容表，对表逐项验收。本案中，2019 年 5 月 31 日，乙市安委办作出乙市安委办 42 号文，载明"煤矿存在以下情形之一，各县（区）不得受理其复产验收申请：（二）煤矿未向县（区）政府（管委会）签订承诺书的"，便于复产验收的具体操作。

本案中，双方争议的焦点是，煤矿未向县（区）政府（管委会）签订承诺书的，各县（区）不得受理其复产验收申请，是否增加了煤矿企业复产验收的负担。从原告向被告出具的承诺书的内容看，都属于煤矿企业应该依法承担的安全生产主体责任的内容，并未增加煤矿企业的负担。因此，乙市安委办42号文的内容系要求安全监管部门督促相关煤矿企业落实安全生产主体责任，应急管理局为落实该文件精神，要求复工复产申请人签订承诺书，并未违反法律规定。

四、煤矿复产验收的程序

煤矿复工复产验收工作，按照下列程序进行：①煤矿主要负责人组织制定复工复产方案和安全技术措施；②煤矿主要负责人组织排查治理事故隐患；③煤矿企业（煤矿）验收。④由煤矿企业（煤矿）提出复工复产验收申请；⑤煤矿安全监管部门组织验收。主管的煤矿安全监管部门应当在收到申请之日起20日内组织验收完毕。验收合格的，经本部门主要负责人签字，并经有关矿山安全监察机构审核同意后，报请本级人民政府主要负责人批准，暂扣证照的部门发还证照，煤矿方可恢复生产。

被责令停产整顿的煤矿经验收合格恢复生产的，县级以上地方人民政府煤矿安全监管部门、矿山安全监察机构应当自煤矿验收合格恢复生产之日起5个工作日内在与公告责令停产整顿的同一网站或者媒体公告。

五、验收不合格的处理

根据《安全生产法》第一百一十三条，生产经营单位存在违法行为被责令停产整顿的，经停产停业整顿，仍不具备法律、行政法规和国家标准或者行业标准规定的安全生产条件的，应当依法责令关闭。《煤矿安全生产条例》第七十条第一款第（四）项规定："有《中华人民共和国安全生产法》规定的应当提请关闭的其他情形"，应当提请县级以上地方人民政府予以关闭。所以，煤矿因安全生产违法行为被责令停产整顿，停产整顿后验收不合格的，由主管的煤矿安全监管部门提请本级人民政府予以关闭。关闭并非当然为行政处罚。例如，煤矿因产能控制等政策原因关闭退出，这时的"关闭"就不是行政处罚。本条规定的责令关闭是行政处罚，是指行政机关对违反行政管理秩序的生产经营单位，依法剥夺其从事某项生产经营活动资格的行政处罚。对于煤矿不具备《安全生产法》《煤矿安全生产条例》和其他有关法律、行政法规和国家标准或者行业标准规定的安全生产条件，应由有关行政执法机关责令限期改正；逾期未改正的，给予责令停止建设或者停产停业整顿等行政处罚，对于经停产停业整顿仍然不具备安全生产条件的，应当给予关闭的行政处罚。主管的煤矿安全监管部门应当提请地方人民政府予以关闭，证照颁发部门应当依法吊销其有关证照。关闭的提请机关是"主管的煤矿安全监管部门"，而决定机关是"地方人民政府"。

因违法行为被关闭的，煤矿企业主要负责人 5 年内不得担任任何生产经营单位的主要负责人；情节严重的，终身不得担任本煤矿行业的主要负责人。这里的"情节严重"通常指造成重大、特别重大生产安全事故。

案例 21：关 闭 煤 矿

案件事实

2013 年 4 月 16 日，甲省级煤矿安全监察局乙监察分局在例行检查中发现丙煤业有违法违规行为，作出现场处理决定书，载明：①责令矿井立即停止井下采掘作业，制定整改方案报丁县安全生产监督管理局（以下简称丁县安监局）审批同意后进行整改；②整改完毕后书面报丁县安监局复查，经复查同意后才能恢复井下采掘作业，并将复查结果抄送乙监察分局备案。2013 年 5 月 12 日，甲省人民政府安全生产委员会作出《关于深刻吸取某市丙煤矿"5·11"重大瓦斯事故教训切实加强全省安全生产工作的紧急通知》，要求从 2013 年 5 月 12 日开始，全省所有煤矿立即停产整顿。2013 年 5 月 13 日，戊市人民政府办公室作出《关于切实加强煤炭等行业安全生产工作的紧急通知》，要求从即日开始，全市煤矿全部停产停工，组织开展煤矿安全生产大检查，对未按要求整改和非法生产的矿井，列为当年整顿关闭对象。

2013 年 5 月 13 日，丁县政府安全生产委员会《关于迅速贯彻落实"5·12"全省安全生产电视电话会议精神暨开展安全生产大检查的紧急通知》，要求对丁县境内的唯一煤矿企业丙煤矿，采取断然措施，立即宣布停产停工，开展安全隐患大检查、大整顿，在安全生产达不到条件的情况下，决不能擅自复工复产。

2013 年 6 月 3 日，甲省级煤矿安全监察局接群众举报，称丙煤矿有违法生产的情况。甲省级煤矿安全监察局指派调查组到丙煤矿调查核实。核实情况如下：①举报称"业主安排矿长组织非法生产"的反映属实；②举报称"井下存在串联通风，CH_4、CO_2 超限作业”的反映属实；③举报称“井下使用蛇皮袋风筒”的反映属实；④举报称“井下存在七处非法生产区域”的反映属实。有七个违法生产区域，多个采煤点，2013年春节后开始组织非法采煤，截至6月2日共生产原煤21492.59吨；⑤举报称“正规采煤工作面作为应付检查备用”的反映属实。处理情况：核查组在全面进行调查取证后，责令矿井立即停止井下除抽风、排水、瓦斯巡回检查外的一切作业；依法给予暂扣安全生产许可证正、副本的行政处罚。丁县政府要求公安部门查封煤矿火工产品；责令甲煤矿所在镇和驻矿安监员驻矿蹲守，严禁煤矿擅自复工复产。

2013年7月22日，丁县安全生产监督管理局（简称丁县安监局）丁县安监局作出《关于对丙煤业有限责任公司煤矿予以关闭的请示》，因丙煤矿在存在重大安全隐患的情况下，擅自组织违法违规生产，向丁县政府请示关闭丙煤矿。2013年8月6日，丁县政府作出行政处罚事先告知书，载明经丁县安监局调查认为，丙煤业在存在重大安全隐患的情况下，擅自组织违法违规生产，违反了《国务院关于预防煤矿生产安全事故的特别规定》第十一条第三款和《甲省人民政府关于推进煤矿企业兼并重组的实施意见》关于清理整顿小煤矿第一条第（六）项的规定。根据《安全生产法》（2009年）第九十四条、《国务院关于预防煤矿生产安全事故的特别规定》第十一条第三款的规定，经丁县安监局提请并经丁县政府决定，拟对你公司丙煤矿作出关闭的行政处罚。根据《行政处罚法》第三十一条、第三十二条的规定，你公司有权自收到本告知书之日起三日内向丁县政府陈述、申辩；根据《行政处罚法》第四十二条的规定，你公司有权自收到本告知书之日起三日内，向丁县政府要求听证，逾期视为放弃陈述、申辩、听证。丁县政府于2013年8月8日在戊市看守所向丙煤业的法定代表人周某麟送达了该告知书。

2013年8月13日，丁县政府作出行政处罚决定书载明，丁县安监局调查认为，丙煤业在存在重大安全隐患的情况下，擅自组织违法违规生产，违反了《国务院关于预防煤矿生产安全事故的特别规定》第十一条第三款和《甲省人民政府关于推进煤矿企业兼并重组的实施意见》关于清理整顿小煤矿第一条第（六）项的规定，于2013年7月22日报请丁县政府批准予以关闭。依据《安全生产法》第九十四条、《国务院关于预防煤矿生产安全事故的特别规定》第十一条第三款的规定，丁县政府决定，对丙煤矿予以关闭，并告知了诉权。2013年8月13日，丁县政府在看守所向丙煤业的法定代表人周某麟送达了该处罚决定书。2013年8月13日，丁县政府对各乡、镇人民政府及政府各部门，作出关于对丙煤矿实施关闭的决定。2013年8月14日，丁县安监局在政务公开网站公告了关闭丙煤业煤矿的决定。8月15日在《戊市日报》上也对该决定进行了公告。

丙煤矿以丁县政府无关闭权且程序违法等事由向人民法院提起诉讼。

判决结果

一审法院认为，根据《安全生产法》（2009年）第九十四条和《国务院关于预防煤矿生产安全事故的特别规定》第十一条第三款规定，被责令停产整顿的煤矿擅自从事生产的，县级以上地方人民政府负责煤矿安全生产监督管理的部门、煤矿安全监察机构应当提请有关地方人民政府予以关闭。故丁县政府有对被责令停产整顿的煤矿擅自从事生产的企业作出予以关闭的行政处罚法定职责。关于丁县政府作出行政处罚决定书程序是否合法的问题，法院分析评判如下：

（1）原告主张丁县安监局的报请程序超过了《安全生产违法行为行政处罚办法》第三十一条规定的30日办案期限，被告作出行政处罚的前期行为程序违法。法院认为，《安全生产违法行为行政处罚办法》第二条规定，县级以上人民政府安全生产监督管理部门对生产经营单位及其有关人员在生产经营活动中违反有关安全生产的法律、行政法规、部门规章、国家标准、行业标准和规程的违法行为实施行政处罚，适用本办法。故该办法适用于县级以上人民政府安全生产监督管理部门对安全生产违法行为实施行政处罚的情形，不适用本案丁县安监局报请丁县级政府作出行政处罚的情形。

（2）原告主张丁县政府没有保障原告的听证权，属程序违法。法院认为，《行政处罚法》第三十一条规定，行政机关在作出行政处罚决定之前，应当告知当事人做出行政处罚决定的事实、理由及依据，并告知当事人依法享有的权利。本案被告丁县政府于2013年8月8日向丙煤业的法定代表人周某麟送达了行政处罚事先告知书，该告知书载明了陈述、申辩及听证的权利，且《行政处罚法》未规定当事人申请听证3日期限的例外情形，故丙煤业未依《行政处罚法》第四十二条的规定在3日内申请听证应视为放弃，原告的该项主张不能成立，该院不予支持。

（3）原告主张《国务院关于预防煤矿生产安全事故的特别规定》第十三条规定，丁县政府应在7日内作出关闭的处罚决定，而丁县安监局报请的时间是2013年7月22日，被告作出行政处罚的时间是2013年8月13日，超过了该条规定的7天期限，属程序违法。人民法院认为，《国务院关于预防煤矿生产安全事故的特别规定》第十三条第一款规定，对提请关闭的煤矿，县级以上地方人民政府负责煤矿安全生产监督管理的部门或者煤矿安全监察机构应当责令立即停止生产；有关地方人民政府应当在 7 日内作出关闭或者不予关闭的决定，并由其主要负责人签字存档。对决定关闭的，有关地方人民政府应当立即组织实施。该条规定的是有关地方人民政府 7 日内作出由其主要负责人签字存档的关于关闭或者不予关闭的决定，并非 7 日内对外作出关闭的决定。本案中，丁县安监局报请关闭的时间是 2013 年 7 月 22 日，而丁县政府 2013 年 7 月 25 日经县政府常务会议决定，同意以县政府的名义作出关闭决定，报县委常务会议决定，并由县长签字存档。故被告 7 日内作出了关闭的决定，原告的该主张不能成立。

综上，丁县安监局经审查认定丙煤矿存在被责令停产整顿期间，擅自从事生产的行为，提请被告丁县政府予以关闭，被告依据《安全生产法》(2009 年) 第九十四条、《国务院关于预防煤矿安全事故的特别规定》第十一条第三款的规定，决定对丙煤矿予以关闭，适用法律正确。

丙煤业上诉称：一审判决认定上诉人在停产整顿期间擅自组织生产行为事实不清，证据不足，丁县政府做出行政处罚决定的程序错误，适用法律错误，请求二审法院撤销一审判决，依法改判，撤销被上诉人作出的行政处罚决定书。

丁县政府答辩称：上诉人在停产整顿期间擅自组织生产煤炭近万吨，答辩人对其依法予以关闭程序合法，一审判决认定事实清楚，证据确凿，适用法律法规正确，应依法判决驳回上诉，维持原判决。

二审人民法院认为，丁县政府作出的行政处罚决定书认定事实清楚，程序合法，适用法律、法规正确。驳回上诉，维持原判决。

争议焦点

本案争议焦点是丁县政府对丙煤矿作出的关闭决定是否合法。

案例解读

一、关闭的性质

根据《现代汉语词典》，关闭是一个中性概念，是指"企业、商店、学校等歇业或停办"。煤矿企业停办的原因很多，有煤矿自行停办，也有因煤矿存在违法行为而被停办。所以，关闭并非都属于行政处罚。《煤矿安全生产条例》第七十条第一款第三项规定："经地方人民政府组织的专家论证在现有技术条件下难以有效防治重大灾害的"，应当予以关闭，这种情形下煤矿的关闭，不以煤矿企业存在重大事故隐患或者其他违法行为作为条件，而是根据煤矿自然条件等存在重大灾害，现有技术人员和技术条件难以有效防治该重大灾害时，由人民政府通过组织专家进行论证，得出是否应该关闭的结论并根据结论作出是否关闭的决定。这里的关闭就很难理解为一种行政处罚。

依据《行政处罚法》第九条，责令关闭是行政处罚的一种。责令关闭的，煤矿企业将失去继续从事生产的资格，它是最为严厉的行政处罚措施，所以仅适用于严重违法行为。例如，根据《煤矿安全生产条例》第七十条第一款第（一）项规定，未依法取得采矿许可证等擅自进行生产的，应当提请县级以上地方人民政府予以关闭。

二、煤矿关闭的事由

根据《煤矿安全生产条例》第七十四条第一款，煤矿关闭的事由由《安全生产法》第一百一十三条、《煤矿安全生产条例》第七十四条第一款加以规定，关闭煤矿的事由主要包括：

（1）存在重大事故隐患，180 日内三次或者一年内四次受到本法规定的行政处罚的。

（2）经停产停业整顿，仍不具备法律、行政法规和国家标准或者行业标准规定的安全生产条件的。

（3）不具备法律、行政法规和国家标准或者行业标准规定的安全生产条件，导致发生重大、特别重大生产安全事故的。

（4）拒不执行负有安全生产监督管理职责的部门作出的停产停业整顿决定的。

（5）未依法取得采矿许可证等擅自进行生产的。

（6）3 个月内 2 次或者 2 次以上发现有重大事故隐患仍然进行生产的。

（7）经地方人民政府组织的专家论证在现有技术条件下难以有效防治重大灾害的。

三、责令关闭的机关

责令关闭的适用条件主要是煤矿企业存在严重的违法行为，且责令关闭的惩罚性很重。因此，责令关闭的，一般都由县级以上人民政府批准或者决定。例如，根据《环境保护法》第六十条，企业事业单位和其他生产经营者超过污染物排放标准或者超过重点污染物排放总量控制指标排放污染物的，县级以上人民政府环境保护主管部门可以责令其采取限制生产、停产整治等措施；情节严重的，报经有批准权的人民政府批准，责令停业、关闭。这里使用了"批准"字样。而根据《安全生产法》第一百一十三条，煤矿企业存在关闭事由时，负有安全生产监督管理职责的部门应当提请地方人民政府予以关闭。根据《煤矿安全生产条例》第五十四条，煤矿存在责令关闭事由的，县级以上地方人民政府煤矿安全监管部门、矿山安全监察机构应当提请有关地方人民政府予以关闭。《环境保护法》规定的"批准"关闭的行为属于行政机关内部的程序性行为，作出关闭决定的机关是环境保护主管部门，环境保护主管部门是具体作出责令关闭处罚决定的机关而非人民政府。但是，根据《安全生产法》第一百一十三条、《煤矿安全生产条例》第七十条，县级以上地方人民政府是作出责令关闭这一行政处罚决定的机关。这里的有关地方人民政府是指县级以上人民政府，而具体由哪一级地方人民政府作出关闭决定，应根据主管的煤矿安全监管机构或者煤矿企业的登记机关级别确定管辖的地方人民政府，由主管的煤矿安全监管机构或者煤矿企业的登记机关同级的人民政府作出关闭的决定。在本案中，丁县安监局提请关闭，因此丁县政府具有对被责令停产整顿的煤矿擅自从事生产的煤矿企业作出予以关闭的行政处罚的法定职责。

四、责令关闭的程序

责令关闭的，一般遵循下列程序：

（1）县级以上地方人民政府煤矿安全监管部门、矿山安全监察机构提出申请。

（2）有管辖权的县级以上地方人民政府依据《行政处罚法》规定的程序作出关闭决定。

根据《行政处罚法》的规定，行政机关必须依照本法规定的程序实施，违反法定程序构成重大且明显违法的，行政处罚无效。法律规定实施行政处罚的程序主要有简易程序、普通程序和听证程序。责令关闭属于非常严厉的行政处罚，因此适用行政处罚的普通程序和听证程序。

1. 普通程序

行政处罚的普通程序，即作出行政处罚决定应经过的正常普通程序。除了当场作出的行政处罚以外，其他行政处罚应当适用普通程序。根据《行政处罚法》的规定，普通程序包括：立案；调查取证；听取当事人陈述、申辩（在决定作出前依法应向当事人履行告知义务，听取当事人的陈述、申辩）；法制审核；制作行政处罚决定书。

（1）立案。依据《行政处罚法》第五十四条规定，除依法可以当场作出的行政处罚外，行政机关发现公民、法人或者其他组织有依法应当给予行政处罚的行为，符合立案标准的，行政机关应当及时立案。

（2）调查取证。执法人员必须全面、客观、公正地调查，收集有关证据；必要时，依照法律、法规的规定，可以进行检查。执法人员在调查或者进行检查时，应当主动向当事人或者有关人员出示执法证件。当事人或者有关人员有权要求执法人员出示执法证件。执法人员不出示执法证件的，当事人或者有关人员有权拒绝接受调查或者检查。当事人或者有关人员应当如实回答询问，并协助调查或者检查，不得拒绝或者阻挠。询问或者检查应当制作笔录。行政机关在收集证据时，可以采取抽样取证的方法；在证据可能灭失或者以后难以取得的情况下，经行政机关负责人批准，可以先行登记保存，并应当在七日内及时作出处理决定，在此期间，当事人或者有关人员不得销毁或者转移证据。

（3）告知当事人并听取其陈述、申辩意见。行政机关在作出行政处罚决定之前，应当告知当事人拟做出的行政处罚内容及事实、理由、依据，并告知当事人依法享有的陈述、申辩、要求听证等权利。如果属于听证的范围，当事人申请听证的，应当组织听证。组织听证的，听证结束后，行政机关应当根据听证笔录，作出决定。行政机关及其执法人员在作出行政处罚决定之前，未依法向当事人告知拟作出的行政处罚内容及事实、理由、依据，或者拒绝听取当事人的陈述、申辩，不得作出行政处罚决定；当事人明确放弃陈述或者申辩权利的除外。

（4）法制审核。法制审核的情形依据《行政处罚法》第五十八条规定，包括：①涉及重大公共利益的；②直接关系当事人或者第三人重大权益，经过听证程序的；③案件情况疑难复杂、涉及多个法律关系的；④法律、法规规定应当进行法制审核的其他情形。

（5）作出决定。调查终结，行政机关负责人应当对调查结果进行审查，根据不同情况，分别作出如下决定：①确有应受行政处罚的违法行为的，根据情节轻重及具体情况，作出行政处罚决定；②违法行为轻微，依法可以不予行政处罚的，不予行政处罚；③违法事实不能成立的，不予行政处罚；④违法行为涉嫌犯罪的，移送司法机关。对情节复杂或者重大违法行为给予行政处罚，行政机关负责人应当集体讨论决定。

行政机关给予行政处罚的，应当制作行政处罚决定书。行政处罚决定书应当载明下列事项：①当事人的姓名或者名称、地址；②违反法律、法规、规章的事实和证据；③行政处罚的种类和依据；④行政处罚的履行方式和期限；⑤申请行政复议、提起行政诉讼的途径和期限；⑥作出行政处罚决定的行政机关名称和作出决定的日期。行政处罚决定书必须盖有作出行政处罚决定的行政机关的印章。

行政机关应当自行政处罚案件立案之日起 90 日内作出行政处罚决定。法律、法规、规章另有规定的，从其规定。

（6）送达。行政处罚决定书应当在宣告后当场交付当事人；当事人不在场的，行政机关应当在七日内依照《民事诉讼法》的有关规定，将行政处罚决定书送达当事人。《民事诉讼法》规定了直接送达、留置送达、电子送达、委托送达、邮寄送达、转交送达、公告送达 7 种送达方式。如果当事人同意并签订确认书的，行政机关可以采用传真、电子邮件等方式，将行政处罚决定书等送达当事人。

2. 听证程序

听证程序是指对重大行政处罚决定作出之前，在违法案件调查承办人员和当事人一方的参与下，由行政机关专门人员主持听取当事人申辩、质证和意见，进一步核实证据和查清事实，以保证处理结果合法、公正的程序。行政机关拟作出下列行政处罚决定，应当告知当事人有要求听证的权利，当事人要求听证的，行政机关应当组织听证：①较大数额罚款；②没收较大数额违法所得、没收较大价值非法财物；③降低资质等级、吊销许可证件；④责令停产停业、责令关闭、限制从业；⑤其他较重的行政处罚；⑥法律、法规、规章规定的其他情形。当事人不承担行政机关组织听证的费用。

听证应当依照以下程序组织：①当事人要求听证的，应当在行政机关告知后五日内提出；②行政机关应当在举行听证的七日前，通知当事人及有关人员听证的时间、地点；③除涉及国家秘密、商业秘密或者个人隐私依法予以保密外，听证公开举行；④听证由行政机关指定的非本案调查人员主持，当事人认为主持人与本案有直接利害关系的，有权申请回避；⑤当事人可以亲自参加听证，也可以委托一至二人代理；⑥当事人及其代理人无正当理由拒不出席听证或者未经许可中途退出听证的，视为放弃听证权利，行政机关终止听证；⑦举行听证时，调查人员提出当事人违法的事实、证据和行政处罚建议，当事人进行申辩和质证；⑧听证应当制作笔录。笔录应当交当事人或者其代理人核对无误后签字或者盖章。当事人或者其代理人拒绝签字或者盖章的，由听证主持人在笔录中注明。

此外，因存在现有技术人员和技术条件难以有效防治的重大灾害的，煤矿安全监管部门、矿山安全监察机构提请有关地方人民政府组织专家进行论证，有关地方人民政府应当根据论证结论作出是否关闭的决定。

本案中，2013 年 7 月 22 日，丁县安监局作出《关于对丙煤业有限责任公司煤矿予以关闭的请示》，向丁县政府请示关闭丙煤矿。2013 年 8 月 6 日，丁县政府作出行政处罚事先告知书，告知丙煤矿拟对其作出关闭的行政处罚，并告知其有陈述、申辩和申请听证的权利。2013 年 8 月 13 日，丁县政府作出行政处罚决定书，决定对丙煤矿予以关闭并告知了诉权。2013 年 8 月 13 日，丁县政府对各乡、镇人民政府及政府各部门，作出关于对丙煤矿实施关闭的决定。此外，有证据表明，丁县人民政府作出关闭决定时，依法履行了法制审核和集体决定等内部控制程序。丁县政府在看守所向丙煤业的法定代表人周某麟送达了各种法律文书。因此，从执法程序看，丁县政府作出的行政处罚决定符合法律规定的程序。

四、关闭煤矿的要求

对提请关闭的煤矿，有关地方人民政府应当及时作出予以关闭的决定并组织实施。根据《煤矿安全生产条例》第七十条第二款，关闭煤矿应当达到下列要求：①依照法律法规有关规定吊销、注销相关证照；②停止供应并妥善处理民用爆炸物品；③停止供电，拆除矿井生产设备、供电、通信线路；④封闭、填实矿井井筒，平整井口场地，恢复地貌；⑤妥善处理劳动关系，依法依规支付经济补偿、工伤保险待遇，组织离岗时职业健康检查，偿还拖欠工资，补缴欠缴的社会保险费；⑥设立标识牌；⑦报送、移交相关报告、图纸和资料等；⑧有关法律法规规定的其他要求。根据《煤矿安全规程》第二十一条，煤矿企业必须编制闭坑报告，并报省级煤炭行业管理部门批准。矿井闭坑报告必须有完善的各种地质资料，在相应图件上标注采空区、煤柱、井筒、巷道、火区、地面沉陷区等，情况不清的应当予以说明。

五、煤矿关闭的公告

根据《煤矿安全生产条例》第四十九条，县级以上地方人民政府负有煤矿安全生产监督管理职责的部门对被关闭的煤矿企业，应当在 5 个工作日内向社会公告。本案中，2013 年 8 月 14 日，丁县安监局在政务公开网站公告了关闭丙煤矿的决定；8 月 15 日在《戊市日报》上也对该决定进行了公告。

案例 22：瞒报煤矿生产安全事故的法律责任

案件事实

2020 年 6 月 23 日，甲煤矿发生一起事故，造成 1 人死亡。直接经济损失 134 万元。2021 年 12 月 11 日，国家矿山安全监察局某省级局收到乙煤矿瞒报事故的举报案件，依规定转送至乙县人民政府组织核查。2022 年 1 月 3 日，乙县发展改革委以《关于成立乙煤矿举报线索核查组的通知》，开展了甲煤矿瞒报事故举报核查工作。2022 年 1 月 27 日，乙县人民政府向国家矿山安全监察局某省级局报送《关于乙煤矿举报信息核查结果移交的说明》，确定为一起瞒报的生产安全事故。

依据《煤矿安全监察条例》第十八条的规定，2022 年 1 月 23 日，国家矿山安全监察局某省级局会同乙县发改委、公安局、总工会、纪委监委、自然资源局、应急管理局等有关部门相关人员成立联合调查组，对事故开展调查。

经查，甲煤矿属于整体托管煤矿，承包方为丙公司。煤矿在南翼 A8 煤层布置仓采工作面开采煤炭，通风系统紊乱，造成巷道微风、无风；工人进入南翼 +950 m 回风大巷 2 号上山无风巷道，导致吴某 1 人死亡。

经查，张某伟，事故发生时为甲煤矿法定代表人，安全生产第一责任人，不履行法定职责，蓄意瞒报事故。张某，丙公司副总经理，丙公司甲煤矿项目部负责人，不履行法定职责，蓄意瞒报事故。黄某保，矿长，丙公司甲煤矿项目部安全生产第一责任人，不履行法定职责，未按规定报告事故。唐某维，甲煤矿股东，事故发生时为煤矿办公室主任，实际代表矿方监督项目部生产管理工作，参与瞒报事故，对瞒报事故的发生应负重要责任。孙某高，事故发生时为甲煤矿宣传科长，实际代表矿方监督项目部生产管理工作，否认知情情况、不如实回答询问，阻碍事故调查工作，对瞒报事故的发生应负重要责任。

处理建议

（一）对事故瞒报责任人员的处理

依据《生产安全事故报告和调查处理条例》第三十八条第（一）项的规定，建议由矿山安全监察机构对张某伟处 2019 年年收入 30% 的罚款。依据《生产安全事故报告和调查处理条例》第三十六条第（一）项的规定，建议由矿山安全监察机构对张某伟处 2019 年年收入 70% 的罚款。

依据《生产安全事故报告和调查处理条例》第三十八条第（一）项的规定，建议由矿山安全监察机构对张某处 2019 年年收入 30% 的罚款。依据《生产安全事故报告和调查处理条例》第三十六条第（一）项的规定，建议由矿山安全监察机构对张某处 2019 年年收入 70% 的罚款。

依据《生产安全事故报告和调查处理条例》第三十八条第（一）项的规定，建议由矿山安全监察机构对黄某保处 2019 年年收入 30% 的罚款。依据《生产安全事故报告和调查处理条例》第三十六条第（一）项的规定，建议由矿山安全监察机构对黄某保处 2019 年年收入 70% 的罚款。依据《安全生产法》第九十六条的规定，建议由发证机关撤销黄某保安全生产知识和管理能力考核合格证明。

依据《生产安全事故报告和调查处理条例》第三十六条第一项的规定，建议由矿山安全监察机构对唐某维处 2019 年年收入 80% 的罚款。

依据《生产安全事故报告和调查处理条例》第三十六条第（四）项规定，建议由矿山安全监察机构对孙某高处 2019 年年收入 90% 的罚款。

（二）对事故责任单位行政处罚的建议

（1）鉴于甲煤矿对事故的发生负有责任，依据《生产安全事故报告和调查处理条例》第三十七条第（一）项的规定，建议由矿山安全监察机构对其给予 20 万元的罚款。

（2）鉴于甲煤矿瞒报事故情形，依据《生产安全事故报告和调查处理条例》第三十六条第（一）项的规定，建议由矿山安全监察机构给予其 150 万元的罚款；鉴于乙煤矿有关人员在事故调查中作伪证情形，依据《生产安全事故报告和调查处理条例》第三十六条第（五）项的规定，建议由矿山安全监察机构给予其 100 万元的罚款。

争议焦点

本案争议的焦点主要有甲煤矿瞒报生产安全事故的违法行为是否超过了追究其行政责任的时限，负有报告义务的人是否构成不报、谎报安全事故罪。

案例解读

《安全生产法》《生产安全事故报告和调查处理条例》《煤矿安全条例》以及《矿山生产安全事故报告和调查处理办法》等对煤矿事故报告义务、报告程序以及违反报告义务的行政处罚等作了规定。《行政处罚法》对行政处罚的时效作了规定。《刑法》对不报、谎报安全事故罪作了规定。在本案中，主要涉及以上规定的理解和适用问题。

一、事故报告义务

《煤矿安全生产条例》第十八条规定，煤矿企业主要负责人有及时、如实报告生产安全事故的职责。在《煤矿安全生产条例》起草过程中，关于是否详细规定煤矿生产安全事故的报告，有不同意见。鉴于《生产安全事故报告和调查处理条例》第二章详细规定了煤矿生产安全事故的报告义务主体、报告时限、报告的内容等，《煤矿安全生产条例》不再对煤矿生产安全事故的报告等作出规定。

（一）煤矿生产安全事故的报告主体及时限

煤矿企业应当按照国家有关规定及时、如实报告本单位生产安全事故相关情况。煤矿发生事故后，现场人员应当按照应急预案的规定立即组织自救互救，在确保安全的前提下采取必要的处置措施，值班人员立即向煤矿负责人报告。煤矿负责人接到报告后，应当于1小时内报告事故发生地县级及以上人民政府煤矿安全监管部门，同时报告国家矿山安全监察局省级局。发生较大及以上等级事故的，可直接向省级人民政府煤矿安全监管部门和国家矿山安全监察局省级局报告。情况紧急时，值班人员可以直接向事故发生地县级以上地方人民政府煤矿安全监管部门、应急管理部门和所在地矿山安全监察机构报告。

县级及以上地方人民政府煤矿安全监管部门接到事故报告后应当逐级上报，每一级上报时间不得超过1小时。其中，接到较大及以上等级事故报告后，应当于 1 小时内快报省级人民政府煤矿安全监管部门和国家矿山安全监察局省级局；接到重大及以上等级事故报告后，在报告省级人民政府煤矿安全监管部门和国家矿山安全监察局省级局的同时，可以立即报告国家矿山安全监察局。国家矿山安全监察机构、国务院应急管理部门和省级人民政府接到发生煤矿重大及以上等级事故的报告后，应当立即报告国务院。

县级以上地方人民政府煤矿安全监管部门、应急管理部门接到煤矿事故报告后，应当在 1 小时内报告所在地矿山安全监察机构。所在地矿山安全监察机构接到事故报告后，应当在 1 小时内上报国家矿山安全监察机构。

（二）事故报告的内容

报告事故应当包括下列内容：①事故发生单位概况（单位全称、所有制形式和隶属关系、生产能力、证照情况等）；②事故发生的时间、地点以及事故现场情况；③事故类别（顶板、瓦斯、机电、运输、爆破、水害、火灾、冲击地压、其他）；④事故的简要经过，入井人数、安全升井人数和生产状态等；⑤事故已经造成伤亡人数、涉险人数、下落不明的人数和初步估算的直接经济损失；⑥已经采取的措施；⑦其他应当报告的情况。

以上报告内容，初次报告由于情况不明暂未报告的，应当在调查清楚后及时、准确续报。

（三）煤矿事故的补报

事故报告后，出现新情况的，负责事故报告的单位应当及时补报或者续报，事故伤亡人数发生变化的，负责事故报告的单位应当在发生变化的当日内补报或者续报。根据《生产安全事故报告和调查处理条例》第十三条第二款，自事故发生之日起 30 日内，事故造成的伤亡人数发生变化的，应当及时补报。

（四）报告事故同时应启动救援，采取应急救援措施

生产经营单位负责人在接到报告后，应当立即启动事故相应应急预案，或者采取有效措施，组织抢救，防止事故扩大，减少人员伤亡和财产损失。事故发生后，有关单位和人员应当妥善保护事故现场以及相关证据，任何单位和个人不得破坏事故现场、毁灭相关证据。因抢救人员、防止事故扩大以及疏通交通等原因，需要移动事故现场物件的，应当做出标志，绘制现场简图并做出书面记录，妥善保存现场重要痕迹、物证。

（五）对轻伤事故的报告问题

根据《生产安全事故报告和调查处理条例》第三条、《矿山生产安全事故报告和调查处理办法》第四条，需要报告的事故是致人重伤以上的事故或者造成 100 万元以上直接经济损失的事故。关于"只有轻伤的事故，达不到一般事故等

级，是否需按照《煤矿安全生产条例》的规定报告"，实践中存在困惑。实践中，有以工伤认定等级较轻而认为不构成重伤而是轻伤，从而不报告事故。是否构成重伤，不以工伤认定为准，而应根据国家矿山安全监察局关于印发《矿山生产安全事故报告和调查处理办法》的通知第五条，重伤人员的认定应当依据具有资质的医疗机构出具的证明材料确定。如果确定属于轻伤的，根据《生产安全事故报告和调查处理条例》第三条的规定，轻伤的，医疗费等按照直接经济损失计算。根据国家矿山安全监察局关于印发《矿山生产安全事故报告和调查处理办法》的通知第四条，对于死亡事故、重伤事故以及直接经济损失 100万元以上的一般事故，矿山企业负有报告义务。如果轻伤造成的直接经济损失在100 万元以下的，无须按照《生产安全事故报告和调查处理条例》第九条第一款的规定报告。因报告的时限较短，尚不能确定是否构成重伤的，煤矿应该按照《生产安全事故报告和调查处理条例》第九条第一款的规定，先向负有安全生产监督管理职责的部门报告事故，待确定不属于重伤的，依法核销。

二、涉及死亡事故的举报调查核实

根据《安全生产法》第七十三条第二款，涉及人员死亡的举报事项，应当由县级以上人民政府组织核查处理。在《煤矿安全生产条例》起草过程中，是否需要重申《安全生产法》第七十三条第二款的规定，存在不同意见。《煤矿安全生产条例》最终没有作出重申性质的规定。实践中，瞒报或者谎报生产安全事故的情形还存在，但是否存在瞒报或者谎报，就需要进行核查。但是，涉及人员死亡的举报事项，情况通常比较复杂，负有安全生产监督管理职责的部门难以查明，如果某人举报煤矿发生致人死亡事故的瞒报，矿山安全监察局或者地方应急管理部门通常难以查明。接报生产安全事故举报信息的部门要及时向当地政府报告，由当地政府组织公安、纪检监察、工会和有关安全监管监察等相关部门进行核查。对核查难度大、本级人民政府难以推进的，要及时向上一级地方人民政府汇报并提请组织核查。核查属实的事故，要认真查明瞒报、谎报的决策者、组织者、参与者以及瞒报、谎报细节，查明相关人员责任，按照有关规定上限严肃追责、严厉处罚；对涉嫌犯罪的人员，要移交司法机关依法处理。例如，本案中，国家矿山安全监察局某省级局接到涉及死亡事故的举报后，依规定转送至乙县人民政府组织核查。乙县人民政府向国家矿山安全监察局某省级局报送《关于乙煤矿举报信息核查结果移交的说明》，确定为一起瞒报的生产安全事故。

三、迟报、漏报、谎报、瞒报事故的行政处罚与事故的行政处罚的并罚

煤矿企业主要负责人应该及时如实报告生产安全事故，不得迟报、漏报、谎报、瞒报。报告事故的时间超过规定时限的，属于迟报；因过失对应当上报的事故或者事故发生的时间、地点、类别、伤亡人数、直接经济损失等内容遗漏未报的，属于漏报；故意不如实报告事故发生的时间、地点、初步原因、性质、伤亡人数和涉险人数、直接经济损失等有关内容的，属于谎报；隐瞒已经发生的事故，超过规定时限未向应急管理部门、矿山安全监察机构和有关部门报告，经查证属实的，属于瞒报。

（一）行政处罚的从旧兼从轻原则

本案中，事故发生在 2020 年 6 月 23 日，但事故瞒报被查实则是在 2022 年 1 月，而本起事故为一般事故，按照 2014 年版《安全生产法》应处以 20 万元以上 50 万元以下罚款；而按照 2021 年版《安全生产法》应处以 30 万元以上 100 万元以下罚款。《行政处罚法》第三十七条："实施行政处罚，适用违法行为发生时的法律、法规、规章的规定。但是，作出行政处罚决定时，法律、法规、规章已被修改或者废止，且新的规定处罚较轻或者不认为是违法的，适用新的规定。"因事故发生时适用的 2014 年版《安全生产法》关于一般事故的罚款数额低于 2021 年版《安全生产法》的规定，根据从旧兼从轻原则，对甲煤矿应依据 2014 年版《安全生产法》进行处罚。

根据《安全生产法》第一百一十四条，发生煤矿生产安全事故，对负有责任的煤矿企业除要求其依法承担相应的赔偿等责任外，依照下列规定处以罚款：①发生一般事故的，处 50 万元以上 100 万元以下的罚款；②发生较大事故的，处 150 万元以上 200 万元以下的罚款；③发生重大事故的，处 500 万元以上 1000 万元以下的罚款；④发生特别重大事故的，处 1000 万元以上 2000 万元以下的罚款。发生煤矿生产安全事故，情节特别严重、影响特别恶劣的，可以按照上述罚款数额的 2 倍以上 5 倍以下对负有责任的煤矿企业处以罚款。《煤矿安全生产条例》第六十七条关于一般事故和较大事故单位罚款的最低数额要比《安全生产法》第一百一十四条的规定高。例如，煤矿发生一般事故的，最低罚款数额为 50 万元，而其他生产经营单位最低罚款数额为 30 万元。《煤矿安全生产条例》之规定与《安全生产法》的规定并不冲突，而是针对煤矿规模、体量比较大，罚款数额过低对其产生的威慑作用有限，而通过行政法规方式提供了事故罚款的最低数额。

对主要负责人的事故罚款，按照 2014 年版《安全生产法》第九十二条和

《生产安全事故报告和调查处理条例》第三十八条的规定，发生单位主要负责人未依法履行安全生产管理职责，导致事故发生的，依照下列规定处以罚款；属于国家工作人员的，依法给予处分；构成犯罪的，依法追究刑事责任：①发生一般事故的，处上一年年收入 30% 的罚款；②发生较大事故的，处上一年年收入40% 的罚款；③发生重大事故的，处上一年年收入 60% 的罚款；④发生特别重大事故的，处上一年年收入 80% 的罚款。而按照 2021 年版《安全生产法》第九十五条，生产经营单位的主要负责人未履行本法规定的安全生产管理职责，导致发生生产安全事故的，由应急管理部门依照下列规定处以罚款：①发生一般事故的，处上一年年收入 40% 的罚款；②发生较大事故的，处上一年年收入 60% 的罚款；③发生重大事故的，处上一年年收入 80% 的罚款；④发生特别重大事故的，处上一年年收入 100% 的罚款。本案中，造成 1 人死亡事故，属于一般事故。因此，根据《行政处罚法》第三十七条，依据从旧兼从轻原则，对甲煤矿主要负责人依据《生产安全事故报告和调查处理条例》第三十八条第（一）项之规定，处上一年年收入 30% 的罚款。

（二）瞒报事故的追责时效

关于瞒报生产安全事故行为行政处罚的追责时效，《生产安全事故报告和调查处理条例》第三十五条、第三十六条关于瞒报生产事故行政处罚的规定，其针对的是瞒报行为本身，并不需要同时具备"贻误事故抢救""情节严重"等条件。瞒报生产安全事故未经有关部门查证属实之前，应当视为违法行为处于继续状态。因此，依照《行政处罚法》第二十九条："违法行为在二年内未被发现的，不再给予行政处罚；涉及公民生命健康安全、金融安全且有危害后果的，上述期限延长至五年。法律另有规定的除外"；"前款规定的期限，从违法行为发生之日起计算；违法行为有连续或者继续状态的，从行为终了之日起计算"的规定，对瞒报涉及公民生命健康生产安全事故的违法行为给予行政处罚的追责时效为 5 年，对不涉及公民生命健康生产安全事故的违法行为给予行政处罚的追责时效为 2 年，二者都自违法行为终了之日即经有关部门查证属实或事故发生单位主动报告之日起计算。

依照《行政处罚法》第二十九条及《生产安全事故报告和调查处理条例》第三十五条、第三十六条等规定，对有关谎报涉及公民生命健康生产安全事故违法行为给予行政处罚的追责时效为 5 年，对谎报不涉及公民生命健康生产安全事故的违法行为给予行政处罚的追责时效为 2 年，自违法行为发生之日起计算。

（三）瞒报煤矿事故的行政处罚

根据《生产安全事故报告和调查处理条例》第三十六条第一款第（一）项，

事故发生单位及其有关人员谎报或者瞒报事故的，对事故发生单位处 100 万元以上 500 万元以下的罚款；根据《生产安全事故罚款处罚规定》，事故发生单位直接负责的主管人员和其他直接责任人员瞒报、谎报事故的，处上一年年收入 60% 至 80% 的罚款；贻误事故抢救或者造成事故扩大或者影响事故调查或者造成重大社会影响的，处上一年年收入 80% 至 100% 的罚款。主要负责人瞒报、谎报、迟报事故的，处上一年年收入 60% 至 80% 的罚款，贻误事故抢救或者造成事故扩大或者影响事故调查或者造成重大社会影响的，处上一年年收入 80% 至 100% 的罚款；主要负责人漏报事故的，处上一年年收入 40% 至 60% 的罚款；贻误事故抢救或者造成事故扩大或者影响事故调查或者造成重大社会影响的，处上一年年收入 60% 至 80% 的罚款。

本案中，张某伟、张某、黄某保、唐某维四人瞒报事故，依据《生产安全事故报告和调查处理条例》第三十六条第一款第（一）项的规定，由矿山安全监察机构对事故发生单位处 100 万元以上 500 万元以下的罚款，对四人处上一年年收入 60% 至 100% 的罚款。

（四）拒绝接受调查或者拒绝提供有关情况和资料的行政处罚

根据《生产安全事故报告和调查处理条例》第三十六条第一款第（四）项，拒绝接受调查或者拒绝提供有关情况和资料的，对事故发生单位处 100 万元以上 500 万元以下的罚款；对主要负责人、直接负责的主管人员和其他直接责任人员处上一年年收入 60% 至 100% 的罚款；属于国家工作人员的，并依法给予处分；构成违反治安管理行为的，由公安机关依法给予治安管理处罚；构成犯罪的，依法追究刑事责任。本案中，孙某高，事故发生时为甲煤矿宣传科长，实际代表矿方监督项目部生产管理工作。否认知情情况、不如实回答询问，阻碍事故调查工作。依据《生产安全事故报告和调查处理条例》第三十六条第一款第（四）项规定，由矿山安全监察机构对甲煤矿处 100 万元以上 500 万元以下的罚款、对孙某高处上一年年收入 60% 至 100% 的罚款。

（五）瞒报重伤 2 人以下的事故是否需要行政处罚

根据《煤矿安全生产条例》第六十七条第一款第（一）项，发生一般事故的，处 50 万元以上 100 万元以下的罚款。重伤 2 人以下的事故属于一般事故，煤矿企业对事故发生负有责任的，应对其进行事故罚款。矿山企业对重伤 1 人的事故负有报告义务，如果存在谎报、瞒报行为，对事故单位主要负责人依据《安全生产法》第一百一十条关于谎报、瞒报事故行政处罚的规定处罚，对事故单位依据《生产安全事故报告和调查处理条例》第三十六条第一款关于谎报、瞒报事故行政处罚的规定处罚。

（六）事故罚款与违法行为罚款的并存

本案中，甲煤矿既存在造成 1 人死亡的事故，又存在瞒报违法行为。甲煤矿和主要负责人对事故发生负有责任，对甲煤矿及其主要负责人要进行事故罚款。同时，甲煤矿中存在多人瞒报事故违法行为，对甲煤矿及主要负责人及其他责任人根据《生产安全事故报告和调查处理条例》第三十六条第一款第（一）项的规定处罚。同时，因孙某高否认知情情况、不如实回答询问，阻碍事故调查工作。依据《生产安全事故报告和调查处理条例》第三十六条第一款第（四）项、《生产安全事故罚款处罚》第七条第（一）项规定，由矿山安全监察机构对甲煤矿及孙某高处以罚款。上述罚款应分别裁量、合并处罚。

四、瞒报事故的刑事责任

本案中，甲煤矿发生事故后，存在瞒报行为，是否构成不报、谎报安全事故罪呢？

（一）不报、谎报安全事故罪的构成要件

不报、谎报安全事故罪，是指在安全事故发生后，负有报告责任的人员不报或者谎报事故情况，贻误事故抢救，情节严重的行为。《刑法》第一百三十九条之一规定："在安全事故发生后，负有报告职责的人员不报或者谎报事故情况，贻误事故抢救，情节严重的，处三年以下有期徒刑或者拘役；情节特别严重的，处三年以上七年以下有期徒刑。"

不报、谎报安全事故罪侵犯的客体是安全事故监管制度，主要是针对近年来一些事故单位的责任人和对安全事故负有监管职责的人员在事故发生后弄虚作假，贻误事故抢救，造成人员伤亡和财产损失进一步扩大的行为。《刑法修正案（六）》第四条增设不报、谎报安全事故罪的罪名，本罪的构成要件包括：

1. 不报、谎报安全事故罪的客观方面

客观方面表现为安全事故发生之后，负有报告职责的人员不报或者谎报事故情况，贻误事故抢救，情节严重的行为。《安全生产法》第一百零六条规定："生产经营单位的主要负责人在本单位发生生产安全事故时，不立即组织抢救或者在事故调查处理期间擅离职守或者逃匿的，给予降级、撤职的处分，并由安全生产监督管理部门处上一年年收入 60% 至 100% 的罚款；对逃匿的处十五日以下拘留；构成犯罪的，依照刑法有关规定追究刑事责任。生产经营单位的主要负责人对生产安全事故隐瞒不报、谎报或者迟报的，依照前款规定处罚。"《安全生产法》第一百零七条规定："有关地方人民政府、负有安全生产监督管理职责的部门，对生产安全事故隐瞒不报、谎报或者迟报的，对直接负责的主管人员和其他直接责任人员依法给予处分；构成犯罪的，依照刑法有关规定追究刑事责任。"《煤矿安全生产条例》第十八条也对煤矿企业负责人及时报告事故的义务作了规定。

本罪的客观方面要求在安全事故发生后，负有报告职责的人员不报或者谎报事故情况，贻误事故抢救，"情节严重"具有下列情形之一的，应当认定为这里的"情节严重"：

（1）导致事故后果扩大，增加死亡一人以上，或者增加重伤三人以上，或者增加直接经济损失一百万元以上的。

（2）实施下列行为之一，致使不能及时有效开展事故抢救的：①决定不报、迟报、谎报事故情况或者指使、串通有关人员不报、迟报、谎报事故情况的；②在事故抢救期间擅离职守或者逃匿的；③伪造、破坏事故现场，或者转移、藏匿、毁灭遇难人员尸体，或者转移、藏匿受伤人员的；④毁灭、伪造、隐匿与事故有关的图纸、记录、计算机数据等资料以及其他证据的。

（3）其他情节严重的情形。本案中，甲煤矿发生事故造成吴某1人死亡，甲煤矿及其有关负责人瞒报事故，但没有影响事故救援，未增加死亡人数、重伤人数和直接经济损失，不符合"情节严重"的要求。因此，本案中瞒报事故的有关人员不构成不报、谎报安全事故罪。

2. 不报、谎报安全事故罪的犯罪主体

本罪的犯罪主体为对安全事故"负有报告职责的人员"。"安全事故"不仅限于安全生产经营单位发生的安全生产事故、大型群众性活动中发生的重大伤亡事故，还包括《刑法》分则第二章规定的所有与安全事故有关的犯罪，但第一百三十三条、第一百三十八条除外，因为这两条已将"不报告"作为构成犯罪的条件之一。根据《最高人民法院 最高人民检察院关于办理危害生产安全刑事案件适用法律若干问题的解释（一）》第四条的规定，《刑法》第一百三十九条之一规定的"负有报告职责的人员"，是指负有组织、指挥或者管理职责的负责人、管理人员、实际控制人、投资人，以及其他负有报告职责的人员。其他负有报告职责的人员包括接到事故煤矿报告的对煤矿安全负有监督监管监察职责的部门的工作人员，甚至有关人民政府的工作人员。例如，有些地方人民政府的个别负责人接到事故报告后，不但没有报告事故，反而与煤矿企业负责人订立攻守同盟，共同隐瞒事故，导致救援不及时，增加了死亡人数或者直接经济损失，而被追究刑事责任。

本罪还有共同犯罪。根据《最高人民法院 最高人民检察院关于办理危害生产安全刑事案件适用法律若干问题的解释（一）》第九条，在安全事故发生后，与负有报告职责的人员串通，不报或者谎报事故情况，贻误事故抢救，情节严重的，以不报、谎报安全事故罪的共犯论处。例如，某煤矿发生生产安全事故后，为瞒报事故，协助煤矿企业处理尸体的人也可构成本罪。

3. 不报、谎报安全事故罪的主观方面

本罪的主观方面表现为故意。安全事故发生后明知应当报告，主观上具有不报、谎报安全事故真相的故意。

（二）不报、谎报安全事故罪的刑事责任

构成本罪的，处三年以下有期徒刑或者拘役；情节特别严重的，处三年以上七年以下有期徒刑。这里的"情节特别严重"包括：①导致事故后果扩大，增加死亡三人以上，或者增加重伤十人以上，或者增加直接经济损失五百万元以上的；②采用暴力、胁迫、命令等方式阻止他人报告事故情况，导致事故后果扩大的；③其他情节特别严重的情形。

（三）不报、谎报安全事故罪的转化

《最高人民法院　最高人民检察院关于办理危害生产安全刑事案件适用法律若干问题的解释（一）》第十条规定："在安全事故发生后，直接负责的主管人员和其他直接责任人员故意阻挠开展抢救，导致人员死亡或者重伤，或者为了逃避法律追究，对被害人进行隐藏、遗弃，致使被害人因无法得到救助而死亡或者重度残疾的，分别依照《刑法》第二百三十二条、第二百三十四条的规定，以故意杀人罪或者故意伤害罪定罪处罚。"实践中，有煤矿发生事故后，为了逃避法律追究，对被害人进行隐藏、遗弃。例如，某露天煤矿运煤车碾压造成一名矿工受重伤，司机为了逃避法律责任，藏匿该重伤矿工，结果该矿工因失血过多而亡。这时，应以故意杀人罪追究该司机的刑事责任，而非以重大责任事故罪或不报、谎报安全事故罪追究该司机的刑事责任。

（四）刑事责任与从业禁止

因严重安全生产违法行为或者生产安全事故被追究刑事责任的犯罪分子，同时受到从业限制的处罚时，根据《最高人民法院　最高人民检察院关于办理危害生产安全刑事案件适用法律若干问题的解释（一）》第十六条，对于实施危害生产安全犯罪适用缓刑的犯罪分子，可以根据犯罪情况，禁止其在缓刑考验期限内从事与安全生产相关联的特定活动；对于被判处刑罚的犯罪分子，可以根据犯罪情况和预防再犯罪的需要，禁止其自刑罚执行完毕之日或者假释之日起三年至五年内从事与安全生产相关的职业。

案例 23：煤矿建设项目事故 责 任 追 究

案件事实

2022 年 2 月 25 日，甲省乙煤矿发生一起重大顶板事故，造成 14 人死亡，直接经济损失 2288.47 万元。

2022 年 3 月 5 日，依据《安全生产法》《生产安全事故报告和调查处理条例》《煤矿安全监察条例》《中央编办关于国家矿山安全监察局设在地方的机构设置有关事项的通知》等有关规定，经省人民政府批准，成立了乙煤矿"2·25"重大顶板事故调查组（以下简称事故调查组），由国家矿山安全监察局甲省级局牵头，甲省能源局、省应急厅、省公安厅、省总工会派员参加，全面开展事故调查工作，并聘请有关专家参与事故调查。甲省纪委监委成立了追责问责组，介入事故调查工作。

经调查，乙煤矿属于丙矿业公司的分公司，丙矿业公司属于民营企业。丙矿业公司主要管理人员及职责分工：法定代表人崔某，负责公司全面工作；实际控制人王某，负责公司的日常管理工作；总经理冯某明，负责公司安全生产工作；总工程师朱某，负责公司生产技术管理、"一通三防"以及下属煤矿煤与瓦斯突出防治工作；安全副总经理张某军，负责公司安全管理和下属煤矿水害防治及地质工作；机电副总经理刘某万，负责公司和下属煤矿机电运输管理工作。丙矿业公司未配备分管生产的副总经理。

丙矿业公司只设有通防部、调度监控中心，未设置其他安全管理机构和配备其他安全管理人员。通防部只有部长杨某刚 1 人，未配其他人员；调度监控中心除主任邹某冰外，只有两名监控员。

2019 年 12 月 2 日，乙煤矿取得"甲省丙矿业有限公司乙煤矿初步设计"批复。2020 年 1 月 5 日，取得"甲省丙矿业有限公司乙煤矿安全设施设计"批复。2020 年 2 月 17 日，开工备案经甲省下属某地级市能源局同意后，煤矿自行组织30 万吨/年的开工建设，无施工监理。2021 年 12 月 7 日，煤矿向甲省能源局备案后开始进入联合试运转。事故发生时，矿井处于 30 万吨/年技改建设状态。

2020 年 3 月 26 日，乙煤矿与丁公司签订了《乙煤矿合作协议》，由丁公司全额投资完成乙煤矿 30 万吨/年剩余技改工程并负责技改验收后的生产经营，合作期间煤矿经营利润乙煤矿占 59%，丁公司占 41%，合作期限为 2020 年 3 月 30日至 2026 年 3 月 30 日，由丁公司对矿井的安全技术、生产管理、劳动组织、人事安排等全权负责。2021 年 10 月，自然人杨某、张某江与丁公司签订了《乙煤矿生产劳务合同》，从丁公司分包了井下采煤工程，合同约定：杨某和张某江以垫付工人工资 600 万元为条件，承包煤矿回采作业并按 160 元/吨提取承包费。余某涛、曹某能、杨某礼三人在合同中代表丁公司签字。

分包乙煤矿采煤工程后，杨某负责组织井下生产管理，张某江负责与丁公司结算。聘请黄某尧负责采煤作业安排、现场管理、工程量验收，聘请陈某学、黄某胜、赵某进、黄某林、张某波、王某 6 人对采煤作业现场管理、工程质量监督和当班工作量验收。其中，黄某林、张某波、王某三人分别对应协助陈某学、黄某胜、赵某进三人开展工作。

2020 年 8 月，自然人薛某品与曹某能达成口头协议，从丁公司分包了井下炮掘、巷修、杂工等作业，承包费用视施工巷道情况确定；2021 年 9 月，自然人李某与曹某能达成口头协议，从丁公司分包了井下综掘作业，承包费用视巷道施工条件确定；2022 年 2 月，自然人孔某杰与郭某政达成口头协议，从丁公司分包了井下设备安装作业。

杨某、张某江从丁公司分包井下采煤工程后，将采煤作业转包给了熊某森和邹某全 2 支采煤队，承包费用按 88 元/吨结算。熊某森队主要负责隐蔽采面的采煤作业，邹某全队主要负责主平硐附近残采点的采煤作业。2022 年 2 月 24 日，熊某森队因工人流动性大、人员不稳定，难以开展采煤作业，当日夜班，陈某学安排邹某全队共 15 人到隐蔽采面采煤。

事故地点位于 11302 隐蔽采面。事故发生的直接原因是超出矿界范围布置的隐蔽采面支护强度不足，导致复合顶板离层、断裂，支柱稳定性不够造成顶板推垮，酿成事故。而事故发生的间接原因是乙煤矿越界盗采国家资源。经实地测量，隐蔽采面运输巷超出矿界 69.969 米、回风巷超出矿界 78.978 米，煤矿相关管理人员在明知越界的情况下，蓄意非法盗采国家煤炭资源。违法承包，违规转包分包。乙煤矿缺乏基本的安全投入保障能力，将煤矿违法承包给不具有相应资质和能力的丁公司，丁公司将井下回采、掘进、安装等工程违规分包给个人，回采承包人又将井下采煤作业转包，以包代管。因资金投入不足等问题，煤矿边建设、边生产于2021年6月被甲省某县工科局查处；煤矿自开工建设以来先后三次延长建设工期，建设工期由原批复的8.7个月延长至28.7个月。

丁公司无矿山工程施工总承包资质、无安全生产许可证、未设置安全管理机构，未配备安全管理人员。违法承包乙煤矿技改建设工程，违法分包井下单项工程，以技改建设为名，行违法违规生产之实。

丙矿业公司机构设置不健全、人员配备不足，对乙煤矿人、财、物无实际管理权，导致对煤矿的管理流于形式，不能有效履行安全管理职责；未对丁公司资质及管理情况进行监督检查。

处理建议

（一）事故有关责者的处理建议

根据事故原因调查和事故责任认定，依据有关法律法规，对事故有关责者提出以下处置情况和处理建议：

杨某、张某江、黄某尧等乙煤矿采煤工程承包人采煤工程承包总管，违规分包、转包井下工程。对事故负有直接责任，涉嫌犯罪，已移送公安机关立案侦查。

李某进、徐某、徐某祥分别为生产副矿长、总工程师、矿长助理。组织非法越界开采；违章指挥工人冒险作业。对事故负有直接责任，涉嫌犯罪，已移送公安机关立案侦查。

郭某政，乙煤矿矿长，组织非法越界开采对事故负有直接责任，涉嫌犯罪，已移送公安机关立案侦查。依据《安全生产法》第九十四条第三款的规定，建议其终身不得担任煤炭行业生产经营单位的主要负责人。

曹某能，丁公司总经理。违法承包煤矿；违法分包井下工程；采取打设假密闭、不安装安全监控等手段蓄意逃避监管，组织非法越界开采；违章指挥工人冒险作业；对事故负有直接责任，涉嫌犯罪，已移送公安机关立案侦查。依据《安全生产法》第九十四条第三款的规定，建议其终身不得担任煤炭行业生产经营单位的主要负责人。

余某涛，代表丁公司股东负责乙煤矿经营管理，违法承包煤矿；违法分包井下下工程；组织非法越界开采；对事故负有直接责任，涉嫌犯罪，已移送公安机关立案侦查。

杨某礼，丁公司董事长。违法承包煤矿；违法分包井下工程；组织非法越界开采；对事故负有直接责任，涉嫌犯罪，已移送公安机关立案侦查。依据《安全生产法》第九十四条第三款的规定，建议其终身不得担任煤炭行业生产经营单位的主要负责人。

赵某，丁公司法定代表人。未履行法定代表人职责；对事故负有主要责任，涉嫌犯罪，已移送公安机关立案侦查。依据《安全生产法》第九十四条第三款的规定，建议其终身不得担任煤炭行业生产经营单位的主要负责人。

丁某勋，乙煤矿实际控制人。违法将煤矿承包给不具备资质的丁公司。对事故负有主要责任，涉嫌犯罪，已移送公安机关立案侦查。依据《安全生产法》第九十四条第三款的规定，建议其终身不得担任煤炭行业生产经营单位的主要负责人。

张某军，丁公司安全副总经理。对乙煤矿安全生产工作督促、检查不到位，未发现煤矿违法布置隐蔽采面作业点；对乙煤矿开展安全检查的周期和次数达不到公司安全检查有关制度规定。对事故发生负有重要责任。建议依据《安全生产法》第九十六条的规定，吊销其安全生产从业资格，并处 4.2 万元罚款。

冯某明，丁公司总经理。对乙煤矿安全生产工作督促、检查不到位，未发现煤矿违法布置隐蔽采面作业点；对乙煤矿开展安全检查的周期和次数达不到公司安全检查有关制度规定。对事故发生负有重要责任。建议依据《安全生产法》第九十六条的规定，吊销其安全生产从业资格，并处 6 万元罚款。

王某，丁公司实际控制人。对乙煤矿安全生产工作督促、检查不到位，未发现煤矿违法布置隐蔽采面作业点。对事故发生负有重要责任。建议依据《安全生产法》第九十五条第一款第（三）项的规定处 5.7 万元罚款。

（二）对事故责任单位的处理建议

（1）丙矿业公司。机构设置不健全，安全管理人员配备不足，对乙煤矿管理不到位，对事故负有责任，依据《生产安全事故报告和调查处理条例》第四十条第一款的规定，吊销其安全生产许可证；建议依据《安全生产法》第一百一十四条第一款第（三）项的规定，建议处 600 万元的罚款。

（2）丁公司。非法承包乙煤矿，非法盗采国家资源，违法违规组织生产，对事故负有责任，依据《安全生产法》第一百一十四条第一款第（三）项的规定，建议处 600 万元的罚款。

（3）乙煤矿。安全生产主体责任不落实，违法承包给丁公司，对事故负有责任。依据《安全生产法》第一百一十四条第一款第（三）项的规定，建议处900万元罚款。

争议焦点

本案争议的焦点是煤矿建设发生事故的，能否对建设单位和施工单位同时进行处罚。

案例解读

《煤矿安全生产条例》第十五条第一款规定："煤矿建设项目的建设单位应当对参与煤矿建设项目的设计、施工、监理等单位进行统一协调管理，对煤矿建设项目安全管理负总责。"此外，《建设工程质量管理条例》《建设工程安全生产管理条例》以及住房和城乡建设部印发的《建筑工程五方责任主体项目负责人质量终身责任追究暂行办法》明确，建设工程的建设、施工等单位是建设工程安全管理的责任主体。

一、煤矿建设项目开工的行政审批

煤矿项目在办理采矿许可证、进行初步设计和安全设施设计的同时，在项目开工备案前，还必须向生态环境主管部门申请环境影响评价报告审批，向自然资源主管部门提出建设用地申请，向水行政主管部门申请水土保持方案审批，向城乡建设主管部门提出消防设计审查，向节能审查机关提出节能评估报告审查，未依法经审批部门审查或者审查后未予批准的，建设单位不得开工建设。申请建设用地申请前，依据相关法律、法规的规定，还须办理地质灾害危险性评估与矿产资源压覆情况证明等手续。

煤矿建设项目开工审批后，建设单位应依法组织建设项目的实施，实施过程中涉及的法律程序和管理活动有建设工程监理、工程招投标、工程质量监督与管理、开工备案与联合试运转、事故应急预案管理、安全生产监督与管理、作业场所职业病危害防治等。整个项目工程建设阶段由多个部门参与，包含不同类别的管理工程，需要建设各参与方之间相互协调配合，严格落实各自的法定职责，才能确保工程建设的顺利进行，是一个较为复杂的系统工程。

二、煤矿建设项目建设单位的安全职责

煤矿建设单位的安全责任主要包括：

（1）应当向施工单位提供施工现场及毗邻区域内供水、排水、供电、供气、供热、通信、广播电视等地下管线资料，气象和水文观测资料，相邻建筑物和构筑物、地下工程的有关资料，并保证资料的真实、准确、完整。

（2）建设单位不得对勘察、设计、施工、工程监理等单位提出不符合建设工程安全生产法律、法规和强制性标准规定的要求，不得压缩合同约定的工期。

（3）建设单位在编制工程概算时，应当确定建设工程安全作业环境及安全施工措施所需费用。

（4）建设单位不得明示或者暗示施工单位购买、租赁、使用不符合安全施工要求的安全防护用具、机械设备、施工机具及配件、消防设施和器材。

（5）建设单位在申请领取施工许可证时，应当提供建设工程有关安全施工措施的资料。

（6）依法批准开工报告的建设工程，建设单位应当自开工报告批准之日起15日内，将保证安全施工的措施报送建设工程所在地的县级以上地方人民政府建设行政主管部门或者其他有关部门备案。

（7）建设单位应当将拆除工程发包给具有相应资质等级的施工单位。

《煤矿安全生产条例》第六十五条第一款规定："煤矿企业超越依法确定的开采范围采矿的，依照有关法律法规的规定予以处理。"有关法律法规主要涉及《矿产资源法》《煤炭法》《煤矿安全生产条例》以及《刑法》。本案中，乙煤矿属于建设单位，应该依据《煤矿安全生产条例》《建设工程安全生产管理条例》《建筑法》，将建设项目承包给具有资质条件的施工单位，但乙煤矿非法承包煤矿，违法违规组织生产，对事故负有责任，应该依据《安全生产法》第一百一十四条第一款第（三）项的规定处罚。郭某政为乙煤矿矿长，组织非法越界开采对事故负有直接责任，构成犯罪，依法追究刑事责任的同时，依据《安全生产法》第九十四条第三款的规定，建议其终身不得担任煤炭行业生产经营单位的主要负责人。李某进、徐某、徐某祥分别为生产副矿长、总工程师、矿长助理。组织非法越界开采，对事故负有直接责任，构成犯罪，依法追究刑事责任。

为确保煤矿建设工程质量和建设工程安全，建设、施工、工程监理等单位不但要依法履行《建筑法》等法律、法规规定的强制性义务，还要遵守强制性标准的规定。因此，建设单位不得对施工、工程监理等单位提出不符合建设工程安全生产法律、法规和强制性标准规定的要求。

煤矿工程建设的期限即工期，须经过科学论证、计算之后才可确定。但实践中，工程建设工期不足的现象较为普遍，甚至出现工期严重不足导致工程质量出现重大缺陷的情况。需要指出的是，"合同约定的工期"必须是"合理的工期"，如果建设单位利用自身优势与施工单位签订了不合理的工期，属于违反法律的强制性规定，建设工程合同关于工期的约定因违反法律的强制性规定而无效。合理工期是指在正常建设条件下，采取科学合理的施工工艺和管理方法，以现行的住房和城乡建设主管部门颁布的工期定额为基础，结合项目建设的具体情况，而确定的使投资方、各参加单位均获得满意的经济效益的工期。合理工期要以工期定额为基础确定，但不一定与定额工期完全一致，可依施工条件等做适当调整，这是因为定额工期反映的是社会平均水平，是经选取的各类典型工程经分析整理后综合取得的数据，由于技术的进步，完成一个既定项目所需的时间会缩短，工期会提前。判断工期合理的关键是使投资方、各参建单位都获得满意的经济效益。本案中，因资金投入不足等问题，煤矿自开工建设以来先后三次延长建设工期，建设工期由原批复的8.7个月延长至28.7个月。严重超越了合理工期的范围。

三、煤矿建设施工单位的安全职责

（一）我国实行施工企业资质等级许可制度

建筑施工企业，是指从事土木工程、建筑工程、线路管道设备安装工程的新建、扩建、改建等施工活动的企业。建筑工程承包单位通常是施工企业，但承包单位在承包工程之后，分包给其他单位施工的，这时施工企业与承包单位不同。无论是建设工程承包单位还是施工单位，我国均实行施工企业资质等级许可制度。《建筑法》第二十六条规定："承包建筑工程的单位应当持有依法取得的资质证书，并在其资质等级许可的业务范围内承揽工程。"《建设工程安全生产管理条例》第二十条规定："施工单位从事建设工程的新建、扩建、改建和拆除等活动，应当具备国家规定的注册资本、专业技术人员、技术装备和安全生产等条件，依法取得相应等级的资质证书，并在其资质等级许可的范围内承揽工程。"

施工企业应当按照其拥有的资产、主要人员、已完成的工程业绩和技术装备等条件申请建筑业企业资质，经审查合格，取得建筑业企业资质证书后，方可在资质许可的范围内从事建筑施工活动。建筑业企业资质分为施工总承包资质、专业承包资质、施工劳务资质三个序列。施工总承包资质、专业承包资质按照工程性质和技术特点分别划分为若干资质类别，各资质类别按照规定的条件划分为若干资质等级。施工劳务资质不分类别与等级。

禁止施工企业超越本企业资质等级许可的业务范围或者以任何形式用其他建

筑施工单位的名义承揽工程。禁止施工企业以任何形式允许其他单位或者个人使用本企业的资质证书、营业执照，以本企业的名义承揽工程。

禁止承包企业将其承包的全部建筑工程转包给他人，禁止承包单位将其承包的全部建筑工程肢解以后以分包的名义分别转包给他人。建筑工程总承包单位可以将承包工程中的部分工程发包给具有相应资质条件的分包单位；但是，除总承包合同中约定的分包外，必须经建设单位认可。施工总承包的，建筑工程主体结构的施工必须由总承包单位自行完成。建筑工程总承包单位按照总承包合同的约定对建设单位负责；分包单位按照分包合同的约定对总承包单位负责。总承包单位和分包单位就分包工程对建设单位承担连带责任。禁止总承包单位将工程分包给不具备相应资质条件的单位。禁止分包单位将其承包的工程再分包。本案中，丁公司没有建筑工程施工资质，但承包了乙煤矿改扩建项目，承包乙煤矿建设项目后，违规将其分包或者转包给没有资质的自然人，导致事故发生，对事故发生负有责任，应依据《安全生产法》第一百一十四条第一款第（三）项的规定处罚。

（二）建筑施工企业安全生产许可证制度

国家对建筑施工企业实行安全生产许可制度。煤矿建设施工单位属建筑施工企业，按照《安全生产许可证条例》第四条规定，建筑施工企业安全生产许可证的颁发和管理由省、自治区、直辖市人民政府建设主管部门负责。

建筑施工企业未取得安全生产许可证的，不得从事建筑施工活动。建筑施工企业取得安全生产许可证，应当具备下列安全生产条件：①建立、健全安全生产责任制，制定完备的安全生产规章制度和操作规程；②保证本单位安全生产条件所需资金的投入；③设置安全生产管理机构，按照国家有关规定配备专职安全生产管理人员；④主要负责人、项目负责人、专职安全生产管理人员经住房和城乡建设主管部门或者其他有关部门考核合格；⑤特种作业人员经有关业务主管部门考核合格，取得特种作业操作资格证书；⑥管理人员和作业人员每年至少进行一次安全生产教育培训并考核合格；⑦依法参加工伤保险，依法为施工现场从事危险作业的人员办理意外伤害保险，为从业人员交纳保险费；⑧施工现场的办公、生活区及作业场所和安全防护用具、机械设备、施工机具及配件符合有关安全生产法律、法规、标准和规程的要求；⑨有职业危害防治措施，并为作业人员配备符合国家标准或者行业标准的安全防护用具和安全防护服装；⑩有对危险性较大的分部分项工程及施工现场易发生重大事故的部位、环节的预防、监控措施和应急预案；⑪有生产安全事故应急救援预案、应急救援组织或者应急救援人员，配备必要的应急救援器材、设备；⑫法律、法规规定的其他条件。本案中，丁公司没有安全生产许可证，违反了《安全生产法许可证条例》的规定，应依法对该违法行为进行处罚。

（三）施工单位及项目负责人的安全生产职责

1. 施工单位主要负责人的安全生产职责

根据《安全生产法》第五条，施工单位的主要负责人是本单位安全生产第一责任人，对本单位的安全生产工作全面负责。本案中，丁公司总经理曹某能、代表丁公司股东负责乙煤矿经营管理的余某涛、丁公司董事长杨某礼、丁公司法定代表人赵某等违法承包煤矿，违法分包井下工程。依据《安全生产法》第九十四条第三款的规定，三人终身不得担任煤炭行业生产经营单位的主要负责人。

2. 项目负责人的安全生产职责

施工单位的项目负责人应当由取得相应执业资格的人员担任，对建设工程项目的安全施工负责，落实安全生产责任制度、安全生产规章制度和操作规程，确保安全生产费用的有效使用，并根据工程的特点组织制定安全施工措施，消除安全事故隐患，及时、如实报告生产安全事故。

3. 施工企业负责人及项目负责人施工现场带班职责

为进一步加强建筑施工现场质量安全管理工作，根据《国务院关于进一步加强企业安全生产工作的通知》，住房城乡建设部制定了《建筑施工企业负责人及项目负责人施工现场带班暂行办法》，对施工企业负责人及项目负责人施工现场带班职责作了规定。

建筑施工单位法定代表人是落实企业负责人及项目负责人施工现场带班制度的第一责任人，对落实带班制度全面负责。建筑施工企业负责人，是指企业的法定代表人、总经理、主管质量安全和生产工作的副总经理、总工程师和副总工程师。项目负责人，是指工程项目的项目经理。施工现场，是指进行房屋建筑和市政工程施工作业活动的场所。

施工现场带班包括企业负责人带班检查和项目负责人带班生产。企业负责人带班检查是指由建筑施工企业负责人带队实施对工程项目质量安全生产状况及项目负责人带班生产情况的检查。项目负责人带班生产是指项目负责人在施工现场组织协调工程项目的质量安全生产活动。

本案中，丁公司法定代表人赵某。未履行法定代表人职责，对事故负有主要责任，涉嫌犯罪，已移送公安机关立案侦查。依据《安全生产法》第九十四条第三款的规定，建议其终身不得担任煤炭行业生产经营单位的主要负责人。

丁公司安全副总经理张某军、丁公司总经理冯某明、丁公司实际控制人王某对乙煤矿安全生产工作督促、检查不到位，对事故发生负有重要责任。建议依据

《安全生产法》第九十六条的规定，吊销其安全生产从业资格，并处罚款。

杨某、张某江、黄某尧等乙煤矿采煤工程承包人采煤工程承包总管，违规分包、转包井下工程。对事故负有直接责任，构成犯罪，依法追究刑事责任。

四、煤矿边建设边生产的行政处罚

根据《煤矿安全生产条例》第三十六条第（十四）项："新建煤矿边建设边生产，煤矿改扩建期间，在改扩建的区域生产，或者在其他区域的生产超出设计规定的范围和规模的"属于重大事故隐患。根据《煤矿重大事故隐患判定标准》第十五条："新建煤矿边建设边生产，煤矿改扩建期间，在改扩建的区域生产，或者在其他区域的生产超出安全设施设计规定的范围和规模"属于重大事故隐患。重大事故隐患，是指有下列情形之一的：

（1）建设项目安全设施设计未经审查批准，或者审查批准后做出重大变更未经再次审查批准擅自组织施工的；这里的"审查批准后做出重大变更未经再次审查批准"，是指煤矿建设项目违反《煤矿建设项目安全设施监察规定》第二十二条规定，对已批准的煤矿建设项目安全设施设计做出重大变更，未经原审查机构审查同意的。

（2）新建煤矿在建设期间组织采煤的（经批准的联合试运转除外）。

（3）改扩建矿井在改扩建区域生产的。

（4）改扩建矿井在非改扩建区域超出设计规定范围和规模生产的。

本案中，乙煤矿存在边建设、边生产的违法行为，该违法行为属于重大事故隐患，应按照《煤矿安全生产条例》第六十四条的规定处罚。

本案中，煤矿在建设过程中发生生产安全事故，乙煤矿作为建设单位、丁公司作为施工单位，对事故的发生都负有不可推卸的责任。不但要对建设单位和施工单位处以事故罚款，还要对有关责任人员追究行政责任甚至是刑事责任。

案例 24：难道一定要釜底抽薪吗？煤矿生产安全事故调查报告批复的可诉性

案件事实

2015 年 4 月 19 日，甲煤矿集团有限责任公司乙煤矿发生一起重大透水事故，造成 21 人死亡，直接经济损失 1724 万元。依据 2014 年版《安全生产法》《煤矿安全监察条例》《生产安全事故报告和调查处理条例》等法律法规规定，国家煤矿安全监察局某省级煤矿安全监察局于 2015 年 4 月 23 日组织某省监察厅、公安厅、煤炭厅、安监局、总工会等单位成立了乙煤矿"4·19"重大水害事故调查组，并邀请该省人民检察院派员参加，聘请了 3 名防治水专家组成专家组协助调查。事故调查组通过现场勘查、调查取证、技术鉴定，查清了事故发生的经过和原因，认定了事故性质和责任，提出了对有关责任人员、责任单位的处理建议，制定了防范措施，形成了涉案事故报告。在事故责任认定中，对田某福的责任认定为：田某福作为甲煤矿地质副总工程师，协助总工分管地测科、探水队、技术科，负责日常矿井地测防治水技术管理工作。对矿井防治水设计未认真审核把关，对 8446 综采工作面上覆层老空区积水治理情况没有排查清楚，在工作面出现异常涌水征兆后未高度重视，对水源误判，未查明原因进而未能采取相应的安全技术措施，对这起事故的发生应负主要责任。事故调查报告建议以重大责任事故罪依法追究田某福的刑事责任。田某福聘请律师，采取釜底抽薪之法，向人民法院提起诉讼。起诉书认为"涉案事故报告在事故性质认定、事故原因分析方面的认定是错误的，对田某福负事故主要责任的认定也是错误的。国家煤矿安全监察局对涉案事故报告作出了被诉批复，而被诉批复是确定事故原因、性质和实施责任追究的具体行政行为，是有关机关依照法律规定和职权作出的具有法律效力和强制约束力的行政决定，也是有关机关追究他人责任的依据。现请求撤销国家煤矿安全监察局所作的被诉批复，判令国家煤矿安全监察局对田某福的责任进行重新认定并重新作出批复。"

判决结果

本案经过来回拉锯，针对事故调查报告的可诉性问题，一审北京市第二中级人民法院行政裁定认为不可诉讼，应驳回田某福的诉讼请求权。二审北京市高级人民法院认为，一审法院裁定驳回田某福的起诉不当，予以纠正，田某福的上诉理由成立。指令北京市第二中级人民法院继续审理。

北京市第二中级人民法院经过审理后认为，煤监局所作"原则同意对事故原因分析、事故性质认定和事故防范措施建议"及"原则同意事故调查组对事故有关责任人和责任单位的处理意见"的被诉批复认定事实清楚，证据充分。但由于被诉批复超期作出，程序轻微违法，但对田某福权利义务不产生实际影响，不足以达到撤销被诉批复的程度。依照《行政诉讼法》第七十四条第一款第（二）项的规定，判决确认被诉批复违法，驳回田某福请求撤销被诉批复并责令煤监局重新作出批复的诉讼请求。北京市高级人民法院二审判决确认被诉批复违法，同时驳回田某福请求撤销被诉批复并责令煤监局重新作出批复的诉讼请求正确，田某福的上诉主张不能成立。

争议焦点

本案争议的焦点有二：一是对事故调查报告的批复是否可诉；二是人民法院审理事故调查报告的批复需要审理哪些内容。

案例解读

一、批复的事故调查报告可诉性问题

事故调查报告由事故调查组出具，但事故调查组具有临时性特点。事故调查组向负责事故调查的人民政府提交事故调查报告后使命便完成。根据《生产安

全事故报告和调查处理条例》第三十二条规定：重大事故、较大事故、一般事故，负责事故调查的人民政府应当自收到事故调查报告之日起15日内作出批复；特别重大事故，30日内作出批复，特殊情况下，批复时间可以适当延长，但延长的时间最长不超过30日。有关机关应当按照人民政府的批复，依照法律、行政法规规定的权限和程序，对事故发生单位和有关人员进行行政处罚，对负有事故责任的国家工作人员进行处分。事故发生单位应当按照负责事故调查的人民政府的批复，对本单位负有事故责任的人员进行处理。根据原《煤矿生产安全事故报告和调查处理规定》① 第三十三条和第三十四条规定，特别重大事故调查报告报经国务院同意后，由原国家安全生产监督管理总局批复结案。重大事故调查报告经征求省级人民政府意见后，报国家煤矿安全监察局批复结案。较大事故调查报告经征求设区的市级人民政府意见后，报省级煤矿安全监察机构批复结案。一般事故由煤矿安全监察分局批复结案。重大事故、较大事故、一般事故，煤矿安全监察机构应当自收到事故调查报告之日起15日内作出批复。特别重大事故的批复时限依照《生产安全事故报告和调查处理条例》的规定执行。根据2023年1月国家矿山安全监察局颁布的《矿山生产安全事故报告和调查处理办法》第二十九条规定，煤矿重大事故调查报告经征求省级人民政府意见后，报国家矿山安全监察局审核同意后，按程序结案。较大及以下等级煤矿事故调查报告由国家矿山安全监察局省级局按程序结案。重大及以下等级非煤矿山事故调查报告，由负责事故调查的地方人民政府按程序结案。对国务院安委会挂牌督办的重大事故、国务院安委会办公室或者国家矿山安全监察局挂牌督办的典型事故，事故调查报告初稿形成后，事故调查组组长单位应当向国家矿山安全监察局汇报，并根据国家矿山安全监察局的意见和建议，组织事故调查组对事故调查报告进行修改完善，并正式报国务院安委会办公室或者国家矿山安全监察局，经审核同意后，按程序结案。事故提级调查的，由组织提级调查的单位按程序结案。第三十条规定，事故调查报告经地方人民政府或者矿山安全监察机构同意后15日内结案。特殊情况下，结案时间可以适当延长，延长时间最长不超过30日。显然，将原来的"批复结案"修改为"结案"，但这里的"结案"，实际上就是同意事故调查组提交的事故调查报告，依据事故调查报告对有关人员和单位追责。因此，不论如何修改，这里的"结案"就是"批复"，在性质上与批复并无不同。

但是，有关责任人如果对调查报告的批复不服，能否提起行政诉讼救济呢？从《行政诉讼法》第十二条和第十三条关于行政诉讼受案范围的规定，均没有

---

① 该规定于2018年废止。

明确规定政府批复是否属于行政诉讼的受案范围，导致理论上有不同的认识。实践中，有两个案例非常具有代表性，一个案例是田某福诉国家煤矿安全监察局案；另一个案例是陈某霞诉某省政府其他行政行为案。

2010 年丁省高院二审审理的"乙建筑工程公司诉甲市安全生产监督管理局生产责任事故批复案件"，人民法院认为，被诉甲市安监发《关于子长县"10·21"建筑工地塔式起重机倒塌事故调查报告的批复》虽未由上诉人甲市安监局正式给乙建筑工程公司送达，但作为事故调查成员单位之一的丙县监察局将批复作为谈话内容告知被上诉人乙建筑工程公司，并送达了复印件，已将批复的内容外化，而该批复中将乙建筑工程公司列为责任单位，并要求给予处罚，为被上诉人设定了一定的义务，该批复与被上诉人有利害关系，且丁省原安全生产监督管理局复议决定亦告知乙建筑工程公司可以提起行政诉讼，所以一审法院受理被上诉人乙建筑工程公司的起诉正确，上诉人甲市安监局称该批复属内部批复，不对被上诉人乙建筑工程公司产生法律效力，本案不属人民法院受案范围的上诉理由不能成立。该案被最高院行政审判庭收录在《中国行政指导案例》第一卷，首次认可内部行政行为外化的可诉性。一审、二审均认为"批复"可诉。该案得到最高院的认可，被视为开创了内部行政行为外化，对当事人产生法律效力的先河。在田某福诉国家煤矿安全监察局案，北京市高级人民法院认为[①]，国务院《生产安全事故报告和调查处理条例》第四十五条规定，特别重大事故以下等级事故的报告和调查处理，有关法律、行政法规或者国务院另有规定的，依照其规定。《煤矿安全生产条例》第六十条规定，煤矿生产安全事故按照事故等级实行分级调查处理。特别重大事故由国务院或者国务院授权有关部门依照《生产安全事故报告和调查处理条例》的规定组织调查处理。重大事故、较大事故、一般事故由国家矿山安全监察机构及其设在地方的矿山安全监察机构依照《生产安全事故报告和调查处理条例》的规定组织调查处理。根据《矿山生产安全事故报告和调查处理办法》第二十九条规定，煤矿重大事故调查报告经征求省级人民政府意见后，报国家矿山安全监察局审核同意后，按程序结案。较大及以下等级煤矿事故调查报告由国家矿山安全监察局省级局按程序结案。据此，国家煤矿安全监察局有对涉案煤矿生产安全事故调查报告进行批复的职权。本案争议的焦点在于，被诉批复是否事实上对田某福的权利义务进行设定，属于人民法院行政诉讼受案范围。煤矿事故结案通知应当印送有关地方人民政府或者单位，抄送事故调查组成员单位。有关地方人民政府及其有关部门或者单位应当依照法律法

---

① 北京市高级人民法院〔2017〕京行终 1197 号行政裁定书。

规规定的权限和程序，落实事故调查报告中关于事故责任有关单位、责任人员的责任追究意见以及事故防范和整改措施，接到事故调查报告和结案通知 3 个月内，将落实情况书面报（抄）事故调查组组长单位及其他有关部门。本案中，涉案事故调查报告认定"4·19"重大水害事故是一起生产安全责任事故，田某福对事故发生应负主要责任，建议由司法机关立案侦查，国家煤矿安全监察局批复同意该事故调查报告。国家煤矿安全监察局作出被诉批复之后，涉案事故的原因和性质、田某福在其中要承担的责任，已被明确、清晰地确定，且事实上对后续处理产生拘束，田某福的权利义务自此已被设定，这种设定并不从属或依附于其后进行的处理行为，对田某福权益的影响亦不必然被其后的处理行为所吸收，故被诉批复并非一种过程性的行政行为，对田某福的权利义务产生了直接影响。同时，被诉批复虽然向省人民政府作出，但检察机关随后对田某福提起公诉，公诉书中援引了涉案事故报告的相关认定，也说明被诉批复已经外部化，并非行政机关内部行为，产生了对田某福的权利义务进行设定的效果。根据《行政诉讼法》第二条第一款的规定，公民、法人或者其他组织认为行政机关的行政行为侵犯其合法权益的，有权向人民法院提起诉讼。被诉批复设定了田某福的权利义务，属于行政诉讼的受案范围，人民法院应当进行审理并作出相应判决。

在陈某霞诉某省政府其他行政行为案中，最高人民法院认为①，按照《生产安全事故报告和调查处理条例》（简称《条例》）第十九条第二款、第二十五条、第二十九条、第三十条第一款之规定，重大事故的调查由省级人民政府负责，相关人民政府可以直接组织事故调查组进行调查，也可以授权或委托有关部门组织事故调查组进行调查。事故调查组履行的职责包括认定事故性质和事故责任。事故责任的认定是事故调查组提交的事故调查报告应当包括的内容。该《条例》第三十二条规定的事故处理基本程序为，先由负责事故调查的人民政府对事故调查报告作出批复，然后由有关机关按照人民政府的批复，依照法律、行政法规规定的权限和程序，对事故发生单位和有关人员进行行政处罚，对负有事故责任的国家工作人员进行处分，涉嫌犯罪的依法追究刑事责任。从上述规定内容和程序看，一方面，从一般规则角度分析，上级行政机关基于下级行政机关的请示所作的批复，在性质上往往属于上下级行政机关之间的内部行为，通常不直接对外产生法律效果，不属于可诉的行政行为范畴。另一方面，从特定情形角度分析，不排除实践中一些人民政府针对事故调查报告等所作的批复，虽然从形式上看是上级行政机关对下级行政机关所作，但在批复中认定了明确具体的事故责任和处理

---

① 最高人民法院（2018）最高法行申 2613 号判决书。

意见，且这种认定具有公定力和约束力，对公民、法人或其他组织的合法权益可能产生直接的不利影响。本案中的事故调查报告描述为："陈某霞，戊有限公司生产副厂长，生产部门的第一安全责任人"；"未根据实际情况及时组织修订二甲苯岗位工艺操作规程；工艺联锁、报警制度不落实，解除加热炉工艺联锁未办理报批手续；事故设置41单元长时间处于高负荷状态运行；在应急处置过程中指挥不当，对事故负有主要责任，建议司法机关进一步调查处理"。因此，司法机关是否要追究陈某霞的刑事责任，由司法机关依法决定，事故调查报告的批复并不当然对陈某霞产生不利影响。该案中，人民法院认为，上述表述内容只是一般性、概括性和程序性的表述，亦没有对当事人的权利义务作出实质性认定。可见，涉案事故调查报告及其批复符合实践中大多数事故调查报告及其批复的共有特点，没有直接设立或者改变陈某霞具体的权利义务，尚未对其产生实质性影响，不构成对其合法权益的侵害。因此，能够适用司法解释的上述规定精神，不作为行政诉讼的受案范围。陈某霞仍可以通过刑事诉讼审判监督等法定程序寻求救济，在其他纠纷处理环节中对作为定案证据的"事故调查报告的批复"的客观性、关联性、合法性等提出异议。上述具体情形，与最高人民法院此前认定有关事故调查报告批复可诉的一些案件，个案的具体情况并不相同。对于陈某霞的相关再审请求和理由，不予支持。所以，判断上级行政机关所作批复是否可诉，根本上取决于对上述司法解释有关"对公民、法人或者其他组织权利义务不产生实际影响的行为"之规定的科学理解和准确把握。

无论主张哪种观点，都有一定的理论支撑。不可诉的主要理由是，事故调查报告的批复是内部行政行为，该批复虽然涉及对相关责任的认定及对责任人处理的建议，但它是人民政府对事故调查报告的确认，并非直接追究当事人责任的行政处罚决定书等具体行政行为，对当事人权利义务产生影响的是根据批复的事故调查报告而由相关行政部门、司法机关采取的行政处罚、刑事责任追究等，当事人如果对行政处罚、刑事责任追究不服，应通过诉讼程序，进行个案诉讼，而不能对整个事故调查报告提起诉讼。可诉的主要理由则是：批复的事故调查报告对当事人的权利义务产生了实质影响，有关机关负有落实批复后事故调查报告中责任追究的职责，如果不落实事故调查报告中的处理建议，有关行政机关的负责人则面临被问责的风险。

本书认为，交通事故责任认定、火灾事故认定等不具有可诉性。这是因为这些认定书都是对事故成因的分析，而非对责任的划分，属于事实认定，其可以作为证据使用，也是能够被其他证据推翻的。煤矿事故调查报告经法定程序结案后，事故调查报告发生法律效力。事故调查报告是事故调查组出具并经有关人民政府批复的，它是对事故的全面事实进行调查、勘验得出的结论性意见。同时，事故调查报告还要对煤矿企业等生产经营单位及主要负责人、负有安全生产监督管理职责的部门是否尽责履职等进行认定，所以事故调查报告是对煤矿企业及主要负责人、其他责任人员作出事故罚的重要证据，也是追究公职人员行政处分或刑事责任的重要依据。但是《生产安全事故报告和调查处理条例》并未规定当事人对事故调查报告批复行为的救济措施。而《安全生产法》第八十六条第二款规定："负责事故调查处理的国务院有关部门和地方人民政府应当在批复事故调查报告后 1 年内，组织有关部门对事故整改和防范措施落实情况进行评估，并及时向社会公开评估结果；对不履行职责导致事故整改和防范措施没有落实的有关单位和人员，应当按照有关规定追究责任。"从这些规定可以看出，即使是一个完全错误的事故调查报告，被人民政府批复或者矿山监察机构结案后，也会产生法律效力。如果有关地方人民政府及其有关部门、煤矿企业不落实批复或者已经结案的事故调查报告，要被依法追究责任。因此，至少从目前立法来看，事故调查报告批复或者结案后，对当事人产生了不利影响。因此，其应该具有可诉性。

二、人民法院审理事故调查报告的批复或者事故调查的结案应当审查的内容

在事故调查报告批复或者结案诉讼中，批复机关或者结案机关为被告，原告则为受到批复的事故调查报告不利影响的人。那么，人民法院对批复的事故调查报告的审查范围和强度如何呢？负责事故调查的人民政府根据《生产安全事故报告和调查处理条例》第三十二条规定，对安监部门的事故调查报告作出的批复，对当事人权利义务产生实际影响，属于可诉的行政行为。人民法院应当依照《安全生产法》《生产安全事故报告和调查处理条例》等法律、法规规定，对该行为的合法性进行审查，依法作出判决①。所以，本书认为，人民法院应审查事故调查程序和事故调查报告的完整性以及事故调查报告的批复或者结案权限等问题。但通常不能审查事故调查报告中事实认定部分。

（一）事故调查的权限

人民法院应依法审查事故调查主体是否有事故调查权。根据《生产安全事故报告和调查处理条例》《煤矿安全生产条例》《矿山生产安全事故报告和调查处理办法》，煤矿生产安全事故按照事故等级实行分级确定事故调查权主体。特别重大事故由国务院或者国务院授权相关部门依照有关法律、行政法规的规定组织

---

① 辽宁省高级人民法院（2015）辽行终字第 00112 号行政判决书。

调查。重大及以下事故由设在地方的矿山安全监察机构依照本条例和有关法律、行政法规的规定组织调查。国家矿山安全监察机构认为，必要时，可以由设在地方的矿山安全监察机构负责调查煤矿事故，或者指定负责事故调查的矿山安全监察机构。未造成人员死亡的一般事故，国家矿山安全监察局省级局可以委托事故发生单位或者有关部门组织事故调查组进行调查。

（二）事故调查组组成的合法性

人民法院审查事故调查组组成的合法性主要审查两个方面：一是审查事故调查组的组成单位是否合法。根据《煤矿安全生产条例》第六十一条，煤矿生产安全事故按照事故等级实行分级调查处理。特别重大事故由国务院或者国务院授权相关部门依照生产安全事故报告和调查处理条例的规定组织调查处理。重大事故、较大事故、一般事故，由国家矿山安全监察机构及其设在地方的矿山安全监察机构依照生产安全事故报告和调查处理条例的规定组织调查处理。二是审查事故调查组的成员是否遵守了回避要求。事故调查组成员应当做到诚信公正、恪尽职守、廉洁自律，遵守事故调查纪律，保守事故调查秘密。所以，事故调查组应实行回避制度。《生产安全事故报告和调查处理条例》第二十三条规定："事故调查组成员应当具有事故调查所需要的知识和专长，并与所调查的事故没有直接利害关系。"如果事故调查组参加单位的工作人员对所调查事故本身负有责任，应当依法受到处理，则该工作人员属于《生产安全事故报告和调查处理条例》第二十三条规定的"与所调查的事故有直接利害关系"应当回避的人员。在王某某诉大连市人民政府安全事故报告行政批复一案，宋某、于某、王某某系大连市安全生产监督管理局工作人员，三人都参加了对 2013 年中国石油大连石化"6·2"闪爆事故的事故调查，事故调查报告的建议中认为，三人分别负有"领导责任""监督不力、监管执法不严"以及"执法不严"的责任，应当给予相应的行政处分。宋某等三人参与应当给予自己行政处分的事故调查活动，"做自己案件的法官"，显然违反了法定程序和程序正当原则①。

（三）事故调查程序的合法性审查

《生产安全事故报告和调查处理条例》《矿山生产安全事故报告和调查处理办法》对煤矿事故调查程序作了明确规定。重大及以下等级煤矿事故的调查组组长由负责事故调查的矿山安全监察机构负责人担任（一般煤矿事故可由矿山安全监察机构内设处室负责人担任）。

事故调查组履行下列职责：①查明事故单位的基本情况；②查清事故发生的

---

① 辽宁省高级人民法院（2015）辽行终字第 00112 号行政判决书。

经过、报告过程、原因、类别、人员伤亡情况及直接经济损失；隐瞒事故的，应当查明隐瞒过程；③认定事故的性质和事故责任；提出对事故责任单位和人员的处理建议；④评估应急处置工作；⑤总结事故教训，提出防范和整改措施；⑥在规定时限内提交事故调查报告。

事故调查组组长主持事故调查组的工作。并履行下列职责：①组织事故调查组开展工作；②明确事故调查组中各小组的职责，确定事故调查组成员的分工；③协调决定事故调查工作中的重要问题；④提出有关事故调查的结论性意见；⑤审核事故涉嫌犯罪的材料，批准将有关材料或者复印件移交相关部门处理。事故调查组成员对事故的原因、性质和处理建议等不能取得一致意见时，事故调查组组长有权提出结论性意见。

事故调查组有权向有关单位和个人了解与事故有关的情况，并要求其提供相关文件、资料，有关单位和个人不得拒绝。事故发生单位的负责人和有关人员在事故调查期间不得擅离职守，并应当随时接受事故调查组的询问，如实提供有关情况。事故调查中发现涉嫌犯罪的，事故调查组应当及时将有关材料或者其复印件移交司法机关处理。

事故调查中需要进行技术鉴定的，事故调查组应当委托具有国家规定资质的单位进行技术鉴定。必要时，事故调查组可以直接组织专家进行技术鉴定。技术鉴定所需时间不计入事故调查期限。

事故调查组应当按照下列期限提交事故调查报告：①重大事故自事故发生之日起一般不得超过 60 日；②较大事故、一般事故自事故发生之日起 30 日内，原则上不得超过 60 日。特殊情况下，重大及以下等级事故经负责事故调查的地方人民政府或者矿山安全监察机构同意，可以延长提交事故调查报告的期限，但延长的期限最长不得超过 60 日。

（四）事故调查报告的内容是否符合法律的要求

《生产安全事故报告和调查处理条例》第三十条和《矿山生产安全事故报告和调查处理办法》第二十二条，事故调查报告应当包括下列内容：①事故发生单位基本情况；②事故发生经过、事故救援情况和应急处置评估情况；③事故造成的人员伤亡、直接经济损失和事故类别；④事故发生的直接原因、间接原因和事故性质；⑤事故责任及处理建议；⑥事故防范和整改措施。事故调查报告应当由事故调查组成员签名确认。事故调查报告，是事故调查组经调查后形成的最终报告，对此报告事故调查组全体成员应当予以签字确认，未予签字确认违反了《生产安全事故报告和调查处理条例》第三十条第二款规定。如果事故调查组成员未在事故调查报告上签名构成程序违法问题，但鉴于该程序瑕疵不足以否定对事故调查报告的批复或者结案产生实质性影响，也不会对当事人的实体性权利造成不利影响，属于轻微的程序瑕疵。根据《行政诉讼法》第七十四条第一款第（二）项，行政行为程序轻微违法，但对原告权利不产生实际影响的，人民法院判决确认违法，但不撤销行政行为。因此，出现调查组成员不签名的情形时，对于轻微的程序瑕疵，人民法院可以确认其违法，但不撤销事故调查报告的批复。

（五）事故调查的结案行为的合法性

根据《矿山生产安全事故报告和调查处理办法》第三十条，煤矿事故调查报告经矿山安全监察机构同意后 15 日内结案。特殊情况下，结案时间可以适当延长，延长时间最长不超过 30 日。人民法院审查结案行为的合法性，结案的主体是否为事故调查权主体、作出结案的时限是否符合法律的规定等。当然，超期结案或者批复，属于轻微违法行为，人民法院确认行为违法，但不撤销事故调查报告的批复或者结案。

在田某福诉国家煤矿安全监察局一案中，人民法院认为，行政权与行政审判权在国家制度设计中有不同的功能和价值考量，二者的本质属性决定了履行职责的规律、范围和方式并不相同，法律虽然规定行政诉讼监督行政机关履职，但蕴含着行政诉讼对行政权运作规律和方式的尊重。就事故调查而言，专司某一领域监管的行政机关往往具有相应的知识、经验和能力方面的优势，尊重行政机关在职责范围内的判断和裁量，更符合国家职能专业化和效能化发展要求，从根本上说也更有利于公民权利的保障。因此，对于事故调查这样专业性、技术性较强的事项，行政审判既要严格履行监督职责，也要保持谦抑性，防止司法权对行政权的不当侵袭。在事故调查组成员和技术专家的身份符合法律要求，调查方法、程序和手段合法正当，没有证据证明他们与事故调查报告存在利害关系，且并无证据足以推翻技术专家的鉴定结论和事故调查组的调查结论的情况下，人民法院一般应当对涉案的事故调查报告予以尊重。而在事故调查报告中对原告的责任认定以及处理建议中适用的法律是否准确，则需要原告通过对行政处罚另行提起行政诉讼等方式实现个案审查。

当事人对事故调查报告不服的，虽然可以对批复后的事故调查报告提起行政诉讼，但行政诉讼面临可能不予受理的风险，即使人民法院受理了起诉，但审理案件耗费时间长，且基于行政权和审判权的划分，人民法院审查范围和审查强度存在诸多限制，而对于其中的责任认定和处理建议等适用法律是否正确等，也只能做个案审查。截至目前，行政机关内部尚未建立起事故调查报告的内控机制，事故调查报告的整体审查尚未有明确的法律依据，尚不能实现行政机关内部对事故调查报告的自查自纠。因此，《生产安全事故报告和调查处理条例》中亟待建立事故调查报告内部复议制度，实现对事故调查报告的全面审查。

三、事故调查报告的证据性问题

事故调查组形成事故调查报告后，要由相关的矿山安全监察机构结案或者人民政府批复，有关部门根据批复或者结案后的事故调查报告对煤矿企业及主要负责人等进行事故罚款，这也是落实人民政府批复、国家矿山安全监察局结案的事故调查报告的重要内容，而事故调查报告成为作出行政处罚或者追究刑事责任的重要证据。例如，一旦被行政追责的人对行政处罚决定不服，提起行政诉讼，那么事故调查报告属于何种性质的证据呢？

有人认为，事故调查报告属于鉴定结论。鉴定意见通常由专业的鉴定机构依法出具，经过质证后可以作为证据使用。而事故调查报告由临时成立的事故调查组出具，由人民政府批复生效，其不同于鉴定结论。还有人认为，事故调查报告是专家证言，是事故调查组组织专家对事故原因、责任等的分析。本书认为，事故调查报告既不是鉴定结论，也不是专家证言，而是一种新型的证据，它不宜被简单地归入现有的证据分类。首先，事故调查报告具有证据的效力，但其作为何种证据尚存在疑问。事故调查报告内容多，但是不是所有的内容都是证据，有分析的必要。事故调查报告中关于事故发生原因的内容属于证据，而在事故发生原因分析基础上形成的关于事故性质和责任认定的内容则不宜作为证据，因为这些内容并非事故事实，而是法律适用问题。它充其量是事故调查组对煤矿企业作出事故处罚的意见，而这个事故处罚要通过安全生产监督管理部门另外出具行政处罚得以落实。

事故调查报告作为证据，在行政处罚诉讼中，人民法院有基于证据审查权而对事故调查报告进行关联性、真实性和合法性的审查。安全生产监督管理部门对运输单位及主要负责人进行行政处罚的重要依据是事故调查报告，事故调查报告与行政处罚的关联性比较容易认定。但事故调查报告的真实性，人民法院通常难以审查，主要原因在于，事故调查报告中关于事故发生原因、经过等的认定，是事故调查组组织专家进行集体研判的结果，专业性强。如果人民法院审查事故调查报告的真实性，无异于人民法院另行组织专家对事故发生原因和经过进行重新认定，这与行政权和司法权之间的权力分配不符。司法权对行政权力的行使不但要通过行政诉讼进行司法监督，也应该对行政权的行使给予应有的尊重，司法权与行政权之间必须保持各自的领域，司法权不宜伸手过长。否则，司法权将取代行政权而参与社会生活的各个环节，因此除非有相反的证据能够推翻事故调查报告的真实性，否则人民法院应确认事故调查报告的真实性。司法机关是法律的守夜人,事故调查报告的真实性是人民法院审查的重点,其审查的内容主要包括组织事故调查的人民政府或者机关是否享有事故调查权,事故调查组织组是否合法,事故调查的程序是否合法,事故调查报告的内容是否符合《生产安全事故报告和调查处理条例》的规定,事故调查组成员的签字是否齐全以及有关人民政府是否已经批复及是否有批复权等。

事故调查报告关于责任认定及责任追究的内容,人民法院是否要审查? 本书认为,这部分内容不属于证据的范畴,其中关于责任认定及责任追究的内容非常多,涉及行政处罚、行政处分甚至是刑事责任的追究等,不宜由人民法院通过审查证据的合法性、真实性、关联性,对事故调查报告中的性质认定和责任追究等进行审查,而应通过不同的个案进行审查。事故调查报告建议对煤矿企业及主要负责人事故罚款的,要由有关部门另行通过行政处罚立案、调查取证、作出处罚决定和送达等程序依法作出行政处罚决定书,被处罚人不服的,可以对该行政处罚提起行政诉讼,这时人民法院可以通过对行政案件的审判,实现对个案法律责任认定的审查。

针对事故调查报告的批复或者结案,提起独立的行政诉讼,虽然属于诉讼策略,但是,人民法院对事故调查报告的批复或者结案的审查范围有限。倒不如在行政处罚或者刑事诉讼中,针对事故调查报告的批复或者结案这一证据,从证据的合法性、关联性和真实性等方面突围,可能是更节省成本的一种做法。

案例25：露天煤矿边坡安全管理

案件事实

2022年2月11日，甲省乙煤业公司（露天煤矿）三采区B6、B7区段西帮发生边坡滑坡事故，造成6人死亡，1人受伤，直接经济损失3432万元。依据《安全生产法》《煤矿安全监察条例》《生产安全事故报告和调查处理条例》等法律法规的规定，经甲省政府同意，2022年2月18日，国家矿山安全监察局甲省级局会同甲省公安厅、煤炭厅、应急管理局、总工会成立了乙煤业公司（露天煤矿）"2·11"较大边坡滑坡事故调查组，邀请甲省监察委员会参加事故调查，并聘请5名专家协助调查。

经查实，乙煤业公司（露天煤矿）边坡管理和隐患排查治理措施不落实。该矿存在未按规定绘制边坡监测系统平面图，未定期开展边坡监测，在事故坍塌区域对面和采场内部分边坡已发生片帮、边坡出现50厘米裂缝的情况下，仍未引起警觉，未及时在采坑周边及特殊路段设置防护栏和警示标志，未按规定整改事故区域边坡角、台阶高度、平盘宽度不符合要求等问题，未及时消除边坡重大事故隐患，最终导致发生了6人死亡、1人受伤的较大生产安全事故。

处理结果

（一）责任人刑事责任的追究

乙煤业公司（露天煤矿）法定代表人、总经理高某作为乙煤业公司主要负责人，未尽到主要负责人的安全生产职责，对事故发生负有责任，以涉嫌强令组织他人违章冒险作业罪被人民检察院批准逮捕。乙煤业公司（露天煤矿）安全副总李某荣、生产副总杜某、B6 区工程队总负责人张某未尽到相应安全管理职责，对事故发生负有责任，以涉嫌强令组织他人违章冒险作业罪被人民检察院批准逮捕。

（二）对责任单位、责任人的行政处罚及其他处理建议

（1）乙煤业公司（露天煤矿）发生一起较大责任事故，依据《安全生产法》第一百一十四条第（二）项规定，对乙煤业公司（露天煤矿）处 200 万元罚款。依据《安全生产法》第九十五条，对乙煤业公司（露天煤矿）法定代表人、总经理高某处上一年年收入 60% 的罚款。

（2）乙煤业公司（露天煤矿）重点部位（区域）边坡变形破坏，未采取有效措施，违反了《国务院预防煤矿生产安全事故的特别规定》第八条第二款第（十五）项和《煤矿重大事故隐患判定标准》第十八条第（十）项规定，依据《国务院预防煤矿生产安全事故的特别规定》第十条第一款的规定，责令乙煤业公司（露天煤矿）停产整顿，并处 200 万元罚款；对乙煤业公司（露天煤矿）法定代表人、总经理高某处 15 万元罚款。

（3）乙煤业公司（露天煤矿）安全副总李某荣、生产副总杜某明知采场部分（区域）边坡变形破坏，但未采取有效措施，对事故的发生负有责任。依据《安全生产法》第九十六条，对安全副总李某荣、生产副总杜某分别处以上年年收入 30% 的罚款，并吊销其注册安全工程师资格证书。

📖 争议焦点

本案争议的焦点是高某、李某荣、杜某、张某是否构成强令组织他人违章冒险作业罪。

📝 案例解读

实践中，露天煤矿的危险性主要来自于爆破、煤炭运输和边坡坍塌等。而露天煤矿边坡坍塌造成的后果非常严重。例如，2023 年 2 月 22 日内蒙古自治区阿拉善盟阿拉善左旗新井煤业有限公司一露天煤矿发生大面积坍塌，现场多名作业人员和车辆被掩埋事故造成多人死亡。再如，2022 年 7 月 23 日，甘肃省白银市

景泰县泓胜煤业有限责任公司发生边坡坍塌事故，造成 10 人死亡、6 人受伤。因此，《煤矿安全生产条例》《煤矿重大事故隐患判定标准》等对露天煤矿边坡管理都作了明确规定。

一、露天煤矿的边坡管理

《煤矿安全规程》对露天煤矿边坡管理作了明确规定。露天煤矿应当进行专门的边坡工程、地质勘探工程和稳定性分析评价。应当定期巡视采场及排土场边坡，发现有滑坡征兆时，必须设置明显标志牌。对设有运输道路、采运机械和重要设施的边坡，必须及时采取安全措施。发生滑坡后，应当立即对滑坡区采取安全措施，并进行专门的勘查、评价与治理工程设计。非工作帮形成一定范围的到界台阶后，应当定期进行边坡稳定分析和评价，对影响生产安全的不稳定边坡必须采取安全措施。工作帮边坡在临近最终设计的边坡之前，必须对其进行稳定性分析和评价。当原设计的最终边坡达不到稳定的安全系数时，应当修改设计或者采取治理措施。露天煤矿的长远和年度采矿工程设计，必须进行边坡稳定性验算。达不到边坡稳定要求时，应当修改采矿设计或者制定安全措施。

采场最终边坡管理应当遵守下列规定：①采掘作业必须按设计进行，坡底线严禁超挖；②临近到界台阶时，应当采用控制爆破；③最终煤台阶必须采取防止煤风化、自然发火及沿煤层底板滑坡的措施。

排土场边坡管理应当遵守下列规定：①定期对排土场边坡进行稳定性分析，必要时采取防治措施；②内排土场建设前，查明基底形态、岩层的赋存状态及岩石物理力学性质，测定排弃物料的力学参数，进行排土场设计和边坡稳定计算，清除基底上不利于边坡稳定的松软土岩；③内排土场最下部台阶的坡底与采掘台阶坡底之间必须留有足够的安全距离；④排土场必须采取有效的防排水措施，防止或者减少水流入排土场。

《煤矿安全生产条例》第二十八条第二款规定："煤矿企业应当定期对露天煤矿进行边坡稳定性评价，评价范围应当涵盖露天煤矿所有边坡。达不到边坡稳定要求时，应当修改采矿设计或者制定安全措施，同时加强边坡监测工作。"而第三十六条第（十二）项，将"露天煤矿边坡角大于设计最大值或者边坡发生严重变形，未采取有效措施的"作为重大事故隐患进行处理。《煤矿重大事故隐患判定标准》第十八条第（十）项规定也作了相同规定。这里的"严重变形"，是指边坡出现较大裂缝（30 厘米以上），平盘大面积滑落、垮塌或者平盘明显底鼓等情形。本案中，乙煤业公司（露天煤矿）在采场内部分边坡已发生片帮、边坡出现 50 厘米裂缝的情况下，未及时消除边坡重大事故隐患，最终导致发生较大生产安全事故。该行为违反了《煤矿安全生产条例》第三十六条第（十二）项和《煤矿重大事故隐患判定标准》第十八条第（十）项的规定，应依据《煤矿安全生产条例》第六十四条的规定从重对乙煤业公司（露天煤矿）及其主要负责人实施双罚。

二、煤矿事故罚款

本案中，乙煤业公司（露天煤矿）在采场内部分边坡已发生片帮、边坡出现 50 cm 裂缝的情况下，未及时消除边坡重大事故隐患，最终导致发生较大生产安全事故，该公司对该起事故的发生负有责任。根据《煤矿安全生产条例》第九十二条，对乙煤业公司（露天煤矿），处 150 万元以上 200 万元以下的罚款。如果该起煤矿生产安全事故情节特别严重、影响特别恶劣，可以对负有责任的煤矿企业处上述罚款数额 2 倍以上 5 倍以下的罚款。同时，根据《安全生产法》第二十一条和《煤矿安全生产条例》第十八条，乙煤业公司（露天煤矿）主要负责人高某负有及时消除事故隐患的法定职责。依据《安全生产法》第九十五条，对乙煤业公司（露天煤矿）法定代表人、总经理高某处上一年年收入 60% 的罚款。

《安全生产法》第九十六条规定："生产经营单位的其他负责人和安全生产管理人员未履行本法规定的安全生产管理职责的，责令限期改正，处一万元以上三万元以下的罚款；导致发生生产安全事故的，暂停或者吊销其与安全生产有关的资格，并处上一年年收入百分之二十以上百分之五十以下的罚款；构成犯罪的，依照《刑法》有关规定追究刑事责任。"《煤矿安全生产条例》第六十八条第一款也规定："煤矿企业的决策机构、主要负责人、其他负责人和安全生产管理人员未依法履行安全生产管理职责的，依照《中华人民共和国安全生产法》有关规定处罚并承担相应责任。"本案中，乙煤业公司（露天煤矿）安全副总李某荣、生产副总杜某明知采场部分（区域）边坡变形破坏，但未采取有效措施，对事故的发生负有责任，根据《安全生产法》第九十六条的规定，对安全副总李某荣、生产副总杜某分别处以上年年收入 30% 的罚款，并吊销其注册安全工程师资格证书。

B6 区工程队总负责人张某虽然对事故的发生负有责任，但其不是乙煤业公司（露天煤矿）的其他负责人，不能对其依据《安全生产法》第九十五条。但是，根据《安全生产法》第一百零七条，生产经营单位的从业人员不落实岗位安全责任，不服从管理，违反安全生产规章制度或者操作规程的，由生产经营单位给予批评教育，依照有关规章制度给予处分；构成犯罪的，依照《刑法》有关规定追究刑事责任。本案中，张某构成《刑法》上的强令组织他人违章冒险作业罪，应依法追究其刑事责任。

三、强令组织他人违章冒险作业罪

强令组织他人违章冒险作业罪在煤矿安全领域具有涉案率高、危害性大的特点。煤矿行业的强令组织他人违章冒险作业罪不仅严重危及了人民群众的生命安全，也造成了国家和群众财产的重大损失，严重地阻碍了煤矿企业的正常运营和发展。为降低煤矿行业强令组织他人违章冒险作业罪对社会造成的危害，我国《刑法》第一百三十四条对强令组织他人违章冒险作业罪作了详细规定："强令他人违章冒险作业，或者明知存在重大事故隐患而不排除，仍冒险组织作业，因而发生重大伤亡事故或者造成其他严重后果的，处五年以下有期徒刑或者拘役；情节特别恶劣的，处五年以上有期徒刑。"

（一）强令组织他人违章冒险作业罪的客体要件

《刑法》将强令组织他人违章冒险作业罪规定在危害公共安全罪一章，在煤矿安全保护领域，该罪所侵犯的客体是煤矿企业的生产作业安全。强令组织他人违章冒险作业罪为危害公共安全的犯罪，针对的是不特定多数人的生命、健康或者重大财产的安全，同时该罪也对煤矿企业的正常生产作业造成了侵害。本案中，法定代表人高某、安全副总李某荣、生产副总杜某、B6区工程队总负责人张某明知露天煤矿边坡存在重大事故隐患而不排除，仍冒险组织作业导致了本案事故的发生，其行为严重侵害了煤矿企业的生产作业安全和公共安全。

（二）强令组织他人违章冒险作业罪的客观要件

强令组织他人违章冒险作业罪的客观方面表现为强令他人违章冒险作业，或者明知存在重大事故隐患而不排除，仍冒险组织作业，因而发生重大伤亡事故或者造成其他严重后果。具体可分为三个要件：

（1）强令他人违章冒险作业，或者明知存在重大事故隐患而不排除，仍冒险组织作业。根据《最高人民法院 最高人民检察院关于办理危害生产安全刑事案件适用法律若干问题的解释（二）》第一条，明知存在事故隐患，继续作业存在危险，仍然违反有关安全管理的规定，有下列情形之一的，属于《刑法》第一百三十四条第二款规定的"强令他人违章冒险作业"：①以威逼、胁迫、恐吓等手段，强制他人违章作业的；②利用组织、指挥、管理职权，强制他人违章作业的；③其他强令他人违章冒险作业的情形。明知存在重大事故隐患，仍然违反有关安全管理的规定，不排除或者故意掩盖重大事故隐患，组织他人作业的，属于《刑法》第一百三十四条第二款规定的"冒险组织作业"。"冒险组织作业"是指明知存在重大事故隐患仍冒险组织作业的行为，组织者应对重大事故隐患存在明确认知，即明知存在"重大事故隐患"。"明知"有"技术型明知"和"告知型明知"两种类型。"技术型明知"是指组织者从技术判断上明知存在"重大事故隐患而不排除"。"告知型明知"是通过他人的告知而明知"存在重大事故隐患"，包括行政执法机关执法人员的告知以及作业人员等其他人的告知。例如，赵某在现场组织作业时，有人员提醒作业方式存在危险性，赵某没有排除，仍冒险组织作业，如果"发生重大伤亡或者造成其他严重后果"，应认定其为"明知存在重大事故隐患"。根据《最高人民法院 最高人民检察院关于办理危害生产安全刑事案件适用法律若干问题的解释（二）》第四条，《刑法》第一百三十四条第二款的"重大事故隐患"，依照法律、行政法规、部门规章、强制性标准以及有关行政规范性文件进行认定。对于是否属于"重大事故隐患"难以确定的，可以依据司法鉴定机构出具的鉴定意见、地市级以上负有安全生产监督管理职责的部门或者其指定的机构出具的意见，结合其他证据综合审查，依法作出认定。本案中，法定代表人高某、安全副总李某荣、生产副总杜某、B6 区工程队总负责人张某明知存在"重大事故隐患而不排除，仍冒险组织作业"，符合本罪的客观方面。

（2）行为人强令他人违章冒险作业，或者明知存在重大事故隐患而不排除，仍冒险组织作业，必须造成法定后果，即《刑法》第一百三十四条第二款规定的"发生重大伤亡事故或者造成其他严重后果"。"强令他人违章冒险作业，或者明知存在重大事故隐患而不排除，仍冒险组织作业"与"发生重大伤亡事故或者造成其他严重后果"具有因果关系，即如果有"强令他人违章冒险作业，或者明知存在重大事故隐患而不排除，仍冒险组织作业"，但"重大伤亡事故"或者"其他严重后果"不是由于此"强令他人违章冒险作业，或者明知存在重大事故隐患而不排除，仍冒险组织作业"造成的，不构成强令组织他人违章冒险作业罪。根据《最高人民法院 最高人民检察院关于办理危害生产安全刑事案件适用法律若干问题的解释（一）》第七条规定，"发生重大伤亡事故或者造成其他严重后果"是指：①造成死亡一人以上，或者重伤三人以上的；②造成直接经济损失一百万元以上的；③其他造成严重后果或者重大安全事故的情形。

本案中，法定代表人高某、安全副总李某荣、生产副总杜某、B6 区工程队总负责人张某未尽到相应安全管理职责，对事故发生负有责任。符合强令组织他人违章冒险作业罪的构成要件。

（三）强令组织他人违章冒险作业罪的主体要件

根据《最高人民法院 最高人民检察院关于办理危害生产安全刑事案件适

用法律若干问题的解释（一）》的规定，强令组织他人违章冒险作业罪的犯罪主体包括对生产、作业负有组织、指挥或者管理职责的负责人、管理人员、实际控制人、投资人等人员。本案中，法定代表人高某、安全副总李某荣、生产副总杜某、B6 区工程队总负责人张某都具有组织、指挥或者管理职责，是强令组织他人违章冒险作业罪的适格主体。

（四）强令组织他人违章冒险作业罪的主观要件

强令组织他人违章冒险作业罪的主观方面为过失，这里的"过失"并非指犯罪主体对行为本身的认识上的过失，而是对实施行为造成的后果的过失，即行为人应当预见到自己的行为可能发生重大伤亡事故或者造成其他严重后果，因为疏忽大意而没有预见或者已经预见而轻信能够避免，以致发生这种结果的主观心理状态。对于违反安全管理规定本身，既可能是无意之中违反，也可能是明知故犯，但均不影响本罪的成立，在量刑时可以作为一个情节予以考虑。如果行为人对危害结果出于故意的心理状态，不构成本罪，可能构成其他危害公共安全的犯罪。本案中，被告人法定代表人高某、安全副总李某荣、生产副总杜某、B6 区工程队总负责人张某明知存在重大事故隐患，但不采取措施消除，却放任作业人员冒险进入危险区域开展作业，从而造成 6 人死亡的重大事故。被告人高某、李某荣、杜某、张某对本案重大伤亡事故的发生具有主观上的过失，符合本罪的主观构成要件。

构成本罪的，处五年以下有期徒刑或者拘役；情节特别恶劣的，处五年以上有期徒刑。这里的"情节特别恶劣"是指：①造成死亡三人以上或者重伤十人以上，负事故主要责任的；②造成直接经济损失五百万元以上，负事故主要责任的；③其他造成特别严重后果、情节特别恶劣或者后果特别严重的情形。本案中，事故造成 6 人死亡，属于"情节特别恶劣"的情形，四人应处五年以上有期徒刑。

案例 26：煤矿托管中的安全生产责任

案件事实

2022 年 9 月 19 日，甲县乙煤业有限公司（以下简称乙煤业）20111 运输巷掘进工作面带式输送机机头处发生一起运输事故，造成 1 人死亡，直接经济损失 208.7 万元。根据《安全生产法》《生产安全事故报告和调查处理条例》《煤矿安全监察条例》等法律法规和有关规定，国家矿山安全监察局某省级局组织甲县人民政府以及甲县应急管理局、公安局、总工会，成立了事故调查组，聘请 3 名专家并邀请甲县监察委员会派员参加，对该起事故开展调查。

经查，乙煤业与丙矿业管理有限公司（以下简称丙矿业）签订矿井整体托管运营合同，将矿井安全、生产、技术、管理工作整体委托该公司实施。生产运营托管期限为 3 年。

双方约定："乙煤业对托管煤矿负有保证安全生产的主体责任；丙矿业对托管煤矿托管范围内负有安全生产管理责任，全面负责安全、生产、技术等各项工作，并确保安全生产投入的有效实施，煤矿矿长为煤矿安全生产第一责任人。在托管范围内，因丙矿业原因造成的各类安全事故，丙矿业承担安全管理责任及直接损失，乙煤业在丙矿业的托管利润和安全文明施工费中扣除。在托管运营期间，丙矿业对托管范围内安全生产管理负责，出现重特大事故，按事故追查结果及责任划分，双方承担各自的责任。丙矿业应对托管范围内系统运行管理的财产和人员的安全负责，接受乙煤业的考核，以达到安全生产的要求，若丙矿业未按《煤矿安全规程》及相关规定进行组织和管理，乙煤业有权停止生产并进行相应的处罚。非丙矿业原因造成的安全隐患和问题，由责任方负责。"

丙矿业下设乙煤业项目部，李某静为项目部经理、矿长（负责矿井全面工作），张某华为项目部副经理（负责矿井生产工作），高某为项目部副经理（负责矿井技术管理工作），张某华为项目部副经理（负责矿井安全工作），赵某西为项目部副经理（负责矿井机电工作），杜某为项目部副经理（负责矿井经营工作）。乙煤业项目部设有安全监察科、生产技术科、机电科、通风科、综合办公室、调度室、地测科7个科室，综采一队、综采二队、掘进一队、掘进二队、掘进三队、掘进五队、机运队、辅运队、大修队、通风队、探放水队11个生产、辅助队组。

事故发生的直接原因是带式输送机检修工卢某英违章在带式输送机运行时处理改向滚筒轴头上缠绕的尼龙绳，操作时右手臂被牵拉夹入改向滚筒和输送带间撕裂脱落，造成创伤性失血休克而死亡。

事故发生的间接原因包括：乙煤业项目部未认真落实安全生产管理责任；委托方乙煤业未认真履行安全生产主体责任；委托方对承托方安全生产工作监督检查力度不够，未对承托方建立有效安全生产责任考核机制，未与承托方形成协调统一的安全管理机制；承托方丙矿业未认真履行安全管理职责。

✎ 处理建议

对责任人员和责任单位的处理建议：

（1）鉴于事故责任人卢某英在事故中死亡，不再追究其刑事责任。

（2）对乙煤业项目部的孙某、贾某虎等8人解除劳动合同、给予撤职或者吊销执业证件的处分。对项目部经理、矿长李某静免职、给予党纪政纪处分，依据《安全生产法》第九十五条第（一）项之规定，处上一年年收入40%的罚款。

（3）对丙矿业梁某彪等3人未认真履行职责，对乙煤业项目部事故区域带式输送机安全设施不完善、安全警示标识缺失、日常检修不到位等问题失察，对事故发生负重要责任，给予党纪政纪处分。

（4）对乙煤业机电运输部副部长李某军、安全副总工程师兼安监部部长王某平等5人未认真履行职责，对事故发生负主要责任，分别给予党纪政纪处分。

（5）对责任单位的处理建议。乙煤业井下发生一起一般责任事故，造成1人死亡，依据《安全生产法》第一百一十四条第（一）项之规定，建议对乙煤业处人民币100万元的罚款。

争议焦点

本案争议的焦点是整体托管煤矿发生事故的责任主体是否仅限于承托方。

案例解读

本起事故的直接原因是带式输送机检修工卢某英违章在带式输送机运行时处理改向滚筒轴头上缠绕的尼龙绳，操作时右手臂被牵拉夹入改向滚筒和输送带间撕裂脱落，造成创伤性失血休克而死亡。事故发生的间接原因是因煤矿承托方和委托方未尽到安全管理职责，最终导致事故发生。所以，《煤矿安全生产条例》第三十六条第（十五）项将"实行整体承包生产经营后，未重新取得或者及时变更安全生产许可证而从事生产，或者承包方再次转包，以及将井下采掘工作面和井巷维修作业外包的"作为重大事故隐患。我国《安全生产法》《煤矿重大事故隐患认定办法》和国家矿山安全监察局2019年颁布的《煤矿整体托管安全管理办法（试行）》对煤矿托管进行了比较全面的规定。

一、整体托管中发包方与承包方的安全生产主体责任

根据《煤矿整体托管安全管理办法（试行）》第三条，煤矿托管必须采取整体托管方式，不得违规将采掘工作面或者井巷维修作业作为独立工程对外承包。整体托管应涵盖所有井下生产系统和地面调度室、安全监控室、提升机房、变电所、通风机房、压风机房、瓦斯抽放泵站等为煤炭生产直接服务的地面生产系统，以及所有生产活动。

（一）托管的要求

煤矿托管必须采取整体托管方式，整体托管的范围包括所有井下生产系统和地面调度室、安全监控室、提升机房、变电所、通风机房、压风机房、瓦斯抽放泵站等为煤炭生产直接服务的地面生产系统，以及所有生产活动。

整体托管后，承托方不得再转包（转托），委托方也不得违规将采掘工作面或者井巷维修作业作为独立工程对外承包。

（二）承托方资质要求

承托方应具备下列条件：①具有法人资格，营业执照合法有效；②大型国有煤炭企业或具有煤矿生产专业运营管理经验且上一年度所托管煤矿未发生较大及

以上生产安全事故的单位；③具有满足需要的煤矿专业技术人员和技能熟练的员工队伍；④无处于安全生产领域联合惩戒期限内的失信行为；⑤承托高瓦斯、煤与瓦斯突出、煤层容易自燃、水文地质类型复杂极复杂、冲击地压等灾害严重矿井的，承托单位必须具有相应灾害类型矿井安全管理经验、技术水平和良好业绩。

（三）委托方的安全生产责任

根据《安全生产法》第四十九条、《煤矿安全生产条例》第三十六条第（十五）项、《关于加强煤矿安全监管监察工作的通知》第二条、《煤矿整体托管安全管理办法（试行）》的规定，不论煤矿托管还是煤矿承包，协议中即使约定将安全工作交由承托方负责，但委托方或托管煤矿仍需承担安全生产责任。

首先，委托方对托管煤矿仍负有保证安全生产的主体责任，仍要按照《安全生产法》等法律法规的规定，履行作为生产经营单位的安全生产保障职责。包括但不限于：

（1）配备满足监督检查需要的人员。作为生产经营单位，仍然应该有安全生产管理机构或专职安全生产管理人员等。

（2）委托方必须保证安全投入所需的资金。

（3）不得以任何理由和形式将井下工程违规承包给第三方。

（4）及时向承托方传达煤矿安全生产法律法规、规章制度及主管部门各项要求。

（5）委托方必须向承托方进行安全生产技术交底，提供托管煤矿各类图纸、周边煤矿开采情况、资源储量、隐蔽致灾因素（积水、积气、火区等）、重大风险点、采掘运输通风供电设备等原始资料，并对资料的真实性和完备性负责，资料交接后双方在资料交接单上签字确认，并存档备查。托管结束后，承托方要将所有安全生产技术资料及时交付委托方。

其次，委托方主要负责人（实际控制人或主要负责人）是安全生产第一责任人的地位没有改变。委托方的主要负责人仍要按照安全生产法的规定，履行其安全生产管理职责，其主要负责人的安全生产职责包括但不限于：

（1）法定代表人（实际控制人或主要负责人）每季度至少一次牵头并组织相关人员对托管煤矿执行安全生产法律法规、重大灾害治理、采掘部署等实施监督检查。

（2）每半年至少审查一次采区设计执行情况。

（3）深入井下督促风险管控和隐患排查治理。

最后，委托方有上级企业的，上级企业要将托管煤矿纳入安全管理范围，实施监督检查。

（四）承托方的安全生产主体责任

承托方作为具体实施开采的主体，也是生产经营单位，对托管煤矿同样负有安全生产管理责任，其安全生产职责与委托方有相同之处，但也存在细微差别，其安全生产管理职责包括但不限于：

（1）托管煤矿必须按照《煤矿企业安全生产许可证实施办法》重新办理安全生产许可证。重新取得安全生产许可证前，承托方不得组织生产。

（2）全面负责生产、安全、技术等各项工作；承托方按照法律法规规定，组建安全生产管理机构，配备安全生产管理和专业技术人员，建立健全安全生产责任制和安全生产管理制度。"五职矿长"（矿长、总工程师和分管安全、生产、机电的副矿长）其他安全生产管理人员、专业技术人员、特种作业人员、兼职救护队员、灾害严重矿井专门防治机构和队伍等全部为承托方人员，其中"五职矿长"、科室负责人员应有本岗位工作经验，或具有在下一职级任职 3 年以上工作经历。为托管煤矿组建的安全生产管理团队和个人不得再兼管其他煤矿。

（3）承托方井下施工队伍原则上应整建制调动，如需重新组建，自有员工占比不得低于 60%。使用承托方上级企业的其他队伍或托管煤矿原有施工队伍的，必须转隶或重新签订劳动合同。承托方整建制调动和重新组建的队伍都要实行统一管理，井下不得使用劳务派遣工。

（4）托管煤矿生产前，承托方必须对从业人员进行集中安全教育培训，保证从业人员熟悉掌握托管煤矿安全生产条件、风险灾害、避灾路线等内容，并考核合格。

（5）确保安全生产投入的有效实施。

（6）严禁再次转包。

（7）严禁违规将采掘工作面或者井巷维修作业作为独立工程对外承包。

（8）承托方要把托管煤矿纳入本单位统一管理，对托管煤矿进行安全管理和监督。

（9）煤矿发生生产安全事故后，承托方要第一时间报告有关部门和委托方。

（10）依法承担相关法律责任。例如，根据事故调查情况，依法追究承托方及上级企业相关人员责任。

（五）托管煤矿矿长为托管煤矿安全生产第一责任人

（六）承托方上级企业的安全生产职责

承托方上级企业要把托管煤矿纳入本单位统一管理，对托管煤矿进行安全管理和监督。

（七）托管煤矿生产前，委托方和承托方应共同全面辨识管控安全风险、排查治理事故隐患，确保煤矿具备安全生产条件。停工停产的煤矿，严格按照煤矿复工复产相关规定执行。

本案中，托管方为丙矿业，但乙煤业项目部的矿长是李某静，因其未尽到安全管理职责，导致死亡一人的一般事故。依据《安全生产法》第九十五条，对乙煤业矿长李某静处上一年年收入 40% 的罚款。

二、整体托管合同

（一）整体托管合同的签订主体

委托方和承托方要依据国家相关法律法规签订托管合同（协议），不得交由双方下属企业或单位代签。

（二）期限

鼓励签订长期合同（协议），托管期限原则上不低于 3 年。

（三）合同的内容

整体托管协议要明确托管的方式、时间和内容以及双方的安全生产权利和责任清单等，明晰安全、生产、技术等职责；明确保证安全生产条件、开展安全生产标准化建设（风险分级管控、隐患排查治理、安全质量达标）的责任方及资金来源。

托管价格测算，应当以托管煤矿安全生产管理机构、安全生产管理人员、专业技术人员、特种作业人员等充足完备，产量安排合规（不超过煤矿核定生产能力）作为前提条件，防止出现委托方不顾生产实际设置利润总额，转嫁经营风险，致使承托方违规组织生产。

采掘设备由委托方和承托方商议决定，原则上由委托方提供。

（四）托管合同的报送

托管合同签订后，委托方应在 30 日内，报送直接负责托管煤矿安全监管的部门，同时报送同级煤炭行业管理部门、驻地煤矿安全监察机构。托管期满需延续的，要提前 30 个工作日重新签订托管合同并履行报送手续。

《国家安全监管总局、国家煤矿安监局关于加强托管煤矿安全监管监察工作的通知》规定，"托管煤矿必须是合法生产、建设煤矿。生产煤矿必须证照齐全、合法有效，建设煤矿必须取得采矿许可证及准予建设的相关手续。"根据上述规定，如要托管该煤矿应区分生产煤矿和建设煤矿，核实煤矿生产手续是否合法有效、建设手续是否齐全，否则该煤矿将被认定为非法煤矿或违法建设而不得实施托管。

煤矿整体托管或承包后，应由承包单位重新申领安全生产许可证，否则依据《煤矿安全生产条例》第三十六条第（十五）项，属于重大事故隐患，煤矿如果带病运行，则面临被责令停止生产、处以罚款等行政处罚的法律风险。

三、煤矿存在井下采掘工作面和井巷维修作业外包的主要原因

根据《煤矿安全生产条例》第三十六条第（十五）项，煤矿可以整体托管，但应当重新取得或者及时变更安全生产许可证。煤矿不得将井下采掘工作面和井巷维修作业进行劳务承包。煤矿整体托管后，承包方不得再次转包。从中可以看出，《煤矿安全条例》比《安全生产法》中的承包要求更加严格，这是因为煤矿矿井本身是一个复杂的系统，且多属于地下有限空间作业，危险性高。如果有多支作业队伍同时施工，仅通过安全生产协议显然不能有效预防事故的发生，所以《煤矿安全生产条例》仅允许整体托管，不允许整体托管后再托管采掘工作面，或将井巷维修工程承包。

煤矿存在井下采掘工作面和井巷维修作业外包的主要原因在于煤炭开采活动属于高危行业，也具有很强的技术性，而相对应的是煤矿工人的收入低，危险性大，劳动强度高。所以，很多煤矿难以招录到合格的矿工。尤其是现行《劳动法》中，煤矿一旦招收了一个矿工，与矿工签订劳动合同后，不能随意解除劳动合同，而煤炭资源的开采通常具有一定的期限，煤矿企业为了降低用工成本将采掘工程或巷道维修工程甚至整个煤矿托管出去，让专业的团队干专业的事情。

从经济成本的角度考虑，一家企业采取何种采掘方式，是用自有队伍采掘还是利用其他公司的队伍采掘煤炭资源，应该是一个市场行为，法律不应做过多限制。从《安全生产法》第四十六条的规定来看，我国是允许生产经营单位将经营项目承包给其他主体的，但是要求承包方具有相应的资质，并且签订安全生产管理协议，明确各方的安全生产职责。但是，煤炭开采属于特殊的行业，整个井下甚至井上有些系统如监控系统等，都是一个闭合的整体，如果将其中某一个采掘工作面或者巷道维修工程承包给其他单位，将破坏其中的整体性，对于防控事故非常不利。例如，单独将巷道维修工程外包的，因巷道维修涉及安全问题颇多，外包则会对采掘、探测等造成很大影响。因此，煤矿井下系统以及井上涉及煤炭开采的工作不能外包。当然，对于地勤工作，例如安全保卫、卫生等则可以外包。虽然很多煤矿有采掘工程、巷道维修工程等外包需求，甚至批评将采掘工作面外包或者巷道维修工程外包作为重大事故隐患处理是不切实际的做法，忽视了煤矿招工和用工成本的现实困难。但是，将煤炭开采的某一个环节承包出去，则是对安全的不负责任。因此，煤矿虽然有招工、用工成本的实际困难，但不能

以此为借口，将煤炭开采的有关环节外包。

那么，我国煤矿开采为何又允许整体托管呢？主要出于以下几点考虑：第一，整体托管应涵盖所有井下生产系统和地面调度室、安全监控室、提升机房、变电所、通风机房、压风机房、瓦斯抽放泵站等为煤炭生产直接服务的地面生产系统，以及所有生产活动。所以从根本上讲，整体托管并没有破坏煤矿开采活动的整体性和系统性。第二，对于煤矿企业来说，煤矿采取整体托管方式，无需直接和各位矿工产生《劳动法》上的各种财产关系。整体托管有利于节省企业招工、用工成本。第三，随着煤炭行业去产能和有的煤矿煤炭资源枯竭，原来有些煤炭企业的员工无处安置，而这些员工都是常年工作在采煤一线的，业务能力强，煤矿整体托管不但可以解决去产能和资源枯竭矿井下岗员工的就业，还能发挥他们的特长，对安全恰恰是有利的。

四、矿业权出租、承包与整体托管的区别

煤矿托管与煤矿承包都是基于民法的委托代理关系。煤矿托管的重点在于"管理"，即利用大型煤矿的技术优势和管理经营优势帮助中小型煤矿防范生产风险和提升管理水平。煤矿承包的范围则涵盖了煤矿技术管理、经营生产、销售等。托管经营的一大重要特征是托管方应向承托方支付托管费用，但关于煤矿生产、经营等收入仍由托管方享有。煤矿承包的特征是受托人向委托人支付承包费用。《矿业权出让转让管理暂行规定》中对出租作了规定，不允许"承包"。最高人民法院《关于审理矿业权纠纷案件适用法律若干问题的解释》第十二条规定："当事人请求确认矿业权租赁、承包合同自依法成立之日起生效的，人民法院应予支持。矿业权租赁、承包合同约定矿业权人仅收取租金、承包费，放弃矿山管理，不履行安全生产、生态环境修复等法定义务，不承担相应法律责任的，人民法院应依法认定合同无效。"所以，从司法实务的角度看，矿业权是可以出租、承包的。

（一）基本概念界定

矿业权出租是指矿业权人作为出租人将矿业权租赁给承租人，并向承租人收取租金的行为。矿业权承包是指发包方在一定期限内，将其拥有的采矿权承包给他人，由他人实际开采，双方按约定分享利润的协议。二者在实践中，有时候很难进行区分，所以本条将其规定在一起处理。

出租的侧重点在于出租人将自己拥有的矿业权交与承租人使用收益，自己收取相应的租金；而承包则倾向于发包人将自己拥有的矿业权交由承包人管理并获取相应的收益，自己收取承包费。所以，出租、承包二者虽然各有侧重，但是二

者的共同点在于不放弃矿业权，承包人、承租人按照合同约定，通过实际投入，组织生产经营等获取一定的收益。应该说，矿业权出租、承包合同在一定程度上丰富了矿产资源开采利用的方式和途径，有利于合同双方当事人优势互补，缓解矿产资源勘探、开采过程中存在的融资、技术等实际困难，对促进矿产资源经济效用的最大化和社会的发展进步具有积极意义。

（二）矿业权出租、承包合同的效力

在矿业权流转交易中，往往基于《矿产资源法》第六条、第四十二条，《矿产资源法实施细则》第四十二条第（三）项，《探矿权采矿权转让管理办法》第十五条等规定，将矿业权租赁、承包作为一种变相转让矿业权或倒卖牟利行为处理，并根据《民法典》第一百四十六条"以虚假的意思表示实施的民事法律行为"和第一百五十三条"违反法律、行政法规的强制性规定"之规定，对矿业权出租、承包合同直接予以"无效"的否定性评价。

但是，矿业权出租、承包与矿业权转让存在本质的不同，在没有法律明确规定的情况下，不能当然将矿业权出租、承包合同作为矿业权转让合同，作出效力否定性评价。矿业权人作为用益物权人，有权在不转让矿业权的情况下，将矿业权的部分权能让渡其他主体来行使，这是财产自由原则的基本要求。由此，"以合法形式掩盖非法目的"不能作为认定矿业权出租、承包合同无效的法律依据。所以，最高人民法院认为，当事人请求确认矿业权租赁、承包合同自依法成立之日起生效的，人民法院应予支持。

（三）名为出租、承包实为转让矿业权的合同及效力

"名为出租，实为转让"或者"名为承包，实为转让"行为的甄别和效力的认定比较复杂。有些情况下相对比较好辨别，但很多情形下区分的难度很大，对于以出租、承包形式的实质矿业权转让的认定，人民法院应该结合具体案情，重点审查矿业权出租、承包合同中是否约定"矿业权人仅收取租金、承包费，放弃对矿山的监督管理，不履行安全生产、生态环境修复等法定义务，不再对矿山的勘探开采承担法律责任等。"有上述行为的，应该属于隐藏行为。《民法典》第一百四十六条规定："行为人与相对人以虚假的意思表示实施的民事法律行为无效。以虚假的意思表示隐藏的民事法律行为的效力，依照有关法律规定处理。"人民法院可根据合同法"以合法形式掩盖非法目的"以及"损害社会公共利益"来处理。

（四）矿业权出租、承包合同无效的特殊情形

根据《矿产资源法》《安全生产法》《矿山安全法》以及相应的涉矿行政法规，矿业权人在勘察开采矿产资源过程中负有安全生产的法定义务，安全生产义

务尽管可以通过合同约定由其他市场主体，由承租人、承包人实际履行，但他人的履行并不能当然消灭或者转移矿业权人应负的安全生产法定义务。如果矿业权租赁、承包合同约定矿业权人仅收取租金、承包费，放弃矿山管理，不履行安全生产、生态环境修复等法定义务，不承担相应法律责任的，人民法院应依法认定合同无效。

本案中，乙煤业将煤矿整体托管给丙矿业，丙矿业设立乙煤业项目部，该项目部具体负责煤矿经营管理。但乙煤业和丙矿业对托管煤矿仍有安全管理义务，甚至乙煤业和丙矿业的上级公司也有对托管煤矿的安全管理职责。因此，本案中，事故虽然发生在托管经营期间，但乙煤业仍要对事故的发生承担责任。因此，可根据《安全生产法》第一百一十四条和《煤矿安全生产条例》第六十七条第一款第一项对乙煤业处以 50 万元以上 100 万元以下的事故罚款。

五、加强对托管煤矿的安全监督管理

一些产煤地区煤矿托管现象比较普遍，大部分托管煤矿的安全管理水平明显提高，但个别托管煤矿有安全责任不落实、假借托管逃避整顿关闭或假借托管转移监管责任等问题，造成监管真空，甚至发生生产安全事故。为加强托管煤矿的安全监管监察工作，原国家安全监督管理总局、国家煤矿安全监察局专门下发了《关于加强托管煤矿安全监管监察工作的通知》，根据通知要求，对托管煤矿的安全监管监察重点监督检查以下事项：

（一）严格托管条件审查

（1）托管煤矿必须是合法生产、建设煤矿。生产煤矿必须证照齐全、合法有效，建设煤矿必须取得采矿许可证及准予建设的相关手续。

（2）承托单位应为证照合法有效、具有法人资格的大型国有煤炭企业或具有煤矿生产专业化运营管理经验的单位。承托灾害严重（如高瓦斯、煤与瓦斯突出、煤层易自燃和极易自燃、水文地质条件复杂和极复杂等）的矿井，承托单位应当具有相应灾害类型矿井的安全管理经验和业绩。所托管煤矿发生一次重大事故的，承托企业一年内不得新承托煤矿；发生一次特别重大事故的，三年内不得新承托煤矿。

（3）产能在 9 万吨/年及以下煤与瓦斯突出等灾害严重的煤矿，发生较大及以上责任事故的 9 万吨/年及以下的煤矿，超层越界拒不退回的煤矿，拒不执行停产整顿指令的煤矿和资源枯竭的煤矿，一律不得纳入托管范围，严禁假借托管逃避整顿关闭。

（二）切实加强托管煤矿安全管理，落实安全责任

（1）委托方或托管煤矿与承托单位要依据国家相关法律法规签订托管合同或协议，明确托管的方式、时间和内容以及双方的安全生产责任和权利、义务等。委托方或托管煤矿与承托单位都承担安全生产责任。

（2）开展托管工作前，托管合同或协议应书面报告所在地县级以上人民政府煤炭行业管理部门或煤矿安全监管部门，并抄送驻地煤矿安全监察机构。

（3）托管煤矿应保证安全生产所必需的资金投入，按规定提取和使用安全生产费用。

（4）煤矿托管必须采取整体托管形式。承托单位要对托管煤矿的生产、技术、安全实施全面管理，不得进行部分托管，或以技术服务、分项承包的形式进行托管，不得将托管煤矿再次委托第三方管理。同时，要将托管煤矿纳入承托单位的统一安全管理体系，承托单位上级主管单位要对托管煤矿进行安全管理，并承担相应的安全责任。

（5）托管合同签订后，承托单位应当按照法律、法规等规定，组建安全生产管理机构，配齐矿长、总工程师和分管安全、生产、机电的副矿长，以及负责采煤、掘进、机电运输、通风、地质测量工作的专业技术人员，重新组建成建制的生产队伍，建立健全安全生产责任制、安全管理和隐患排查治理等相关规章制度。为托管煤矿组建的安全管理团队不得兼管其他煤矿。

（6）承托单位应当强化对托管煤矿从业人员的教育和培训，将托管煤矿的教育培训纳入本单位安全生产教育和培训计划，夯实托管煤矿安全基础。

（三）加强对托管煤矿的监管、监察

（1）地方政府及煤炭行业管理、煤矿安全监管部门对托管煤矿的分级属地监管职责不变。要加强对辖区内托管煤矿的监督管理，检查承托企业的安全资质是否符合规定，安全生产管理团队是否到位；检查托管煤矿安全生产管理机构、制度是否健全，安全责任是否落实。

（2）驻地煤矿安全监察机构应按照《煤矿企业安全生产许可证实施办法》严格对托管煤矿进行审查，不符合条件的，要依法暂扣其安全生产许可证。

六、推动落实安全生产企业外包、托管体责任的几点建议

第一，矿井建设活动必须严格按照《建筑法》等法律、法规的规定进行，严禁以建代采。煤矿建设单位和施工单位同是煤矿安全建设活动的责任主体，严格执行"双带班"制度，依法依规加强对煤矿建设活动过程的风险管控和隐患排查治理。煤矿建设工程监理单位是煤矿安全建设监理活动的直接责任主体，要依法履行监理职责。上级办矿主体、监管监察部门要加强对施工单位资质、矿井建设工程承包及分包等的监督检查。

第二，煤矿托管必须采取整体托管方式，不得违规将采掘工作面或者井巷维修作业作为独立工程对外承包。整体托管应涵盖所有井下生产系统和地面调度室、安全监控室、提升机房、变电所、通风机房、压风机房、瓦斯抽放泵站等为煤炭生产直接服务的地面生产系统，以及所有生产活动。煤矿整体托管的，委托方和承托方同为煤矿安全生产责任主体，必须严格履行《安全生产法》、《煤矿安全生产条例》、应急管理部以及国家煤监局制定的部门规章、规范性文件规定的职责。严禁煤矿将煤炭生产活动的部分环节对外承包，承托方不得将整体托管的事务再托管或者肢解后分包。

第三，煤矿矿业权出租、承包的，出租方、发包方仍要承担安全生产法定义务。煤矿企业通过合同约定方式，委托其他企业履行安全生产职责的，不免除其安全生产法律责任。

第四，上级办矿主体煤矿安全监管监察部门要加强对煤矿企业整体托管、部分生产活动的环节是否存在外包的监督检查。

案例 27：王某祥、曾某洪玩忽职守案

案件事实

乙市人民政府甲县应急管理局矿山股负责辖区内矿山的安全生产监督管理，组织查处不具备安全生产条件的矿山企业，组织指导监督矿山企业"三同时"实施、重大隐患排查治理工作等。曾某洪、王某祥于 2019 年开始在该县应急管理局工作。2020 年 8 月 11 日起，曾某洪任该县应急管理局矿山股股长，王某祥任该局矿山股副股长兼执法大队副大队长，主持执法大队日常工作。

2021 年 7 月 31 日，被告人曾某洪、王某祥对丙煤业公司进行安全检查时，发现该公司在未办理矿山建设项目安全预评价和安全设施设计审查审批手续的情况下，仍在进行矿建活动。当日，该县应急管理局向丙煤业公司下达了现场处理措施决定书，决定该公司立即停止项目施工建设；立即按照规定申请办理该项目安全设施"三同时"的相关审查手续，并限期完成；在该项目未取得安全设施"三同时"审查手续情况下，不得进行项目施工建设。曾某洪、王某祥在之后的近七个月时间内，未再对该公司进行监督检查。

2022 年 2 月 28 日，被告人曾某洪、王某祥对丙煤业公司复查时，发现该公司在未办理安全设施设计审查手续的情况下，仍在进行施工建设。同日，甲县应急管理局向该公司下达整改复查意见书，并立案调查。3 月 6 日，乙市人民政府安委办向甲县人民政府下发了安全生产重点工作督办书，要求甲县人民政府立即整改，加强对煤矿企业的每日巡查，实行"零报告"，确保企业在建设项目安全设施设计专篇未经审查同意前真正停止建设施工。

3月9日，甲县应急管理局根据安全生产重点工作督办书的要求，查明丙煤业公司未执行现场处理措施决定书的指令，给予丙煤业公司及其法定代表人李某警告并分别处以罚款2.9万元和0.6万元。被告人曾某洪、王某祥向丙煤业公司送达行政处罚决定书后，未再按照《安全生产法》第七十条的规定对现场处理措施决定的"立即停止项目施工建设"予以强制执行，或者采取其他有效措施制止丙煤业公司的建设活动，致使该公司继续违法建设，建设完成后投入生产，最终导致"7·12"煤矿重大瓦斯爆炸事故，造成19人死亡、12人受伤，直接经济损失4142万元。

在对丙煤业公司履行安全生产监督管理职责过程中，被告人曾某洪先后三次收受丙煤业公司给予的感谢费，共计6万元；被告人王某祥先后两次收受丙煤业公司给予的感谢费，共计5元。

判决结果

人民法院认为，被告人曾某洪、王某祥作为甲县应急管理局的工作人员，严重不负责任，不履行或者不正确履行自己的法定工作职责，致使公共财产、国家和人民利益遭受重大损失的行为，已构成玩忽职守罪，且情节特别严重。"7·12"事故发生后，二被告人在接受事故调查组谈话时，在相关机关尚未掌握其玩忽职守的犯罪线索的情况下，主动交代其犯罪事实，系自首，依法可对其从轻处罚。案发后，二被告人主动退缴了其违法所得，可酌情从轻处罚。

争议焦点

本案的争议焦点是二被告是否构成玩忽职守罪。

案例解读

根据《煤矿安全生产条例》第三十九条，煤矿安全生产实行地方党政领导干部安全生产责任制，强化煤矿安全生产属地管理。所以，乙市人民政府和甲县人民政府应强化煤矿安全生产属地监管责任。《煤矿安全生产条例》第四十条规定，省、自治区、直辖市人民政府应当按照分级分类监管的原则，明确煤矿企业的安全生产监管主体。本案中，甲县应急管理局负责煤矿安全监管工作，属于地方煤矿安全监管部门。作为地方煤矿安全监管部门工作人员，曾某洪、王某祥应依法履行监管职责。《煤矿安全生产条例》第七十五条也规定："违反本条例规定，构成犯罪的，依法追究刑事责任。"本案中，曾某洪、王某祥是否构成犯罪，需根据《刑法》关于玩忽职守罪的规定进行判断。

一、煤矿安全监管监察部门工作人员可能涉嫌的违法行为

根据《安全生产法》第九十条，负有安全生产监督管理职责的部门的工作人员，有下列行为之一的，给予降级或者撤职的处分；构成犯罪的，依照《刑法》有关规定追究刑事责任：①对不符合法定安全生产条件的涉及安全生产的事项予以批准或者验收通过的；②发现未依法取得批准、验收的单位擅自从事有关活动或者接到举报后不予取缔或者不依法予以处理的；③对已经依法取得批准的单位不履行监督管理职责，发现其不再具备安全生产条件而不撤销原批准或者发现安全生产违法行为不予查处的；④在监督检查中发现重大事故隐患，不依法及时处理的。负有安全生产监督管理职责的部门的工作人员有前款规定以外的滥用职权、玩忽职守、徇私舞弊行为的，依法给予处分；构成犯罪的，依照《刑法》有关规定追究刑事责任。《煤矿安全生产条例》第七十四条对公职人员的责任追究情形等也作了规定。结合上述规定，煤矿安全监管监察部门工作人员被追究法律责任的违法行为主要表现在以下几个方面：

（1）县级以上人民政府负有煤矿安全生产监督管理职责的部门、国家矿山安全监察机构及其设在地方的矿山安全监察机构不依法履行职责，不及时查处所辖区域内重大事故隐患和安全生产违法行为的；县级以上人民政府其他有关部门未依法履行煤矿安全生产相关职责的。

（2）乡镇人民政府在所辖区域内发现未依法取得安全生产许可证等擅自进行煤矿生产，没有采取有效措施制止或者没有向县级人民政府相关主管部门报告的。

（3）对被责令停产整顿的煤矿企业，在停产整顿期间，因有关地方人民政府监督检查不力，煤矿企业在停产整顿期间继续生产的。

（4）组织实施关闭煤矿的县级以上地方人民政府及其有关部门关闭煤矿未达到规定要求的。

（5）县级以上人民政府负有煤矿安全生产监督管理职责的部门、国家矿山安全监察机构及其设在地方的矿山安全监察机构接到举报后，不及时处理的。

（6）县级以上地方人民政府及其有关部门要求不具备安全生产条件的煤矿企业进行生产的。

（7）有其他滥用职权、玩忽职守、徇私舞弊情形的。

二、对公职人员违法行为的政务处分

《监察法》第三条规定，各级监察委员会是行使国家监察职能的专责机关，依照本法对所有行使公权力的公职人员（以下称公职人员）进行监察，调查职务违法和职务犯罪，开展廉政建设和反腐败工作，维护宪法和法律的尊严。《安全生产法》规定"监察机关依照监察法的规定，对负有安全生产监督管理职责的部门及其工作人员履行安全生产监督管理职责实施监察。"从性质上来讲，监察机关是对监管执法人员的监督。同时，根据《监察法》规定，监察机关一是对公职人员开展廉政教育，对其依法履职、秉公用权、廉洁从政从业以及道德操守情况进行监督检查。二是对涉嫌贪污贿赂、滥用职权、玩忽职守、权力寻租、利益输送、徇私舞弊以及浪费国家资财等职务违法和职务犯罪进行调查。三是对违法的公职人员依法作出政务处分决定；对履行职责不力、失职失责的领导人员进行问责；对涉嫌职务犯罪的，将调查结果移送人民检察院依法审查、提起公诉；向监察对象所在单位提出监察建议。

《应急管理行政执法人员依法履职管理规定》第七条规定了应急管理行政执法人员在履职过程中，应当依法追究有关行政执法人员的行政执法责任的十八种情形：①对符合行政处罚立案标准的案件不立案或者不及时立案的；②对符合法定条件的行政许可申请不予受理的，或者未依照法定条件作出准予或者不予行政许可决定的；③对监督检查中已经发现的违法行为和事故隐患，未依法予以处罚或者未依法采取处理措施的；④涂改、隐匿、伪造、偷换、故意损毁有关记录或者证据，妨碍作证，或者指使、支持、授意他人做伪证，或者以欺骗、利诱等方式调取证据的；⑤违法扩大查封、扣押范围，在查封、扣押法定期间不作出处理决定或者未依法及时解除查封、扣押，对查封、扣押场所、设施或者财物未尽到妥善保管义务，或者违法使用、损毁查封、扣押场所、设施或者财物的；⑥违法实行检查措施或者强制措施，给公民人身或者财产造成损害、给法人或者其他组织造成损失的；⑦选择性执法或者滥用自由裁量权，行政执法行为明显不当或者行政执法结果明显不公正的；⑧擅自改变行政处罚种类、幅度，或者擅自改变行政强制对象、条件、方式的；⑨行政执法过程中违反行政执法公示、执法全过程记录、重大执法决定法制审核制度的；⑩违法增设行政相对人义务，或者粗暴、野蛮执法或者故意刁难行政相对人的；⑪截留、私分、变相私分罚款、没收的违法所得或者财物、查封或者扣押的财物以及拍卖和依法处理所得款项的；⑫对应当依法移送司法机关追究刑事责任的案件不移送，以行政处罚代替刑事处罚的；

⑬无正当理由超期作出行政执法决定，不履行或者无正当理由拖延履行行政复议决定、人民法院生效裁判的；⑭接到事故报告信息不及时处置，或者弄虚作假、隐瞒真相、通风报信，干扰、阻碍事故调查处理的；⑮对属于本部门职权范围的投诉举报不依法处理的；⑯无法定依据、超越法定职权、违反法定程序行使行政执法职权的；⑰泄露国家秘密、工作秘密，或者泄露因履行职责掌握的商业秘密、个人隐私的；⑱法律、法规、规章规定的其他应当追究行政执法责任的情形。

根据《应急管理行政执法人员依法履职管理规定》第八条，应急管理行政执法人员在履职过程中，有下列情形之一的，应当从重追究其行政执法责任：①干扰、妨碍、抗拒对其追究行政执法责任的；②打击报复申诉人、控告人、检举人或者行政执法责任追究案件承办人员的；③一年内出现 2 次以上应当追究行政执法责任情形的；④违法或者不当执法行为造成重大经济损失或者严重社会影响的；⑤法律、法规、规章规定的其他应当从重追究行政执法责任的情形。

根据《应急管理行政执法人员依法履职管理规定》第九条，应急管理行政执法人员在履职过程中，有下列情形之一的，可以从轻、减轻追究其行政执法责任：①能够主动、及时报告过错行为并采取补救措施，有效避免损失、阻止危害后果发生或者挽回、消除不良影响的；②在调查核实过程中，能够配合调查核实工作，如实说明本人行政执法过错情况的；③检举同案人或者其他人应当追究行政执法责任的问题，或者有其他立功表现，经查证属实的；④主动上交或者退赔违法所得的；⑤法律、法规、规章规定的其他可以从轻、减轻追究行政执法责任的情形。

根据《应急管理行政执法人员依法履职管理规定》第十条，有下列情形之一的，不予追究有关行政执法人员的行政执法责任：①因行政执法依据不明确或者对有关事实和依据的理解认识不一致，致使行政执法行为出现偏差的，但故意违法的除外；②因行政相对人隐瞒有关情况或者提供虚假材料导致作出错误行政执法决定，且已按照规定认真履行审查职责的；③依据检验、检测、鉴定、评价报告或者专家评审意见等作出行政执法决定，且已按照规定认真履行审查职责的；④行政相对人未依法申请行政许可或者登记备案，在其违法行为造成不良影响前，应急管理部门未接到投诉举报或者由于客观原因未能发现的，但未按照规定履行监督检查职责的除外；⑤按照批准、备案的安全生产年度监督检查计划以及有关专项执法工作方案等检查计划已经认真履行监督检查职责，或者虽尚未进行监督检查，但未超过法定或者规定时限，行政相对人违法的；⑥因出现新的证据致使原认定事实、案件性质发生变化，或者因标准缺失、科学技术、监管手段等客观条件的限制未能发现存在的问题、无法定性的，但行政执法人员故意隐瞒或者因重大过失遗漏证据的除外；⑦对发现的违法行为或者事故隐患已经依法立案查处、责令改正、采取行政强制措施等必要的处置措施，或者已依法作出行政处罚决定，行政相对人拒不改正、违法启用查封扣押的设备设施或者仍违法生产经营的；⑧对拒不执行行政处罚决定的行政相对人，已经依法申请人民法院强制执行的；⑨因不可抗力或者其他难以克服的因素，导致未能依法履行职责的；⑩不当执法行为情节显著轻微并及时纠正，未造成危害后果或者不良影响的；⑪法律、法规、规章规定的其他不予追究行政执法责任的情形。

在推进应急管理行政执法改革创新中因缺乏经验、先行先试出现的失误，以及尚无明确限制的探索性试验中的失误，为推动发展的无意过失，免予或者不予追究行政执法责任。但是，应当及时依法予以纠正。

《公职人员政务处分法》规定公务人员违法应当给予政务处分，处分分为警告、记过、记大过、降级、撤职、开除。负有安全生产监督管理职责的部门的工作人员，有上述违法行为的，应当给予降级或者撤职的处分。

三、煤矿安全监管监察公职人员易触犯玩忽职守罪

负有安全生产监督管理职责的部门的工作人员，有上述违法行为的，构成犯罪的罪名主要涉及玩忽职守罪。是否构成犯罪、构成何种犯罪、承担何种刑事责任，要根据《刑法》的规定确定。玩忽职守罪是指国家机关工作人员对工作严重不负责任，致使公共财产、国家和人民的利益遭受重大损失的犯罪行为。

（一）玩忽职守罪的犯罪构成要件

根据《刑法》第三百九十七条，玩忽职守罪的构成要件包括：

1. 玩忽职守罪的客观方面

玩忽职守罪的客观方面包括两个核心要素：

一是有玩忽职守行为。玩忽职守，是指严重不负责任，不履行职责或者不正确履行职责的行为。不履行，是指行为人应当履行且有条件、有能力履行职责，但违背职责没有履行，其中包括擅离职守的行为；不正确履行，是指在履行职责的过程中，违反职责规定，马虎草率、粗心大意[①]。煤矿安全监管监察部门工作人员的玩忽职守行为主要是《安全生产法》第九十条规定的四种情形，但不以此为限，而且同一煤矿安全监管监察部门工作人员在不同时期、不同条件下的职

① 张明楷. 刑法学［M］. 5 版. 北京：法律出版社，2019.

责不一定相同，因此，玩忽职守行为有各种不同的具体表现。

二是玩忽职守行为致使公共财产、国家和人民利益遭受重大损失。玩忽职守行为致使公共财产、国家和人民利益遭受重大损失的，才成立本罪。这里包含两层意思：第一必须"公共财产、国家和人民利益遭受重大损失的"。根据《最高人民法院、最高人民检察院关于办理渎职刑事案件适用法律若干问题的解释（一）》第一条，国家机关工作人员玩忽职守，具有下列情形之一的，应当认定为"致使公共财产、国家和人民利益遭受重大损失"：①造成死亡 1 人以上，或者重伤 3 人以上，或者轻伤 9 人以上，或者重伤 2 人、轻伤 3 人以上，或者重伤 1 人、轻伤 6 人以上的；②造成经济损失 30 万元以上的；③造成恶劣社会影响的；④其他致使公共财产、国家和人民利益遭受重大损失的情形。"经济损失"，是指玩忽职守犯罪立案时已经实际造成的财产损失，包括为挽回玩忽职守犯罪所造成损失而支付的各种开支、费用等。立案后至提起公诉前持续发生的经济损失，应一并计入玩忽职守犯罪造成的经济损失。第二"玩忽职守行为"与"公共财产、国家和人民利益遭受重大损失"之间有因果关系。本案中曾某洪、王某祥作为甲县应急管理局的工作人员，严重不负责任，不履行或者不正确履行自己的法定工作职责，最终导致"7·12"重大爆炸着火事故的发生，造成 19 人死亡、12 人受伤，直接经济损失 4142 万元，其行为符合玩忽职守罪的犯罪构成。

2. 玩忽职守罪的犯罪主体

玩忽职守罪的犯罪主体必须是国家机关工作人员。本案中，曾某洪、王某祥作为甲县应急管理局的工作人员，符合本罪的犯罪主体要件。

3. 玩忽职守罪的主观方面

玩忽职守罪的主观方面为过失。在煤矿安全监管监察中，行为人主观上是一种安全监管监察过失，主要表现为应当监督直接责任者却没有实施监督行为，导致了结果发生；或者应当确立完备的安全体制、管理体制，却没有确立这种体制，导致了结果发生。

（二）玩忽职守罪的刑罚

玩忽职守罪分为两个档刑：一是构成本罪的处 3 年以下有期徒刑或者拘役；二是情节特别严重的，处 3 年以上 7 年以下有期徒刑。具有下列情形之一的，应当认定为《刑法》第三百九十七条规定的"情节特别严重"：①造成伤亡达到玩忽职守罪构成要件中第（一）项规定人数 3 倍以上的；②造成经济损失 150 万元以上的；③造成前款规定的损失后果，不报、迟报、谎报或者授意、指使、强令他人不报、迟报、谎报事故情况，致使损失后果持续、扩大或者抢救工作延误的；④造成特别恶劣社会影响的；⑤其他特别严重的情节。

（三）玩忽职守罪与受贿罪的数罪并罚

国家机关工作人员实施玩忽职守犯罪并收受贿赂，同时构成受贿罪的，除刑法另有规定外，以玩忽职守罪和受贿罪数罪并罚。本案中，曾某洪、王某祥作为甲县应急管理局的工作人员，接受被监管对象丙煤业公司的感谢费，构成受贿罪。应对二人以玩忽职守罪和受贿罪实施数罪并罚。